人力资源管理模式探索与实践

于静静　宋婷婷　郭彦艺　主编

吉林科学技术出版社

图书在版编目（CIP）数据

人力资源管理模式探索与实践 / 于静静，宋婷婷，郭彦艺主编．-- 长春：吉林科学技术出版社，2024. 5.
ISBN 978-7-5744-1372-6
Ⅰ. F241
中国国家版本馆 CIP 数据核字第 2024QA5942 号

人力资源管理模式探索与实践

主　　编　于静静　宋婷婷　郭彦艺
出 版 人　宛　霞
责任编辑　郭建齐
封面设计　刘梦杳
制　　版　刘梦杳
幅面尺寸　185mm × 260mm
开　　本　16
字　　数　323 千字
印　　张　16
印　　数　1~1500 册
版　　次　2024 年5月第1 版
印　　次　2024年10月第1次印刷

出　　版　吉林科学技术出版社
发　　行　吉林科学技术出版社
地　　址　长春市福祉大路5788 号出版大厦A 座
邮　　编　130118
发行部电话/传真　0431-81629529 81629530 81629531
81629532 81629533 81629534
储运部电话　0431-86059116
编辑部电话　0431-81629510
印　　刷　廊坊市印艺阁数字科技有限公司

书　　号　ISBN 978-7-5744-1372-6
定　　价　96.00元

编委会

主　编　于静静　宋婷婷　郭彦艺

副主编　那　晴　杨　丹　王新芝

王　语　马　瑞　郑　剑

田振亚　刘　园　郭占山

曲　超

前 言

随着经济全球化的不断深入，市场竞争越来越激烈。在竞争激烈的环境下，人力资源管理的重要性日益凸显。一种优秀的人力资源管理模式，不仅可以提高员工的工作效率，还可以增强团队组织的凝聚力和竞争力。因此，探索和实践适合单位自身特点的人力资源管理模式，是每个单位组织必须面对和解决的问题。

人力资源管理模式是单位管理和运营中不可或缺的一部分，它对于单位的发展具有至关重要的作用。人力资源管理模式注重员工的职业发展和福利待遇，为员工提供良好的工作环境和职业发展机会，从而提高员工的满意度和忠诚度。员工满意度和忠诚度的提高，有助于单位保持稳定的人力资源队伍，降低人才流失率，创造更多价值。人力资源管理模式注重员工的培训和发展，通过提供有针对性的培训和职业发展机会，提高员工的技能，从而提高单位的整体绩效。此外，人力资源管理模式还注重员工的激励机制，通过合理的薪酬体系和绩效考核机制，激发员工的工作积极性和创造力，从而推动单位的创新和发展。

本书旨在为读者提供一套系统的人力资源管理模式，帮助读者更好地理解人力资源管理的重要性，掌握人力资源管理的基本理论和实践方法，提高人力资源管理水平。我们相信，通过阅读本书，读者一定能够获得更多启示和帮助，为企业的发展做出更大的贡献。

本书围绕“人力资源管理模式探索与实践”这一主题，由浅入深地阐述了企业人力资源管理的特点、发展趋势与创新策略探索，系统地论述了企业人力资源管理模式构建及其数字化转型实践等，深入探究了社会组织人力资源管理以及社会组织社会管理能力的提升路径等，以期为读者理解与践行人力资源管理提供有价值的参考和借鉴。本书内容翔实、条理清晰、逻辑合理，适用于从事人力资源管理研究的专业人员，也适用于企业及社会组织的专业人力资源管理人员。

本书的读者对象为企事业单位的管理者、人力资源管理人员、相关研究人员等。对于这些企事业单位管理者来说，本书提供了系统的人力资源管理模式，可以帮助他们更好地理解人力资源管理的重要性，掌握人力资源管理的基本理论和实践方法，提高人力资源管理水平。对于人力资源管理人员来说，本书提供了实用的实践方法，可以帮助他们更好地开展工作，提高工作效率和质量。对于相关研究人员来说，本书提供了丰富的案例和实证研究结果，可以帮助他们更好地理解人力资源管理的发展趋势和未来发展方向。

目录

第一章　人力资源管理基础

第一节　人力资源与人力资源管理概述

一、人力资源的内涵与特征

（一）人力资源的内涵

彼得·德鲁克是最早提出“人力资源”一词的研究者。他认为人力资源表示的是能够对当前社会经济带来推动作用，并能够提高社会劳动者个人能力的一种方式,即到了可以参加社会工作的年龄，已参加或未参加劳动的个体能力。[①]人力资源对经济起着生产性的作用，使国民收入持续增长。也有学者认为人力资源管理是企业组织内外具有劳动能力的人的总和。这些概念尽管存在人力资源究竟是能力还是人口的分歧，但都认为人力资源一定是以人为载体的资源。同时，必须清楚的是，人力资源离不开劳动，以及拥有人力资源的部门或者单位。

因此，我们认为人力资源（Human Resource）是指一个国家、地区或者组织中具有劳动能力及相应素质，能从事体力劳动或脑力劳动的人口总和。对于人力资源概念的理解，需要注意的是：人力资源是人和能力素质的结合，人是能力素质的载体；人力资源包括宏观和微观层面的含义；人力资源包括当前和未来的人力资源；人力资源是数量与质量的结合，但质量更为重要。

人力所包含的内容可以分为两个方面，一为体力，二为智力。若从应用形态对其进行分析，其包含的项目还应当加入技能、知识两项，合为四项。

① 张大林，王小清．农村人力资源开发体系设计 [J]. 职业圈，2007（9）：43-44.

在研究中，我们需要将人口、人才、人力以及劳动资源进行区分。人口资源表示的是某一个国家和地区所拥有的人口数量，这一数量为该地区的一种资源，即人口资源。这一资源的出现，为其他资源的出现奠定了基础。劳动力资源表示的是某一个国家或地区的人群在进行的劳动付出，以及愿意通过从事各种劳动获得与之对应的报酬的人群。人才资源表示的是，在某一个国家或或地区的特定领域，拥有极高天赋与资历的人群。在对四者之间的关系进行表达的时候，其呈现出来的质量与数量变化可使用金字塔模型进行表达。

（二）人力资源的特征

人力资源能够维持当前社会生产的正常运转，是帮助其社会生产得以发展与进步的主要资源，其所呈现出来的特征如下。

1.人力资源具有能动性

从其能动性上来说，主要表现在以下几个方面。①自我强化。借助自我学习或者接受教育的方式，帮助自己的素质与能力得到提升。②选择职业。能够依照个人的能力与兴趣爱好，选择适合自己的工作。③积极劳动。在实际工作与参与社会劳动中，个人的敬业精神等品质会被激发，并愿意将自己的智慧与劳动力奉献给当前的岗位；能够借助对周边资源的使用，在当前工作岗位上进行创新。

2.人力资源具有可再生性

在消耗的过程中，人力资源所产生的有形磨损主要指的是自然衰老、精神损耗等，这种损耗是无法避免的；无形磨损指的是个人知识能力在时代发展中逐渐落后，与时代需求相脱节。相较于有形磨损来说，无形磨损所带来的消耗能够通过个人的不断努力与学习进行适当弥补。

人力资源在开发与使用过程中，需要将终身学习这一理念融于其中，在不断学习与培训中，提高自身的能力与水平。

3.人力资源具有两重性

人力资源的产生，一方面是投资后所形成的结果，另一方面能为投资者创造一定的利益价值。故从其本质上来说，人力资源是集生产与消费于一体的资源。依照舒尔茨所提到的人力资本理论，人力资本投资的来源分为两部分，一部分是个人即劳动者本人，另一部分则是社会企业。在对人力资源进行投资的过程中，其在教育、卫生健康、迁移方面的整体投资力度直接决定了当前社会中人力资源的质量水平。人所拥有的知识主要来自后天接受的教育，为帮助个体能够获得一定的知识与生存本领，教育活动的开展是必需的。而在教育过程中所投入的时间、精力等均属于人力资本投资的一种。此外，迁移及卫生健康同样属于直接投资行为。但在知识学习的过程中，个人会失去部分参与社会就业的机会，这一过程中造成的损失属于间接成本。在对人力资本进行投资时，其行为属于消费行为的一种，并且这种消费行为是必须存在与进行的。若不对其进行投资，则无法帮助个体在后期获得更高的收益。不仅如此，如同其他类型的资本特性一致，在投入的过程中，人力资源也会得到相应的回报，并且这一回报所带来的价值更高。有关研究表明，在进行人力资源投资的过程中，社会与个人都能够从中受益，并且获得的收益要远高于投资成本。

4.人力资源具有时效性

时效性是人力资源所具备的又一个特征。在对人力资源进行开发、使用与制造时，其会受到一定的时间限制，并且对于各个阶段的人群来说，在进行劳动生产时，各自呈现出来的能力也是不一样的。随着社会的发展与年龄的增加，人们的知识会逐渐落后，在劳动生产方面的能力也会下降。

5.人力资源具有社会性

在社会交往中，个体的生长环境、教育环境、文化程度及人际关系等都会对其价值观念带来影响，在与他人交往中难免会发生摩擦与矛盾。而这种特征被称为社会性特征，在人力资源管理中，需要对上述差异进行包容与调节，促进团队之间的友好协作，提高团队的合作精神。

二、人力资源管理的内涵与特征

（一）人力资源管理的内涵

人力资源管理，顾名思义就是对人力资源的管理，是组织为了更好地实现组织目标所进行的以人为核心的选拔、使用、培养、激励等活动，通常分为人力资源开发和人力资源管理两个方面，在具体工作内容上主要包括人力资源规划、职位分析、绩效管理、薪酬管理、员工招聘、员工培训、劳动关系、员工心理援助等内容。

（二）人力资源管理的特征

与物质性资源管理不同，人力资源管理具有以下特征。

1.综合性

信息管理、财务管理往往涉及本学科体系的知识，而人力资源管理则涉及经济学、社会学、心理学、人才学、管理学等学科，需要借助这些学科的基本理论和相关成果来发展自身的学科理论。

2.复杂性

人力资源管理活动是人与人之间的交互活动。管理对象的主观能动性，以及人与人之间情感、利益关系的多元性，使人力资源管理活动呈现出复杂性。在人力资源管理活动中往往要求管理者不能简单地站在组织一方的角度思考问题，而需要站在管理对象的角度思考问题，注意听取管理对象的意见，强化与管理对象的互动，不能用简单的方法处理人力资源管理问题。

3.文化性

不同的文化追求会导致组织人力资源管理方式方法的差异性。无论是宏观角度还是微观角度的人力资源管理，都具有特定的文化取向和人才观念。比如，一些单位特别强调组织的和谐氛围，一些单位特别强调人的能力素质作用，一些单位特别注重分配的公平性，一些单位则特别注重分配的激励性。不同价值观的背后则是这个组织文化特征的差异。因而，不同文化特征的组织，在人力资源管理理念、制度构建和操作上也会表现出一定的差异性。

4.发展性

从传统的人事管理发展到以战略为核心的现代人力资源管理，管人的理念和方法在不断变革，人在劳动中的地位越来越得到肯定，有效管理人、充分发挥人的积极性的方式方法也在不断变化发展。就如何评价人而言，传统的“目测”“口试”，随着人才测评技术的不断发展，逐步发展出人才测评的新方法、新技术。因而，需要人力资源管理从业人员不断学习，提升自己的专业技能水平。

5.生物性和社会性

与物质资源相比，人力资源的载体是人，是一种“活”的资源，具有自身的衣食住行、繁衍生育等生物性需要。同时，“由于人的本质在其现实性上是一切社会关系的总和”，人的生存和发展离不开群体和社会组织，因此人力资源很自然地表现出社会属性，喜欢与人交往，具有受尊重和自我发展的需要。

6.主观能动性

主观能动性是指人具有自发性、自觉性，能够根据自身的需要对外部世界主动做出反应。以人为载体的人力资源不像其他物质资源、财务资源、信息资源那样完全被动地接受人类的安排，人力资源会对管理主体的观念、行为产生自己的主观反应，或支持，或反对，或理解……因此，要求人力资源管理必须对人力资源有充分的了解和把握，方能更好地调动人力资源的积极性和主动性。

7.时效性

人从出生到死亡具有生命周期，人力资源的形成、开发、配置、使用和培训均与人的生命周期有关。人从出生到能够进入社会从事生产劳动，需要经历很长时间的学习培养，而后才具有作为人力资源的劳动能力素质，但是年龄的增长会不可避免地带来素质特征的变化，从而使不同年龄的人呈现出不同的人力资源素质特征。

三、人力资源管理的理论基础

人力资源管理的理论基础是人力资源管理的科学依据，它为人力资源管理的理论研究和实践活动提供相应的科学理论指导。现代人力资源管理主要受到以下理论的明显影响。

（一）人力资本理论

人力资本是人们以某种代价获得并能在劳动力市场上具有一种价格的能力或技能，是凝聚在劳动者身上的知识、技术、能力和健康，是对人力资源进行开发性投资所形成的可以带来财富增值的资本形式。

人力资本理论随着市场经济不断发展，知识经济和世界经济全球化的到来深化了人们对人力资源的认识。

1.人力资本理论的发展

18世纪中叶欧洲工业革命后，人类进入工业时代，人的知识和技术因素在生产中的作用日益凸显，人力资本理论由此孕育而生。

亚当·斯密、约翰·穆勒和阿尔弗雷德·马歇尔是早期论述人力资本问题的代表。他们一致认为，劳动者通过教育投资获得的能力，不仅是劳动者的个人财产，也是他所在社会财产的一部分；应当将人后天获得的有用能力同工具、机器一样视为资本的一部分，并主张把教育作为国家投资。

美国经济学家西奥多·W.舒尔茨是现代人力资本理论的奠基人，他在1960年美国经济学年会上的演说中系统阐述了人力资本理论，并因其对人力资本理论的特殊贡献于1979年荣获诺贝尔经济学奖。[①]舒尔茨认为，人力资本是现代经济增长的主要因素，并提出了人力资本投资理论。与舒尔茨同时代对人力资本理论作出突出贡献的还有明赛尔、贝克尔、丹尼森等，他们从不同的角度论证了人力资本投资与个人收入分配、国民经济增长的关系。

继舒尔茨等人之后，卢卡斯、罗默、斯科特等人在不同程度上进一步发展了人力资本理论。与舒尔茨等人不同的是，当代人力资本理论将人力资本作为内生变量纳入了经济增长模型中，建立起了定量模型，并将对一般技术进步和人力资源的强调变成对特殊知识（即生产所需的“专业化的人力资本”）的强调，使人力资本的研究更具体化和数量化。

2.人力资本理论的主要观点

（1）人力资本是与物质资本相对应的概念。物质资本指在一定时期内积累起来，用于生产其他消费资料或生产资料的耐用品，体现为产品的物质形态，如厂房、机器设备、各种基础设施、原材料、燃料、半成品等；而人力资本则是体现在劳动者身上的、以劳动

① 刘帮成，胡近．公共部门人力资源开发与管理 [M]. 上海：上海交通大学出版社，2009：102.

者数量和质量表示的非物质资本，表现为蕴含于人身上的各种生产知识、劳动与管理技能和健康素质的存量总和。

（2）人力资本的特征。第一，人力资本必然附着于人类自身，人力资本与其生物载体——人身不可分离。第二，人力资本具有时效性。人力资本形成与使用具有时间上的限制，这是由其生物基础决定的。第三，人力资本具有可再生性。个体的人力资本的存量可以再生来补偿其折旧，从而保持或提高它的资本功能。第四，人力资本具有能动性，人的主观意志对人力资本的形成和使用具有能动作用。第五，人力资本是一种无形的资本，以潜在的形式存在于人体之中，必须通过生产劳动才能体现出来，因此人力资本难以直接测度和比较。第六，人力资本具有社会性。人力资本的变化除受各种经济条件和人的生理条件的明显约束外，还受到生产关系、社会制度、文化习俗、宗教信仰等因素的制约。第七，人力资本具有收益递增性。在现代经济的发展中，由于知识的外溢性，人力资本投资的收益率会越来越高。第八，人力资本具有个体差异性。人的质量不同，对生产所做的贡献也不同，高质量的劳动力可以获得较高的劳动生产率，对生产的贡献就更大。

（3）人力资本是促进现代经济增长的首要因素。在经济增长中，人力资本的生产率显著高于物质资本。知识包括一般知识和专业知识，其中一般知识对于现代增长的作用是产生规模效应，专业知识的作用在于产生要素递增收益。两种效益的结合，不仅使人力资本的收益增加，还使其他生产要素的收益递增。

（4）人力资本管理是现代企业经营管理的核心，包括两个层面的内容：一是企业把人力资本作为一种生产要素（人力资源）进行的经营管理活动，即人力资本管理；二是把人力资本作为主要交易对象进行的买卖活动，即人力资本的运作或运营。人力资本的核心是提高人口质量，教育投资是形成人力资本最重要的途径。

（5）人力资本要素包括教育投资、科学研究费用、卫生保健投资、劳动力国内流动支出和国际移民费用。

3.人力资本理论对人力资源管理的影响

人力资本理论凸显了人在物质生产中的决定性作用，发现了投资人力资本的价值，对人力资源管理发展为战略性人力资源管理和人力资本管理起到了重要的推动作用。

（1）企业和员工之间新型关系的建立。人力资本是资本化的劳动力，具有资本增值性，而且它天然地依附于“人”，属于个人产权范畴。随着人力资本重要性的凸显，员工以人力资本为生产要素更加平等地参与到企业生产活动之中，企业与员工的关系也不再局限于雇佣关系，更多的是投资合作的伙伴关系。

（2）人力资源战略性开发的重要性愈加凸显。一方面，由于凝聚在劳动者身上的知识、技术、能力和健康作为一种资本形式，能为企业带来巨大的收益，因此，企业必须通过开发性投资不断提升员工个人价值，以实现企业效益的最大化；另一方面，由于人力资本的所有权和使用权具有高分离性，以及人力资本的生物性和能动性特征，企业效益实现与员工价值提升之间构成相辅相成的辩证关系。企业在对人力资源进行开发的过程中必须考虑员工个人价值和主观意愿，通过关注员工职业素质的可持续发展达到员工和企业两方面价值共同最大化的目标。

（3）股票期权和员工持股等多种激励方式出现。人力资本的生物性特征及其在社会财富创造中的决定性作用使人力资本持有者在利润分配中的权利得到认可，加之企业和员工之间的关系由雇佣关系向投资伙伴关系转变，使股票期权和员工持股等更为接近利益分配核心的激励方式成为可能。

（二）人性假设理论

人性假设理论的核心是从管理者的角度看待被管理者在工作中的特点，或者说员工在管理活动中表现的人性特征问题。

对人性的理解是管理理论和管理方法的基础，管理理论的构建和方法的设计都是以对人性的看法为基础的。麦格雷戈（Mc Gregor）认为，每项管理决策与措施都是依据有关人性与其行为的假设。在现代以人为中心的管理中，怎样看待人的本性直接关系到对管理活动中人的看法，关系到对管理对象工作动机、态度、工作积极性、才能发挥、群体作用、人际关系及领导行为、组织结构设计等系列心理现象的理解和解释，进而影响管理者管理决策的进行和管理制度措施的制定与实施。同时，在很大程度上，管理者对管理对象的人性假设也制约着管理者对管理方法与措施的选择。从管理学的研究中可以发现，领导者实施的管理方式、管理措施及形成的领导风格都与领导者对人性问题的认识有关。对管理对象人性问题的认识不同，指导思想、手段措施、方法也不同，结果就会有很大差别。因而在人力资源管理中，人性假设理论有着十分重要的影响。

1.西方人性假设理论

西方学者在长期的管理理论和实践研究中先后提出了不同的人性假设理论，通过文献分析发现，这些研究都在继承前人研究成果的基础上有所发展。

西方学者先后提出了X理论、Y理论、超Y理论、Z理论四种人性假设理论。1960年，美国工业心理学家麦格雷戈提出了“X”和“Y”两种对立的管理理论。X理论主要认为：多数人天生懒惰，逃避责任，因而必须用强制、惩罚的管理方式，才能使他们积极工作；相反地，Y理论则主要认为多数人是勤奋的，适当的激励可以使他们主动承担责任，适当的管理能够使他们将自我控制、自我指导相结合，能够使其愿意为组织目标的实现努力工作，并将其潜力充分发挥。随后，摩尔斯（Morse）和洛斯奇（Lorsch）在批判上述两种理论的基础上提出了超Y理论，认为人的社会性是复杂的，人的需要是多种多样的，不仅是追求高工资的经济人，还是有情感、社会需求的社会人。威廉·大内（William Ouchi）

提出“文化人”的理论——Z理论，认为人的心理与行为归根结底由人的价值观等决定，企业的发展离不开员工的价值观，企业精神、企业形象的培育和塑造是企业的根本任务。

美国心理学家沙因（Schein）在前人研究的基础上提出，从传统管理到管理心理学，实际上存在四种对人性的假设，他将其概括为经济人、社会人、自我实现人和复杂人。其中，经济人假设的理论基础是X理论，认为人是懒惰的、自私的，经济因素是其主要的驱动因素，管理应体现控制、惩罚的职能；社会人假设认为人的需要是复杂的，人不仅有追逐物质利益的需要，还有安全、归属、被尊重等高级需要，因此管理需要尊重人多层次的需要；自我实现人假设的理论基础是Y理论，认为人有自我实现的需要，管理重在创造个体充分发挥潜能的客观环境；复杂人假设认为人是复杂的，不能用单一的人性假设解释某一方面的行为，管理应该因人而异、因环境而异。

西方发达国家的经济和社会发展推动了管理人性观的快速演进，并形成了相应的管理模式。在“经济人”假设下，泰勒、法约尔、韦伯等人提出并发展了古典管理理论，为组织协调企业的劳资关系、提高生产效率等提供了科学的管理思想与理论指导；基于“社会人”假设的人际关系理论对提高劳工生产率及员工满意度有着至关重要的指导意义；在“复杂人”假设前提下，专家学者提出了管理方式的权变观点和方法，这无疑提高了管理理论的实用性和管理实践的全面性。可见，西方管理人性观的确为人力资源管理工作及发展作出了重大贡献，才得以形成西方居于世界前列的先进管理理念。

2.中国人性假设相关研究

早在春秋战国时期，“人性”就成为中国古代诸子百家的论题，其中以儒家和法家为典型代表。儒家思想家孟子主张“性善论”，认为“人之初，性本善”，人和动物之所以不同，就在于人有仁义、有同情心、有生活秩序，这种看法类似于西方的Y理论。法家早期思想家荀子提出了“性恶论”的看法，认为人与人之间会相互争夺，破坏秩序，因此主张实行知恶防恶的管理机制，这种看法与西方的X理论有些相近。春秋战国时期的另一位思想家告子则主张“性无善恶论”，提出善和恶都不是天生的，而是后天教育培养的结果，人性如同白纸，是随着外界环境的变化而变化的，这在一定程度上与西方的复杂人假设相似。可见，西方20世纪60年代出现的人性假设理论在一定程度上受到中国古代思想家的影响。然而，从时间历程来看，中国古代思想家的人性观虽然反映了中国传统文化特色，但对今天的管理来说却失去了其时效性及适用性，毕竟中国政治经济及文化已经发生了翻天覆地的变化。

3.“自我实现人”假设与Y理论的解读

（1）“自我实现人”假设。第一，多种动机相互作用最终形成了人的动机，其本质上就是一个具有不同层次的系统。按照发生顺序和需要程度，人的需求可以分为基本生理、生存安全、社会交往、尊重及自我价值实现五个层级。人们为了实现理想抱负，进而不断提升自己并不断挖掘自身潜能的行为，就是自我实现需求。如果人的生存、繁衍等基本生理需求满足了，就会产生更高层级的需求，所以需求不会消失，只会被替代。就好比生活中有些人被认定为能力不足，即使是这样，他们在解决低层次需求之后，也会努力工作不断提升自己，以获取成就感，实现自我价值。第二，人们希望在工作过程中不断成长，发展自己。他们会制订长远计划和目标，发挥主观能动性，培养各种能力，提升专业技能，增强自身对各种环境的适应能力，使自己变得更加成熟稳重。第三，人的思想和行为主要是由自己控制的，外界的施压并不能完全对个体产生激励作用，有的外在压力甚至会被视为威胁，这种威胁一旦被个体认为过大，就会为其理智行为带来影响。第四，组织目标和自我实现并不冲突。如果员工的需求都能得到满足，员工并不介意在实现自我价值的同时帮助企业实现经营目标和发展战略。

（2）Y理论。对于管理者的假设条件，管理学家道格拉斯·麦格雷戈在Y理论的基础上提出了以下假设，这些假设推翻了之前X理论的设定。①

第一，员工并不厌恶工作，而是将其视为自然行为，如同吃饭睡觉一样。

第二，员工能够约束自己的行为，促使自己完成工作任务。

第三，在合适的环境下，人们是愿意接受、承担，甚至追求责任的。

第四，决策能力不是管理人员的专属，普通员工在决策上也具备无限的创造力，只是受到条件的限制而已。

相较于X理论刻板、静态、消极的管理基调，Y理论更加灵活变通、积极向上，两者有着本质的区别。X理论主张依靠外力，通过管理层的强硬手段驱使员工完成工作任务，而Y理论强调个人和组织目标的一致性，激励员工发挥工作的主观能动性，积极工作。

4.“复杂人”假设与超Y理论的解读

（1）“复杂人”假设。埃德加·沙因就复杂人性对管理的影响首次提出了“复杂人”的假设。他指出，人们的需求是复杂多变的，而需求模式也会随着年龄的增长、自我的发展、社会分工的转变、外部环境及人际交往的变化而变化。②复杂人假设主要有以下几点。

第一，人的需求有很多种，并受到多种因素的影响，包括人的年龄、发展、外部环境等。各种需求对不同人以及同一个人的不同阶段所具有的重要程度也是不同的，据此可以将需求分为不同的等级，但是这种等级关系并不固定，也会随着主体、时间及环境而变化。

第二，人的行为动机、思想观念、价值取向、自我要求是受各种动机和需求相互作用而形成的，因而人们在理解激励行为时需要明确自己所处的需求层次。

① 杨浩．人性假设与知识经济时代的企业人力资源管理[J]．现代经济信息，2010（17）：67-68.
② 罗之前．基于复杂人假设的西方激励理论演进与发展[J]．中国职工教育，2014（16）：130-131.

第三，员工在组织的工作活动中逐渐成长，便会产生新的动机。也就是说，一个人在与组织长期接触并从事组织内部的各种活动之后，原始需求会发生变化，进而形成特定时期内新的动机模式和活动目标。

第四，人的需求会随着所处环境如组织或者部门的变化而变化，一个人也许在正式组织中并不受欢迎，但是到了非正式组织如工会、同乡会等，也许就会受到尊重，从而产生社交需求，甚至是实现自我价值的需求。又如，在对技能要求较多的职务工作中，人的各种机会随着时间和工作内容的变化进行组合，共同作用。

第五，尽管人们的需求复杂多样，但并不妨碍人们对生产活动的投入，他们完全有可能成为工作中的积极分子。个人目标和企业目标的实现并不完全取决于激励要素，还受到员工的工作态度、工作情绪及行为、工作性质、工作内容、自身能力、同事关系及企业氛围等因素不同程度的影响。

第六，对于企业的管理策略，员工会根据自己的工作性质与内容、工作能力以及个人目标做出不同的反应，也就是说，能在所有时间对所有员工起到有效指挥的管理策略是不存在的。

（2）超Y理论。美国管理心理学家约翰·莫尔斯和杰伊·洛希认为，X理论有其可取之处，Y理论也不是完全万能，他们对X理论和Y理论进行了进一步的完善和修正，进而提出了超Y理论。组织要和工作相适应，个人能力和工作效率是相互作用、相互促进的关系，这是该理论的核心观点。超Y理论实际上包含沙因的“复杂人”假设①，具体有以下几点。

第一，虽然人们参加工作的动机和需求有很多种，但是胜任感的实现是最主要的。

第二，每个人都具有胜任感，但是不同的人对其需求程度以及满足方法也是不同的。这主要取决于胜任感需求和其他需求如物质需求、社会地位需求、自我实现需求等之间的相互影响。

第三，组织和工作的匹配程度决定了实现胜任感的可能性。

第四，胜任感得到满足后，仍然会激励员工，促使员工树立更高难度的目标，并努力达成新目标。

以下是超Y理论的主要管理主张。

第一，加强组织、工作、员工的联系，提升三者相互协调的能力，针对组织特性和个人特长来分配工作。

第二，组织内部的层级划分、工作分配、薪酬制度及管理制度的确定需要建立在科学全面认识工作内容、性质、目标的基础上。

---

① 冯昱，李婧．浅析基于超Y理论的知识型员工激励策略[J]．人力资源管理，2014（10）：171-172.

第三，将组织定位为工作和员工的服务者，根据员工的实际情况制订合适的培养计划并采取科学得当的管理方法，有效提高工作效率，增强胜任感的激励作用以及作用的持久性。

第四，任何管理理论都有其可取之处，这主要取决于理论的应用领域和应用对象。

超Y理论的基础是尊重人性并认识到人性的复杂多变，根据人的不同选取不同的管理方法。当工作能够满足人们的需求，组织目标与个人目标相一致时，人们就会积极地投入工作。

5.人性假设理论对人力资源管理的影响

尽管中国古代和西方的人性假设理论在今天未必完全正确，但不可否认的是，任何管理者的管理决策与行为都必然受到管理者关于人性本质及人性行为的假定影响。管理者以他们对人性的假设为依据，然后用不同的方式来组织、领导、控制、激励人们。接受一种人性假设的管理人员会用一种方式来管理，而接受另一种人性假设的管理人员会趋向于用另一种方式来管理。管理人员对人性所持的假定，实际上就是管理人员世界观的一部分，即他们要对人为什么要工作，以及应该如何去激励他们和管理他们的看法等有一个明确的观念。

不同的组织和管理者的人性观、价值观存在一定的差异，所持的人性假设也会表现出一定的差异，但不可否认的是，每个管理者都会有自己的人性假设基础，并影响着单位的人力资源管理制度和实施效果。

（三）激励理论

激励是通过一定的刺激以满足被激励者的需要，从而达到增强其内在行为动力的过程。简言之，就是通过一定的刺激使管理对象产生行为积极性的过程。

1.激励理论的主要内容

人力资源开发中如何调动人的潜能、积极性，可以预先设计目标，并将目标植入个人工作中，不少论者提出激励理论，代表成果如下。

（1）内容型激励理论。集中研究什么样的因素能够引起人们的动机和行为，也就是研究管理者应该使用什么因素来激励被管理者，以促使其产生积极的行为动机。内容型激励理论的典型代表有马斯洛的需要层次理论、阿德佛的生存—关系—成长理论、麦克利兰的成就需要理论、赫茨伯格（F.Herzberg）的双因素理论。

（2）过程型激励理论。试图解释和描述动机和行为的产生、发展、持续及终止的全过程，它可以清楚地告诉人们为什么员工在完成工作目标时选择某种行为方式，而不是其他行为方式。典型的过程型激励理论包括亚当斯（J.S.Adams）的公平理论，以及由弗鲁姆（Vroom）提出，而后经波特尔（Porter）和劳勒（Lawer）发展的期望理论。

（3）需要层次理论。马斯洛在其研究中提出需求层次理论，将人的需求划分为五个层次，分别是生理需求、安全需求、社会需求、尊重需求以及自我实现。[①]不同等级，需求不同，那么在不同的发展阶段，人的需求也会不同，呈现了多层多维的特征。由此可看出，设计可行的激励措施，必须找到人的需求点，这样才会保障激励效果。

（4）ERG理论。阿尔德弗提出了ERG理论，并将人的心理需求细分为生存、交往、成长三大类，且表示三类需求之间无明确界线。该理论提出的价值在于，它肯定了人的需求来自不同层次，随着生活环境的变化，人们的需求也会变化。

（5）双因素理论。赫兹伯格提出了双因素理论，该理论主张在组织系统中个体和个体相互独立，个体需求也不一样，可以让员工满意的是激励因子，与之对应的是保健因子。在激励、保健两大因子影响下，会促使人行为改变，为此设计激励措施的时候需要考虑到双因素。

（6）公平理论。亚当斯提出公平理论，如其所言对于大多数组织成员来说，激励带来的直接结果是绝对报酬和相对报酬。若与其他成员对比投入和产出的情况，出现了不平衡，就会影响他们工作的积极性。企业在构建人力资源的过程中，要把人才具体需求放在首位，采取多种激励措施，建立合理激励机制；充分调动员工的工作热情，使其能够有效运行，实现个人目标，带动企业目标的发展。

2.激励理论对人力资源管理的影响

人力资源管理十分重要的任务是充分调动管理对象的工作积极性，提高能力素质，以便更好地完成工作任务要求。而用什么来调动工作积极性？如何来调动管理对象的工作积极性？激励理论提供了非常丰富的内容。

激励理论可以很好地指导对管理对象的绩效管理，促进管理对象更好地提高工作绩效；在薪酬管理中，更好地发挥薪酬的激励功能；在培训中，更好地激发培训对象学习动机，增进培训效果。可以说，激励理论为有效解决人力资源的行为动力问题提供了坚实的理论支撑。

四、人力资源管理的学科特点

（一）综合性

人力资源管理是一门相当复杂的学科，具有综合性、交叉性、边缘性的特点，无论是进行学术研究还是实际的管理实践活动，都要涉及社会学、人类学、经济学、管理学、系统学、心理学和环境工程学等多种学科的知识。

---

① 王东娟.基于马斯洛需求层次理论的安全行为激励分析[J].中小企业管理与科技（上旬刊），2015（12）：110-111.

（二）社会性

由于人力资源的社会性、能动性等特点，决定了与人之间在共同的有目的的活动中不仅具有市场经济关系和社会心理关系，还具有法律和道德关系。这些关系不仅是以社会心理为基础，更是以经济和社会利益、责任、权利为纽带而联系起来的。在共同劳动过程中的人，作为社会的一分子，必须遵守社会与组织的契约，以保证这些关系的稳定并促进其改善。

第二节 人力资源管理的渊源和演变

一、人力资源管理渊源的探究

人力资源管理源于人事管理，而人事管理的起源则可以追溯到非常久远的年代。18世纪末，瓦特蒸汽机的发明与推广引发了工业革命，改变了以前家族制和手工行会制的生产方式，并出现大量实行新工厂制度的企业，这些企业在日益激烈的竞争环境中发展壮大，彰显了19世纪初的时代特色。竞争与发展要求这些企业进一步扩大规模，但制约扩大规模的主要“瓶颈”却是企业主以前从未遇到过的劳工问题。其产生的主要原因在于当时人们不喜欢也不习惯于工厂的劳动方式。工厂工作很单一，一年到头都得按时上班，接受新的监督制度和按机械速度劳动，以及时时刻刻都要全神贯注等。这导致企业很难找到足够的工人，尤其是技术工人。上述劳动问题的解决措施导致福利人事概念的形成和发展。所谓福利人事，即由企业单方面提供或赞助的、旨在改善企业员工及其家庭成员的工作与生活的系列活动和措施。

同样关注劳工问题的泰勒认为，劳动组织方式和报酬体系是生产率问题的根本所在。他呼吁劳资双方都要进行一次全面的思想革命，以和平代替冲突，以合作代替争论，以齐心协力代替相互对立，以相互信任代替猜疑戒备。他建议劳资双方都将注意力从盈余分配转到盈余增加上，通过盈余增加，使劳资双方不再为如何分配而争吵。为此，泰勒提出了科学管理原则。

泰勒的科学管理思想对人事管理概念的产生具有举足轻重的影响。一方面，它引起了人们对人事管理的关注，并推动了人事管理职能的发展。另一方面，科学管理宣扬管理分工，从而为人事管理职能的独立提供了依据和范例。福利人事与科学管理的融合使人们认识到，过去由一线管理人员直接负责招聘、挑选任命、培养、绩效考核、薪酬、奖励等工作的做法已经不能适应企业组织规模扩大的现实，企业要做好对人的管理这项工作，必须有相应的专业人士，这为人事管理作为参谋部门而非直线部门的出现奠定了基础。

二、人力资源管理历史演进

（一）西方人力资源管理的历史演进

西方学者对人力资源管理的发展阶段进行了深入研究，提出了各自的观点。典型的理论包括六阶段论、五阶段论、三阶段论和二阶段论，它们从不同的角度揭示了人力资源管理渐进发展的历史。

1.六阶段论

以美国华盛顿大学的弗伦奇为代表，从管理的历史背景出发，将人力资源管理的发展划分为六个阶段。

第一阶段：科学管理运动阶段。这一阶段以泰勒和吉尔布雷斯夫妇为代表，关注重点是工作分析、人员选拔、培训和报酬方案的制订以及管理者职责的划分。

第二阶段：关于工业福利的运动阶段。在此阶段，企业出现了福利部、社会秘书或福利秘书专门负责员工福利方案的制订和实施，员工的待遇和报酬问题成为管理者关心的重要问题。

第三阶段：早期工业心理学阶段。这一阶段以心理学家雨果・芒斯特伯格等人为代表的心理学家的研究成果，推动了人事管理工作的科学化进程，个人心理特点与工作绩效关系的研究、人员选拔预测效度的提出，使人事管理开始步入科学化的轨道。

第四阶段：人际关系运动阶段。这一阶段的代表是梅奥等人，由他们发起的以霍桑实验为起源的人际关系运动推动了整个管理学界的革命，也影响了人力资源管理。人力资源管理开始由以工作为中心转变到以人为中心，把人和组织看成社会系统。此阶段强调组织要理解员工的需要，这样才能让员工满意并提高生产率。20世纪三四十年代，美国企业管理界流行一种“爱畜理论”，在爱畜牛奶公司的广告中描述爱畜牛奶来自愉快的奶牛，因此品质优良。研究人员认为愉快的员工的生产率会比较高，于是公司用郊游和员工餐厅等办法来试图改善员工的社会环境，提高士气，从而提高生产率。实际上，这一理论夸大了员工情感和士气对生产率的影响。最终实践表明，良好的人际关系可以提高生产率的理念不可靠。

第五阶段：劳工运动阶段。雇佣者与被雇佣者的关系，一直是人力资源管理的重要内容之一。从1842年美国马萨诸塞州最高法院对劳工争议案的判决开始，美国的工会运动快速发展，1869年就形成了全国网络；1886年，美国劳工联合会成立；大萧条时期，工会也处于低潮；到1935年美国劳工法案，即《瓦格纳法案》的颁布，工会才重新兴盛起来，罢工现象此起彼伏，缩短工时、提高待遇的呼声越来越高，出现了集体谈判。到20世纪六七十年代，美国联邦政府和州政府连续颁布了一系列关于劳动和工人权利的法案，促进了劳工运动的发展，人力资源管理成为法律敏感行业。对工人利益和工人权利的重视成为组织内部人力资源管理的首要任务。

第六阶段：行为科学与组织理论时代。进入20世纪80年代，组织管理的特点发生了变化，人的管理成为主要任务。从单个人到组织人，把个人放在组织中进行管理，强调文化和团队的作用，成为人力资源管理的新特征。

2.五阶段论

以罗兰和菲利斯为代表的学者则从管理发展的历史角度将人力资源管理的发展阶段划分为以下五个阶段。

第一阶段：工业革命时代。

第二阶段：科学管理时代。

第三阶段：工业心理时代。

第四阶段：人际关系时代。

第五阶段：工业生活质量时代。

五阶段论中关于前四个阶段的划分与六阶段论是一样的。此观点的独特之处是，把工作生活质量作为一个独立的阶段提出来。工作生活质量一般有两种含义：一种是指一系列客观的组织条件及其实践，包括工作的多样化、工作的民主性、员工参与、工作的安全性等；另一种是指员工工作后产生的安全感、满意程度及自身的成就感和发展感。第一种含义比较强调工作的客观状态；第二种含义比较强调员工的主观需要。综上所述，工作生活质量是指员工在工作中所产生的生理和心理健康的感觉。美国一项调查研究表明，在辞职的打字员中，有60%的人离职原因是由于工作枯燥无聊，而不是因为工作任务繁重。影响工作生活质量的因素有很多，为了提高员工的工作生活质量，企业可以采取一系列措施。

3.三阶段论

这种观点的代表是福姆布龙、蒂奇和德兰纳，他们从人力资源管理所扮演的角色和所起的作用这一角度把人力资源管理的发展划分为三个阶段。

第一阶段：操作性角色阶段。在此阶段，人力资源管理的内容主要是一些简单的事务性工作，在管理中发挥的作用并不是很明显。

第二阶段：管理性角色时代。人力资源管理在这一阶段开始成为企业职能管理的一部分，承担着相对独立的管理任务和职责。

第三阶段：战略性角色阶段。随着竞争的加剧，人力资源在企业中的作用越来越重要，人力资源管理开始纳入企业的战略层次，要求从企业战略的角度来思考人力资源管理的相关问题。

4.二阶段论

国内学者从人事管理和现代人力资源管理之间的差异性角度，将人力资源管理的发展历史划分为人事管理和人力资源管理两个阶段。

第一阶段：人事管理阶段。人事管理阶段又可具体分为科学管理阶段、霍桑实验和人际关系运动阶段、组织行为学理论的早期发展阶段等阶段。

第二阶段：人力资源管理阶段。人力资源管理是作为替代传统的人事管理的概念提出来的，它重在将人看作组织中一种重要资源来探讨如何对人力资源进行管理和控制，从而提高人力资源的生产效率，帮助组织实现目标。人力资源管理阶段又可分为人力资源管理的提出和人力资源管理的发展两个阶段。对人力资源管理的发展阶段进行划分的目的并不在于这些阶段本身，而是借助于这些阶段来把握人力资源管理整个发展脉络，从而更加深入地理解它。对于阶段的划分并没有绝对的标准和绝对的对错。

（二）我国人力资源管理的历史演进

自中华人民共和国成立以来，我国企业管理发展经历了计划经济、经济改革两大发展阶段。人力资源管理的发展是从单一计划体制下的人事管理到目前多种所有制并存的人力资源管理，可以分为四个发展阶段。

1.人事管理阶段

中华人民共和国成立以后，我国确定了计划经济的经济体制。与经济体制相适应，实行“统包统配”的就业制度，企业没有用人的自主权，不能自行招聘所需的人员；人员只进不出，没有形成正常的退出机制；在企业内部，对员工没有考核，大家干好干坏都一样，干多干少都一样；工资分配中存在严重的平均主义，与工作业绩和工作岗位没有任何关系。在此阶段，人事管理的主要内容是一些流程性的事务性的工作，如员工人事档案管理、招工录用、劳动纪律、考勤、职称评定、离职退休、计发工资等。企业人事部完全服务于国家政策，配合国家有关政策的落实完成。内部听命于厂长或经理，外部听命于政策部门，工作技术含量很低。人事主管充其量是一个高级办事员的论断由此得来。

2.人力资源管理阶段

党的十一届三中全会尤其是改革开放以来，随着我国经济体制改革的不断改革加深，国有企业的劳动人事工作也在不断进步。1979年，国务院颁发了《关于扩大国营工业企业经营管理自主权的若干规定》（以下简称《规定》），重新规定了企业人事管理的职责权限范围。《规定》指出，允许企业根据生产需要和精简效能的原则决定自己的机构设置和人员配备；企业有权根据国家下达的劳动指标进行招工，进行岗前培训；企业有权对成绩优异、贡献突出的职工给予奖励；企业有权对严重违反劳动纪律的职工给予处分，甚至辞退。随着这些规定的落实，企业在用人方面有了更大的自主空间，正常的进出渠道逐渐形成；劳动人事管理制度逐渐完善，劳动定额管理、定员定编管理、技术职称评聘、岗位责任制等在企业中广泛推广；工资管理规范化，打破了分配的平均主义，增强了工资的激励作用。所有这些都表明，我国企业的人力资源管理工作发生了巨大变化，已经初步具备了人力资源管理的某些功能和作用。

3.人力资本阶段

在管理理念上将员工看成资本，认为进入企业的人力已经是资本，不再是资源；在发展观上，完成了以物为本向以人为本的转变。此阶段的人力资源管理从追求数量转到追求质量。人力资源管理工作的重心转移到员工的绩效管理，建立现代薪酬体系、营造良好的工作氛围和优秀的企业文化等，并开始考虑整合企业人力资源，通过工作分析和人才盘点，更加合理地配置企业人力资源；通过加大培训力度，提高员工的工作技能和绩效能力；通过改革和优化薪酬体系，使之更有激励性，提高人力资本的“投资收益”比率。人力资源经理秉持人力资本理念，在企业里倡导和培养重视人才、开发人才、有效配置人才、激励人才的观念，带动整个企业人才观的转变，自身也向人力资源专家的方向迈进。

4.战略人力资源管理阶段

随着知识经济和全球化时代的到来、经营环境不确定性的增加，以及企业竞争的加剧，人才的作用越来越重要，企业对人才的争夺战也愈演愈烈，人才不仅成为企业竞争的核心，也成为企业核心竞争力的来源。在此条件下，企业人力资源管理就需要与企业战略密切结合，使人力资源更好地服务于企业战略的实现。基于此，人力资源经理进入了企业的决策层，以专家顾问和战略合作伙伴的身份出现，参与决策，推动变革，使人力资源管理上升到战略人力资源管理阶段。

三、人力资源管理的未来趋势

随着21世纪的到来，人类社会进入有史以来科技、经济和社会快速发展的时期。高新技术迅猛发展，信息网络快速普及，对于所有国家、民族和企业来说，既是一次难得的机遇，又是一场严峻的挑战，知识经济将改变每一个现代人的观念和意识。

（一）人力资源管理的地位日趋重要

现代企业经营战略的实质就是在特定的环境下，为实现预定的目标而有效运用包括人力资源在内的各种资源的策略。有效的人力资源管理将促进员工积极参与企业经营目标和战略，并把它们与个人目标结合起来，达到企业与员工“双赢”的状态。人力资源管理将成为企业战略规划及战略管理不可分割的组成部分，而不再只是战略规划的执行过程，人力资源管理的战略性更加明显。

（二）人力资源管理的全球化与跨文化管理

组织的全球化必然要求人力资源管理策略的全球化、人才流动的国际化，也就是说，企业要以全球的视野来选拔人才、看待人才的流动。尤其是加入WTO后，我们所面对的是人才流动的国际化及无国界；经济全球化、组织的全球化必然带来管理上的文化差异和文化管理问题，跨文化的人力资源管理已成为人力资源领域的热点问题，跨文化培训是解决这一问题的主要工具。

（三）动态化人力资源管理平台得到长足发展

随着全球化、信息化，尤其是网络化的发展，动态化网络人力资源管理已经出现并将成为未来人力资源管理的重要发展趋势。随着动态学习组织的发展，通过互联网来组织职业开发活动将越来越多，大量的人力资源管理业务，如网络引智与网络招聘、网络员工培训、网络劳动关系管理等将会越来越成为现实。网络化人力资源管理的开展必将在管理思想、管理职能、管理流程及管理模式上对传统人力资源管理产生重大影响，可能使人力资源管理面临日趋激烈的环境变化，人力资源管理的空间被极大拓展，网络化竞争变得日趋激烈，人力资源管理的途径、方法和策略也随之进行必要的变革。

（四）员工客户化的趋势

员工客户化的关键是员工角色的变化，即员工不再是传统意义上的被管理对象，他们可能变成组织的重要客户，人力资源管理部经理也可能随之转变为“客户经理”，即为员工提供他们所需的各类服务。例如，具体而详尽地向员工说明组织的人力资源产品和服务方案，努力使员工接受组织的人力资源产品和服务。资源管理者要为员工提供富有竞争力的薪酬回报和多元化的价值分享体系，并且要给员工更大的自主选择权，使员工自主工作，满足员工参与管理的主体意识，在管理措施方面要为员工的发展和成长提供更多支持和帮助。

（五）人力资源管理业务的外包和派遣

人力资源管理业务外包是指把原来由组织内部人力资源承担的基本职能，通过招标方，签约付费委托给市场上专门从事相关服务的组织。在经济全球化的冲击下，组织出于降低成本、希望获得专家的高级服务、获得更为广泛的信息以及促进组织人力资源管理的提升等目的，将人力资源管理业务进行外包。目前，人力资源管理业务外包仍处于动态的发展过程中，并呈现以下发展趋势：一是人力资源管理业务外包领域不断扩展，从单项业务的外包发展到多项业务的外包；二是组织聘请专家顾问提供人力资源管理业务外包服务，提高外包业务的专业水平；三是外包服务商、咨询公司逐步结成业务联盟，并力图垄断高级人力资源管理的外包业务；四是以人力资源管理业务外包强化组织竞争优势，并促进外包业务朝着全球化方向发展。

人力资源管理业务派遣又称为人力资源租赁，是指由人力资源服务机构向某些需要相关服务的组织提供需要的人力资源管理业务，尤其是急需的各类人才及人力资源管理等。人力资源管理业务派遣是与人力资源管理业务外包密切相关的一种发展趋势。如果说“业务外包”是一种主动需求人力资源管理服务的市场活动，那么“业务派遣”则是一种主动提供人力资源管理服务的市场活动，外包与派遣具有对象的互补关系。目前，人力资源管理业务派遣存在如何在政策、法律和制度层面进行规范管理，加强派遣机构人员的专业化建设，提升派遣服务人员的素质，建立派遣认证体系，规范收费标准，协调人力资源管理业务外包机构与派遣机构之间关系等诸多问题。

综上所述，新时期人力资源管理面临着诸多挑战，需要确立经济发展全球化的战略目标，深入分析知识型员工的特点，充分利用电子信息技术手段。这样才能顺应历史的潮流，做好人力资源管理工作。

第二章 人力资源管理系统

第一节 人力资源管理系统设计的依据

战略性人力资源管理的最终目标，是要通过对企业人力资源的整合来驱动企业核心竞争力的形成与保持，因此，设计出一套适合企业自身的人力资源管理系统对实现企业战略、获取竞争优势至关重要。而在人力资源管理系统设计中，设计依据的正确选择则是整个系统设计成功的关键。本书认为人力资源管理系统设计的依据主要包括两个方面：一方面是企业的使命、愿景、文化与战略解读，另一方面是人力资源管理系统设计的价值取向。

一、企业的使命、愿景、文化与战略解读

所谓使命，就是企业存在的理由和价值，即回答为谁创造价值，以及创造什么样的价值。任何现代企业都是在一个产业社会的生态环境中寻找生存和发展的机会。这个产业社会的生态环境主要包括该企业的供应商、分销商、最终顾客、企业的战略伙伴、所在社区以及其他利益相关者。企业要获得可持续性发展，必须在其所在的产业社会生态环境中找到自身存在和发展的价值和理由，即要明确企业能够为其供应商、分销商、顾客、战略伙伴等一系列的相关利益群体创造什么样的价值。企业只有持续不断地为他们创造价值，使各利益相关者都离不开自己，才能够获得可持续成长和发展的机会。

“愿景”一词，最早由美国著名的管理学家和组织行为专家彼得·M.圣吉（Peter M.Senge）在其著名的《第五项修炼：学习型组织的艺术与实践》一书中提出。所谓愿景，就是企业渴求的未来状态，即回答其在未来将成为什么样的企业。当前，越来越多的企业着手建立企业的愿景规划。一般而言，企业的愿景规划包括两个组成部分：一是企业在未来的10～30年要实现的远大目标，二是对企业在实现这些目标后将会是什么样子的生

动描述。

企业文化是由某一个特定群体/组织在长期的生产和经营中，为实现共同目标而在组织实践中共同形成且不断遵循的基本信念、价值标准和行为规范。企业文化包含但不限于企业的使命与愿景。企业独特的文化对企业内部人员的行为和管理起到规范化的整合作用。不同的企业会形成自己独特的文化和文化背后的价值观。从制度经济学的角度来看，文化的作用在于它是信息的载体，在于生长在同一文化氛围内的人们共享着它所承载的信息，交易成本便由此降低。组织解决的是工作的问题，而精神、文化解决的是人的问题。

企业通过建立自己的使命与愿景，找到发展的目标和方向，逐渐形成自己的独有文化，而企业的战略则是将使命和愿景进行落实的关键步骤。一般来讲，企业的战略主要包括三个层面，即公司层战略、事业层战略和职能层战略。公司层战略主要描述一个公司的总体方向，包括一家公司如何建立自己的业务组合、产品组合和总体增长战略。例如，一家公司决定同时从事家电、IT和通信终端设备等几个领域来保持企业的快速成长。事业层战略主要发生在某个具体的战略事业单位（如事业部或者子公司），具体是指该战略事业单位采用什么样的策略来获取自己的竞争优势，保持本战略事业单位的成长与发展，以及如何来支持公司层面的总体战略。例如，某家公司决定在彩电事业领域采取低成本战略来吸引低端消费者，获取自己的竞争优势。职能层战略主要在某一职能领域中采用，如企业的人力资源战略、财务战略、研发战略、营销战略等，它们通过最大化公司的资源产出率来实现公司和事业部的目标和战略。

企业的使命、愿景、文化和战略共同形成了企业一整套时间跨度由长到短的目标体系，以及支撑这些目标的策略体系。它们又共同形成了企业的组织与人力资源管理体系的设计依据，并且成为组织所有经营和管理系统所要服务的对象。

二、基于人性价值取向的人力资源管理系统设计依据

人力资源管理的基本假设包括人性的基本假设、人与自然关系的假设、组织与人的关系假设、人际关系的假设、货币资本与人力资本关系的假设等。其中，最基础的还是人性的基本假设，这也是本部分将要阐述的内容。基于不同人才的特性与需求的人性价值取向是企业人力资源管理系统设计的参照依据。因为人的行为在一定程度上依赖于他们个人所拥有的一系列假设和价值观，而人力资源管理者的管理实践更是建立在一系列假设和价值观的基础之上的。例如，一位管理者对于员工是否值得信赖、员工是喜欢工作还是厌恶工作、员工是只能做控制范围内的工作还是可以具有创造性、员工是否具有潜能等方面的认识，将会从根本上决定他会采取何种人力资源管理实践。因此本书认为，人力资源的系统设计要以企业的核心价值观为基础，而对人性的基本假设是人力资源管理系统设计的重要哲学基础。

人既是管理系统中的构成要素，又是使管理系统中诸要素协调的唯一的活的灵魂。人在管理系统中居于中心地位，人的主动性和创造力的发挥程度决定了管理系统内外部相互协调的效果。调动、激发人的主动性和创造力成为管理的首要目标。为此，管理者必须充分了解人的各种行为和动机，对管理中的人的观念和需要进行深入细致的研究。人性假设是一种管理者关于被管理者需要的观念，这种观念是管理主体协调管理客体行为的思想依据。就管理理论的内在逻辑来看，人性假设问题的研究是探索管理理论中激励、控制、组织、领导、创新等重大基本理论问题的逻辑前提。西方管理思想与实践大致是沿着“经济人—社会人—自我实现人—复杂人”的人性假设路线行进的。下面，我们对国内外管理学者对人性的基本假设和相关理论进行了总结。

（一）“经济人”假设与X理论的解读

1.“经济人”假设

“经济人”假设主要包括以下几点。

（1）职工们基本上是受经济性刺激物的激励的，不管是什么事，只要能向他们提供最大的经济利益，他们就会干。

（2）因为经济性刺激物又是在组织的控制下，所以职工们的本质是一种被动的因素，要受组织的左右、驱使和控制。

（3）感情这东西，按其定义来说，是非理性的，因此必须加以防范，以免干扰人们对利害的理性权衡。

（4）组织能够而且必须按照能中和并控制人们感情的方式设计，也就是要控制住人们那些无法预计的品质。

2.X理论

美国管理学家道格拉斯·麦克戈雷格（Douglas McGregor）通过对管理者的行为进行深入观察，得出结论：一个管理者关于人性的观点是建立在一系列特定的假设基础之上的。管理者倾向于根据这些假设来塑造自己对下属的行为。1957年，道格拉斯·麦克戈雷格提出了关于人性的两种截然不同的理论：X理论和Y理论。其中，X理论与“经济人”假设相近，认为应对员工施以物质性激励和安全感满足的手段来达到管理的目的。

根据X理论，管理者持有以下四种假设。

（1）员工天生厌恶工作，并尽可能地逃避工作。

（2）由于员工厌恶工作，必须对其进行管制、控制或惩罚，迫使其达成目标。

（3）员工逃避责任，并且尽可能地寻求正式指导。

（4）大多数员工认为，安全感在工作的相关因素中最为重要，并且员工不具备进取心。

（二）“社会人”假设与人际关系理论的解读

1.“社会人”假设

“社会人”假设主要包括以下几点。

（1）社交需要是人类行为的基本激励因素，而人际关系则是形成人们身份感的基本要素。

（2）从工业革命中延续过来的机械化，使工作丧失了许多内在意义，这些丧失的意义现在必须从工作中的社会关系里找回来。

（3）跟对管理部门所采用的奖酬和控制的反应比起来，职工们更容易对同级同事组成的群体的社交因素做出反应。

（4）职工们对管理的反应能达到什么程度，当视主管者对下级的归属需要、被人接受的需要能满足到什么程度而定。

2.人际关系理论

与社会人假设相关的是人际关系理论，人际关系理论承认组织中非正式群体的存在，把人际关系看成工作小组的核心，人际关系理论有以下六点假设。

（1）人存在于一定的组织环境中，而不是无组织的社会中。

（2）以人为本，而不是以机器和经济为本。

（3）人际关系中的关键活动是激励人。

（4）激励是以团队精神为导向的，这需要其成员的协调一致和积极合作。

（5）通过集体合作，人际关系既能满足个人需要，又能实现组织目标。

（6）个人和组织都有对效率的追求，即他们都想以最小的投入获得最大的产出。

（三）“自我实现人”假设与Y理论的解读

1.“自我实现人”假设

“自我实现人”假设主要包括以下几点。

（1）人的动机可归结为由多种动机组成的一个层次系统。从最基本的出发，分别是基本生理需要、生存安全的需要、情感归属的需要、自我满足和受人尊敬的需要，以及自我实现的需要等。自我实现的需要是指人所具有的力求最大限度地利用自己才能和资源的需要。当人们的最基本需要（对食物、饮水、住所）得到满足时，他们就会转而致力于较高层次需要的满足。即使是那些被认为“胜任力不足”的人，在他们的其他需要或多或少已获满足之后，也会在自己的工作中寻求意义和任务完成的满足感。

（2）个人总是追求在工作中变得成熟起来，他们通过行使一定的自主权，采用长远观点来看问题，培养自己的专长和能力，并以较大的灵活性去适应环境，使自己真正变得成熟。

（3）人主要是由自己来激励和控制自己的，外部施加的刺激物和控制很可能变成一种威胁，并把人降低到一种较不成熟的状态。

（4）自我实现和使组织的绩效更富成果，这两方面并没有什么与生俱来的矛盾。如果能给予适当的机会，职工们是会自愿把他们的个人目标和组织的目标结合为一体的。

2.Y理论

美国管理学家道格拉斯·麦克戈雷格根据Y理论，提出管理者持有与X理论相反的4个假设。

（1）员工会把工作看成同休息或娱乐一样自然的事情。

（2）如果员工对工作做出承诺，他能自我引导和自我控制。

（3）一般人都能学会接受甚至主动承担责任。

（4）人们普遍具有创造性决策的能力，而不只是管理层的核心人物具有这种能力。

显然，X理论与Y理论这两组假设存在着根本性的差异。X理论是悲观的、静态的和僵化的，它强调控制主要来自外部，也就是由上级来强制下级工作。相反，Y理论则是乐观的、动态的和灵活的，它强调自我指导并把个人需要与组织要求相结合。

（四）“复杂人”假设与超Y理论的解读

1.“复杂人”假设

针对管理中人性问题的复杂性，沙因提出了自己的“复杂人”假设。沙因认为：“不仅人们的需要与潜在欲望是多种多样的，而且这些需要的模式也是随着年龄与发展阶段的变迁、所扮演的角色的变化、所处境遇及人际关系的演变而不断变化的。”它主要包括以下内容。

（1）人类的需要是分成许多类的，并且会随着人的发展阶段和整个生活处境而变化。这些需要与动机对每一个人会根据变化不定的重要程度，形成一定的等级层系，这种层系本身也是变化的，会因人而异、因情景而异、因时间而异。

（2）由于需要与动机彼此作用并组合成复杂的动机模式、价值观与目标，所以人们必须决定自己要在什么样的层次上去理解人的激励。

（3）职工们可以通过他们在组织中的经历，学得新的动机。这就意味着一个人在某一特定的职业生涯中或生活阶段上的总的动机模式和目标，乃是他的原始需要与他的组织经历之间一连串复杂交往作用的结果。

（4）每个人在不同的组织或是同一组织中不同的下属部门中，可能会表现出不同的需要；一个在正式组织中受到冷遇的人，可能在工会或是非正式工作群体中找到自己的社交需要和自我实现需要的满足。如果工作职务本身包含多样性的技巧要求，那么在不同的时间，对于不同的工作任务，就可能有众多的动机发挥作用。

（5）人们可以在许多不同类型动机的基础上，成为组织中生产率很高的一员，全心全意地参加到组织中去。对个人来说，能否获得根本的满足，以及对组织来说，能否实现最大的效益，仅部分地取决于这种激励的性质。所要完成的工作任务的性质、工作的能力和经验及工作中同事所创造的环境气氛，这些因素都互相作用进而产生一定的工作模式与感情。

（6）职工们能够对多种互不相同的管理策略做出反应，这既取决于他们自己的动机和能力，也取决于工作任务的性质；换句话说，不会有在一切时间对所有人都起作用的唯一正确的管理策略。

2.超Y理论

在X、Y理论的基础上，约翰·莫尔斯（John Morse）和杰伊·洛希（Jay Lorsch）提出了超Y理论。该理论认为X理论不一定过时，Y理论也不是灵丹妙药。该理论主张组织和工作的匹配性，个人的胜任感和工作的效率要相辅相成、互为补充。实际上，隐含在“超Y理论”中的是“复杂人假设”，其主要内容如下。

（1）人们怀着许多不同的动机和需要参加工作，但最主要的需要是去实现胜任感。

（2）胜任感每个人都有，但因人而异，不同的人有不同的满足方法，要看这种需要与个人的其他需要——如权力、自立、地位、物质、待遇、成就、归属感等的相互作用。

（3）当工作任务与组织相适合时，胜任感的动机极可能得到实现。

（4）即使胜任感达到了目标，它仍继续起激励作用，一旦达到一个目标后，一个新的、更高的目标就树立起来了。

超Y理论在管理上的主张如下。

（1）设法把工作、组织和人密切配合起来，使特定的工作由适合的组织与适合的人员来担任。

（2）先从对工作任务的知悉和对工作目标的了解等方面来考虑，然后决定管理阶层的划分、工作的分派、酬劳和管理程度的安排。

（3）合理确定培训计划和强调适宜的管理方式，使组织更妥当地配合工作人员，这样能够产生较高的工作效率和较高的胜任感的激励。

（4）各种管理理论，无论是传统的还是参与式的，均有其可用之处，主要应由工作性质、职工对象而定。

超Y理论的重点在于权变，即认为对人性的认识要因人而异，人和人不同。人们的需要有不同的类型，当工作和组织设计适于这些需要时，他们就能更好地进行工作。

第二节 人力资源管理系统构建的基点

人与组织的矛盾是人力资源管理的基本矛盾，如何正确处理组织与人之间的矛盾关系，平衡组织与人相互之间的利益与价值，是人力资源管理研究中的一道难解之题。人力资源管理系统构建的基点有两个：一个是组织，另一个是人。要厘清人力资源管理系统构建的基点，就必须把握一个矛盾、三大系统和三种模式。一个矛盾是指人与组织的矛盾，这是人力资源管理模式转变的原因；三大系统是人力资源管理系统构建的基点，包括组织系统、职位管理系统以及胜任力系统；三种模式是指人力资源管理的三种模式，包括基于职位的人力资源管理模式、基于能力的人力资源管理模式，以及基于职位+能力的复合式人力资源管理模式。下面，本节将对上述提及的内容进行进一步阐述。

一、人与组织的矛盾及新变化

传统的人力资源管理关注解决人如何适应组织与职位的问题，而忽视了组织与人的相互适应以及人与人之间的互补协同关系。随着组织与人的关系的日益复杂与多变，人力资源管理面临许多新的问题与矛盾。进入新的经济发展阶段，企业的人力资源管理发生了重大转变，人力资源管理的基本矛盾进入了一个新的阶段，矛盾的两个方面——组织与人——同过去相比都发生了很大的变化，这使得组织中人与组织、人与职位、人与价值及人与人之间的关系都出现了很多新的特征。

（一）人与组织整体的矛盾及新变化

目前，学界认可的人与组织匹配研究的主流界定范围是，关于人与他们所工作的组织之间产生相容性的前因和后果研究。人与组织整体的矛盾主要是指人和组织之间的适应性的问题①，人的素质与能力要跟企业的愿景、使命、战略、文化与核心竞争力相匹配，要保持组织和人的同步成长及发展，使人内在的需求能够在组织中得到满足、个人价值得到实现；同时，人也要符合组织战略与文化的需求，个人目标与组织目标一致。人与组织的整体协同又包括三个层面的内容：第一，整个企业的核心人才队伍建设要与企业的核心竞争力相匹配，以支撑企业核心竞争力的形成；第二，企业的人才结构要符合企业业务结

① 张燕君 . 组织情境下人－组织匹配对个体绩效的影响研究 [D]. 长沙：中南大学，2011：45.

构与发展模式的需求，要依据企业业务结构的调整与优化进行人才结构的调整与优化；第三，每个个体的能力要符合企业战略和文化的需求，个体要认同组织的文化，形成自己的核心专长与技能。

（二）人与职位的矛盾及新变化

人与职位的矛盾主要是指人与职位的适应性问题，人要符合职位的需求，人的能力和职位的要求既要双向匹配，也要动态匹配。人与职位的动态匹配和双向匹配，要求解决以下几个方面的矛盾。第一，如何由过去的人与职位的单向匹配转向双向匹配。过去，人们按照职位说明书的具体要求进行工作。现在，随着平台化组织的兴起，越来越多的企业开始把知识型员工根据不同的任务组合成项目制团队。知识型员工的高人力资本、工作自主等特性，要求职位能够满足其特定的需求，以便开发个人及其团队更大的潜能，促进组织效率的提升。第二，如何由过去的人与职位的静态匹配转向动态匹配。过去，人的素质和能力主要符合他所从事的某一个专业领域的能力需求。现在，一方面，个人素质要符合关键岗位和特定岗位的需求；另一方面，特定的职位也要满足人的心理需要。第三，人与职位匹配的命题要适应过去基于“职位+能力”的复合式管理体系向现在基于“任务+能力”的复合式管理体系转变的要求。直到现在，国内外大部分企业还是采用基于“职位+能力”的管理体系，以职位分析与管理系统及胜任力系统为基础，这也是本书提出的战略人力资源管理系统框架的基础。未来，随着区块链技术的发展和平台经济的兴起，组织逐渐呈现网状化、无边界化、社会化，基于职位的人力资源管理职能逐渐会被基于任务的人力资源管理职能替代。未来的战略人力资源管理要求组织的发展和人力资源的变化都要适应任务发展的变化，表现出动态适应的过程。

（三）人与价值之间的矛盾及新变化

在农业文明时期，组织与人形成了血缘性团队、地缘性组织；发展到工业文明时期，组织与人形成了专业化的团队、科层制的组织；而到了智能化时代，组织与人的关系再重构，衍生出了细胞型组织、网状结构组织，这些组织围绕人在进行关系与价值的重构——从体力劳动者为主体到知识工作者为主体、从资本雇佣劳动到人力资本与货币资本相互雇佣、从雇佣关系到合作伙伴、从人才管理到人才经营、从关注现实能力到关注潜能、从人力成本到人力资本、从人性为本到价值为本、从人才所有权到人才使用权、员工体验从物质激励到全面认可体验等，这些都意味着人已不再是价值创造的工具而是价值创造的自我驾驭者。人与价值问题已经成为人力资源管理的核心问题，人力资源管理既要上升为战略层面的组织活力的激活，又要落实到对个体的价值创造活力的激活，涉及以人力资源管理的价值创造、价值评价和价值分配为核心的人力资源价值链管理。

（四）人与人之间的矛盾及新变化

组织中人与人之间的矛盾主要是指组织中人与人的能力匹配和团队人才组合问题，即组织中人与人之间的有效配置问题。在知识型组织中，人在组织中往往不是固定在某一个点上（职位），而是在一个区域里面运动，跨团队、跨职能的团队运作是主要的组织工作模式，因而人力资源管理的矛盾就更多地表现为人与人之间的关系、人与人之间的个性互补与能力匹配、人在团队中的角色定位与位置。要实现人与人之间的有效配置，就要研究人才的互补性聚集效应。

在组织、工作和价值观发生巨大变化的同时，组织中的人也发生了很大变化。知识型员工已经成为员工队伍的主体，员工的能力成为企业竞争力的源泉。组织中人的主要变化具体表现在以下几个方面。

第一，知识型员工更具有工作自主性，有自我尊重的需求，个性自我张扬。人对工作自主性的要求、自我实现的需求，以及对个性的诉求，比以往任何一个社会都要求得到更多重视。

第二，人的素质结构要素变得越来越复杂，既有冰山之上的显性素质要素，又有冰山之下的隐性素质要素。决定成功绩效的能力要素既包括一个人所具有的专业知识和行为方式等表层的因素，也包括个性、品质、价值观和内驱力等深层次的素质要素。组织对人的个性、价值观等深层次的素质要素需求越来越强烈。人的素质的内涵变得更加丰富。

第三，人的需求变得更加复杂，知识型员工的需求是复合性的。知识分子既有低层次的物质需求，也有高层次的知识和精神需求，各层次需求交织在一起。在这种条件下，人的需求是十分复杂的，并不像马斯洛需求层次理论描述的那样层级分明，满足了低层次的需求，转而再追求高层次的需求。知识型员工的需求层次结构要素是重叠的、混合的，不同层次的需求相互交织在一起。

第四，知识型员工的参与感越来越强烈，对于沟通、理解和信任有着越来越多的需求，工作自主性和个人潜能的发挥越来越成为人的一种追求，员工对于机会和发展空间的需求比以往任何时候都更为强烈。

总之，在新经济时代，组织和工作都发生了巨大变化，人本身也发生了巨大的变化，组织、职位和人都变得更加复杂。组织和人的变化促进了人力资源管理的基本矛盾——人与组织的矛盾、人与职位的矛盾、人与人之间的矛盾进一步深化，比以往任何一个时期都更加深刻，影响更为广泛。人力资源管理的基本矛盾进入一个新的发展阶段，关系更加复杂，矛盾更加激烈，影响更加深刻。

二、组织发展与组织系统

人力资源管理的基本命题是组织与人的匹配，涉及两个基本要点：组织与工作系统、组织与人，即职位与人的匹配。从个人层面看，人与组织匹配和组织文化认同度之间存在密切关系。人与组织匹配在很大层面上就是衡量个人价值观与组织文化的匹配程度，因此可以用来预测个人与组织的匹配度。而从组织层面上看，组织与工作系统就是人与组织的适应性在全局层面上的落地。为了分析现代企业的真实情况，需要对现代组织发展现状、组织系统以及工作系统的研究进行展开阐述。

（一）现代组织发展现状

随着外部环境的快速发展，组织形态不断变化发展，迫使人力资源部门对其做出相应反应。例如，越来越多的互联网公司开始设立组织发展（Organizational Development，OD）的岗位。在过去150多年里，企业组织形态从强调秩序、规则、等级、边界逐步向无序、开放、扁平、无界发展，衍生成一种生态化组织。例如，海尔最早提出要与用户融合，并形成自己独特的并联生态圈。放眼全球的企业，包括苹果、谷歌、脸书、亚马逊、微软等世界级企业，他们所采用的组织模式就是“平台化+生态化”。正是平台化管理和生态化的布局让这些企业被资本市场看好，使得这些企业内聚力量、外接资源，获得超速成长，而且盈利能力很强。

从全球企业来看，所谓“平台化+生态化”新型组织经营模式已成为学术界和实践界的一种共识。在这种模式下，通过构建“小微经营、大平台、富生态”的系统，一端连接消费者，一端连接产业资源，用平台化运作去满足消费者多样化的需求，快速响应消费者的需求变化及整体价值诉求。从国内来看，众多优秀企业都在实施生态化战略，构建“平台化+生态化”组织。诸如华为、阿里、小米、京东等，都在打造“平台化+生态化”组织。

实际上，组织变革与业务流程整合的出现，就是通过重构组织与人的关系，打造组织赋能平台，持续激活组织价值创造要素，提高组织活力与运营效能，构建组织新治理与新生态。

通过对现代组织发展现状的介绍，我们能发现：今天的企业，要适应复杂、不确定的外部环境，要应对消费者瞬息万变的需求，要抓住互联网与知识经济的发展机遇，组织结构就需要从过去那种金字塔式的、科层式的垂直组织结构逐渐向扁平化、网络化的平台型组织结构转型，使组织变得更轻、更快、更简单、更灵活。此外，组织结构的变化也会促使工作和领导方式发生相应改变。如谷歌等互联网企业首先对这种传统组织模式进行了颠覆，取而代之的则是扁平化网状组织架构。这是一种非框架、非结构、非固定的状态，公司内部有数不清的“项目经理”，但是他们的“活”必须自己找。谷歌内部出现需要解决的难题、规划、计划等任务时，大多时候会组织出一个又一个工作小组，由他们分别负担起随时可能冒出来的专项工作，因而公司内部存在着大量的“双重领导”与平行决策。企业领导层只能从大方向上把握未来的组织结构和组织发展，而不能精确把握，企业需要随时保持活力。

（二）组织系统研究

企业在确定了其使命、愿景、战略和价值观后，必须使其在组织和管理上得以有效落实与传递，而组织设计就成为企业的目标系统与人力资源管理系统进行衔接的桥梁和纽带。关于组织设计的原理，主要包括组织模式的选择、部门设置和流程梳理。所谓组织模式的选择，是指确定企业要采用什么样的组织结构类型，主要包括直线职能制、事业部制、集团公司制、项目制、矩阵制等。其中，最为典型的当数直线职能制、事业部制和矩阵制，而集团公司制在运作方式上与事业部制大体相似，项目制的组织结构有的可以看作一种动态的事业部制，有的则趋近于矩阵制的组织结构。

在职能式结构中，组织从上至下按照相同的职能将各种活动组合起来，权力中心在组织的顶端且只有一个。例如，所有工程师被安排在工程部，主管工程的副总裁负责所有的工程活动。市场、研发和生产方面也一样。

事业部式结构，有时也被称为产品部式结构或战略经营单位。通过这种结构可以针对单个产品、服务、产品组合、主要工程或项目、地理分布、商务或利润中心来组织事业部。事业部式结构的显著特征是基于组织产出的组合。事业部式和职能式结构的不同之处在于，事业部式结构可以重新设计并成为分立的产品部，每个部门又包括研发、生产、财务、市场等职能部门，使得各个产品部门内跨职能的协调增强了。事业部式结构鼓励灵活性和变革，因为每个组织单元（即事业部）变得更小，才能够更加适应环境的需要。此外，事业部式结构实行决策分权，因为权力在较低（事业部）的层级聚合。与之相反，在一个涉及各个部门的问题得到解决之前，职能式结构总是将决策压向组织的高层。事业部式结构可以按照产品来划分事业部，即产品事业部式结构；也可以按照区域来划分事业部，即区域事业部式结构。

实际上，很多结构并不是以单纯的职能式、事业部式的形式存在。一个组织的结构可能会同时强调产品和职能，或产品和区域。综合两种特征的一种典型结构就是混合式结构。当一家公司成长为大公司，拥有多个产品或市场时，通常将组织分成若干自主经营的单位。对于每种产品和市场都重要的职能被分权为自我经营的单位。然而，有些职能也被集权，集中控制在总部。总部的职能是相对稳定的，需要规模经济和深度专门化。

通过整合职能式和区域式结构的特征，公司可以兼具两者的优点，避免两者的一些缺陷。矩阵式结构的独特之处在于事业部式结构和职能式结构（横向和纵向）的同时实现。与混合式结构将组织分成独立的部分不同，矩阵式结构的产品经理和职能经理在组织中拥有同样的职权，雇员向两者报告。当环境一方面要求专业技术知识，另一方面又要求每个产品线能快速做出变化时，就可以应用矩阵式结构。当职能式、事业部式或混合式结构均不能很好地整合横向的联系机制时，矩阵式结构常常是解决问题的答案。

网络式组织是一种超横向一体化的组织，是扁平式组织的进一步深化。它把扁平式组织完全去掉，取而代之的是虚拟总部、虚拟委员会。一种柔性的、灵活的虚拟组织应运而生，它具有高度的可达性和强大的信息获取能力。网络组织以自由市场模式代替了传统的纵向层级制。它突破了组织结构的有形界限，有利于企业内部分工合作，也有利于借用外力和整合外部资源，此时组织的权力也进一步下放到组织的子网络中。网络组织除了权力下放，还有一个特征就是基于信任产生的协作关系。在权力下放的同时，也意味着责任过渡。例如，传统的职能式组织规定了员工的工作任务，但是员工对工作结果的合理性并没有责任要求；而网络组织出现在一定程度上也意味着责任下放。

如果说网络式组织是扁平式组织的进一步深化，那么平台式组织就是对网络式组织的进一步迭代。平台式组织主要由“平台”和临时性项目团队或多功能团队组成。所谓“平台式组织”是通过对组织机制和形式进行巧妙的组合而形成的一种弹性的形式结构。平台式组织通过多种组织形式（如网络式、矩阵式、职能式等）的组合而交织在一起。“平台”是平台式组织的一种基础的形式结构，一般只会发生周期性重大转变，而经常发生转变的是依托平台上的临时性项目团队和多功能团队的重组。例如，韩都衣舍电商集团采用的就是数据驱动的“大平台+分布经营的小前端”形式。平台式组织不仅责任下沉、权力下放，更重要的是战略上采用生态布局，平台上通过数据驱动。

还有一种平台式组织是一种截然不同的表现形式：临时性项目团队和多功能团队的结构相对稳定，而平台的形式结构变化非常频繁和突然。例如，意大利著名的电子品牌奥利维蒂（Olivetti）。奥利维蒂在战略管理上会对其下一个主要任务进行押注，所有其他的战略选择，如联盟、垂直整合等，都是基于这种战略押注的临时结果。这使得平台很容易重新配置，特别适合具备博弈性质的商业实践。这就使得平台式组织不能在形式上有一个通用的结构，组织边界更加模糊，更难以用组织结构图来表示，更加难以捉摸、识别和分析。平台式组织不仅是组织结构上的转变，更是一种集体认知上的革命。

企业要选择何种组织结构类型，主要取决于其战略、业务规模、产品的差异化程度、管理的复杂性与难度等方面。

组织设计是人力资源管理系统设计的重要基础。一方面，过往的企业实践中，企业需要明确采用何种组织结构类型，需要对企业的部门进行划分，即考虑设置哪些部门来实现企业的战略目标与功能。另一方面，现代企业已经不再仅仅强调依靠部门的划分和部门之间、职位之间的职责界定来提高组织的运行效率，而是更加突出流程的再造和优化对于组织效率，尤其对组织的应变速度和反馈顾客能力的影响。例如，在20世纪90年代，业界兴起了流程的再造与重组，即通过对组织的现有流程进行分析和梳理，寻找流程设计中缺乏效率的地方，并对整个流程的运行步骤和程序进行重新设计，从而大幅提高组织的运行效率，降低企业的成本，提高企业对外部市场的反应能力和速度。另外，职位的设计和研究也与组织设计相关。企业需要进一步对各部门的职能进行定位，明确每个部门的职责与权限；再根据部门的职责与权限，确定部门内部应该设置哪些职位来完成部门任务，每个职位应当承担何种工作职责与工作内容，每个职位应该由具备什么样知识、技能、经验和素质的任职者来担当。对职位的设计和研究，也必须从流程的角度来进行考虑，研究职位在流程中所处的位置，明确职位在流程中应该扮演的角色、应该承担的职责。

随着技术和产品的不断迭代发展、组织形态不断变化，未来的组织与人的关系、工作设计也将产生巨大的变化。在数字化时代，未来不再是先有岗位再有人，而是根据消费者需求转化成数字化的工作任务，再形成人才的数字化需求与组合，从而形成数字化的工作团队，最后形成网状式平台组织。这种平台组织可能较传统的组织设计而言是倒过来的体系。组织设计的核心任务就是工作任务管理，追求的是工作任务的配置，而不是传统的岗位配置，雇佣关系也是在实现一种数字化的合作，尤其是很多灵活用工的、非标准的雇佣模式。但是，不管组织与人的关系发生何种变化，组织设计依然是人力资源管理系统设计的重要组成部分。

第三节　人力资源管理系统运行的机理

笔者在理论研究及咨询实践的基础上提炼出了人力资源管理系统运行机理的四大构成要素：四大支柱、四大机制、一个核心、最高境界。这四大要素构成的人力资源管理运行机理使人力资源管理十大职能模块形成了一个完整的运行系统，为企业创造价值，支撑企业竞争优势的形成。

一、人力资源管理系统运行的支柱

人力资源管理系统运行机理中的四大支柱包括机制、制度、流程和技术，四者相互联系、共同作用。

（1）机制是指事物发挥作用的机理或者原理。人力资源管理机制的作用在于从本质揭示人力资源管理系统的各要素通过什么样的机理来整合企业的人力资源，以及整合人力资源之后所达到的状态和效果。

（2）制度是指要求组织成员共同遵守的办事规程或行动准则。人力资源管理制度的作用在于通过科学化、系统化的人力资源管理制度设计，建立包括责任、权力、利益、能力运行规则在内的理性权威。

（3）流程是指多个人员、多个活动有序组合。它关心的是谁做了什么事，产生了什么结果，给谁传递了什么信息，这些活动一定是以创造价值为导向的。人力资源管理流程的作用在于建立以客户价值为导向的人力资源业务流程体系，打通人力资源业务流程与企业其他核心流程的联系渠道。

（4）技术是指通过改造环境以实现特定目标的特定方法。人力资源管理技术的作用在于通过研究、引进、创新人力资源的管理技术，提高人力资源开发与管理的有效性和科学性。

二、人力资源管理系统运行的机制

人力资源管理的内在基本问题与矛盾是组织与人的矛盾。由于信息的日益不对称、组织变革的加速、管理对象的复杂性与需求的多样性日益加剧，组织与人的矛盾比以往任何时候都激烈。协调人与组织的矛盾，使员工与企业共同成长和发展，这就需要通过内在的机制来实现。笔者在进行人力资源管理理论本土化研究的基础上，提出了人力资源管理的四大机制模型，即牵引机制、激励机制、评价约束机制和竞争淘汰机制。这四大机制相互协同，从不同的角度来整合和激活组织的人力资源，驱动企业人力资源各系统要素的有效衔接与整体运行，提升人力资源管理的有效性。

（一）牵引机制

所谓牵引机制，就是指组织通过其愿景与目标的牵引，以及明确组织对员工的期望和要求，使员工能够正确地选择自身的行为，最终将员工的努力和贡献纳入帮助企业完成其目标、提升其核心竞争力的轨道上来。牵引机制的关键在于向员工清晰地表达组织的愿景、目标，组织对员工的期望和要求，以及工作对员工的行为和绩效基准要求。牵引机制主要依靠以下人力资源管理模块来实现：企业的价值观与目标牵引、职位管理与任职资格体系、业绩管理体系、职业生涯与能力开发体系。

（二）激励机制

要驱动员工朝着组织所期望的目标努力，必须通过建立有效的激励机制来实现。激励的本质是员工去做某件事的意愿，这种意愿是以满足员工的个人需要为条件的。因此激励的核心在于对员工的内在需求的准确把握与满足，并依此提供差异化的人力资源产品与服务。①随着管理对象越来越复杂，员工的内在需求日益呈现多元化、差异化、复合化的特征。单一的激励要素难以满足多层次的、个性化的员工需求。组织要把员工当客户，像对待客户一样去了解、研究员工的需求，并运用多元的激励要素为员工提供差异化的人力资源产品与服务。激励机制主要依靠以下人力资源管理模块来实现：分层分类的薪酬体系（职权、机会、工资、奖金、股权、荣誉、信息分享、学习深造）、多元化薪酬体系与全面薪酬设计（基于职位的薪酬体系、基于能力的薪酬体系、基于市场的薪酬体系、基于业绩的分享薪酬体系、货币性与非货币性报酬的系统激励）。

（三）评价约束机制

要使员工的行为不偏离组织预定的轨道，必须建立有效的评价约束机制。评价约束机制的本质是对员工的能力与绩效进行有效的客观评价，同时对员工不符合组织要求的行为进行纠偏和修正，使其行为始终在预定的轨道上运行。评价约束机制的核心内容包括人才评价标准、规则约束（合同与制度、法律）、信用道德管理（人才信用系统）、文化道德约束（文化认同与道德底线）。此外还包括信息反馈与监控，岗位、能力、绩效、态度评价，经营计划与预算，行为的标准化、职业化和基本行为规范与“天条”。

（四）竞争淘汰机制

要将组织外部的竞争压力传递到组织内部，持续激活组织内部的人力资源，企业不仅要有正向的牵引机制和激励机制，不断推动员工提升自己的能力和业绩，还必须有反向的竞争淘汰机制，将不适合组织成长和发展需要的员工释放于组织之外，同时将外部市场的压力传递到组织中，从而实现对企业人力资源的激活，防止人力资本的沉淀或者缩水。企业的竞争与淘汰机制在制度上主要体现为竞聘上岗制度与末位淘汰制度，以及与之相配套的人才退出制度。竞聘上岗与末位淘汰要实现四能机制，即能上能下、能左能右、能进能出、能升能降。人才退出制度则包括内部创业制度、轮岗制度、自由转会制度、待岗制度、内部人才市场、提前退休计划、自愿离职计划和学习深造。

三、人力资源管理系统运行的核心

人类发展到今天，进入了智能文明时代。这个时代包括数字化、大链接、智能文明、知识文明等。人力资源开始注重人的潜能开发、价值创造的活力，以及人的价值创造

① 陈四清．业绩评价与激励约束机制构建 [J]. 经营管理者，2002（9）：34-35.

的能力、人力资源效能的提升。人力资源管理不仅要实现企业的战略目标，更重要的是实现人的价值成长。企业资本除了物质资本，更重要的是人力资本的价值增值。此外，目前人力资源管理已进入精准核算阶段，也就是大数据人力资源管理。大数据人力资源管理通过数字化、大链接实现人的价值成长，致力于人的价值创造活力，提升人的价值创造能力，提升人力资源效能，激活整个组织。人力资源管理既要上升到战略层面又要落实到对人的价值创造活力的激活上，从而激活组织活力。这个时代是人力资本价值管理的时代，需要的是跨界思维、无边界管理，构建互动与交互式人力资源价值创造网络。

通过前面对人力资源管理四大机制的内在要素的分析，我们可以看出，考核评价体系和薪酬分配体系往往在不同的机制中同时出现，并且协同发挥作用，从而成为整个人力资源管理机制的重心。进一步而言，整个人力资源管理机制的重心在于对企业人力资源价值链的整合。所谓人力资源价值链，是指关于人力资源在企业中的价值创造、价值评价、价值分配三个环节形成的整个人力资源管理的横向链条。具体包括以下几个方面。

（1）价值创造环节，就是要从企业价值创造的主体和要素出发来建立企业的价值理念，并通过价值创造机制与制度设计，激发员工潜能，驱动员工不断创造价值。

（2）价值评价环节，即要以价值创造环节所确定的价值理念为依据，明确这些价值创造的主体与要素都创造了多少价值，从而为价值的分配奠定基础。

（3）价值分配环节，即要在前面两个环节的基础上，对公司创造的所有价值进行公平合理的分配与再分配。

价值创造为价值评价与价值分配提供理念与原则；价值评价为价值分配提供具体的依据和标准；价值分配又通过对员工的激励和对劳动耗费的补偿成为新一轮价值创造的起点。这三个环节形成一个前后呼应的有机整体，两两环节相互循环，从而使得职位管理体系、胜任力能力体系、绩效考核体系、薪酬分配体系等能够形成有效的呼应与配合，而这些相互整合的要素又是企业人力资源管理机制的主体，从而使得企业的牵引机制、激励机制、约束机制能够相互整合，形成一个有机整体。

四、人力资源管理系统运行的文化管理

企业文化就是在企业核心价值体系的基础上形成的、具有延续性的、共同的认知系统和习惯性的行为方式。这种共同的认知系统和习惯性的行为方式使企业员工彼此之间能够达成共识，形成心理契约，使每一个员工知道企业提倡什么、反对什么，怎样做才能符合企业的内在规范要求，怎么做可能会违背企业的宗旨和目标。企业文化是各个成员思想、行为的依据，是企业的灵魂。企业文化管理也成为现代人力资源管理的最高境界。企业文化减少内部交易成本，使人的管理变得简单，使人做事有底线（敬畏、良知与羞耻感）。企业文化并非企业的必然特质，但是要想使企业基业长青，一定要建立适合企业发展的文

化管理。

目前，国内几大著名的企业如华为、阿里巴巴、京东，通过坚持企业文化管理，结合干部管理等特殊人才机制，实现组织活力的不断激活。华为推崇“狼性文化”，通过远大的追求、求实的作风，不断学习、创新、团结，实现以奋斗者为本的文化管理。阿里巴巴的文化中有四种比较突出：太极文化、革命文化、武侠文化、快乐文化。太极文化，主要是受到企业创始人马云的影响，强调的是对阴阳两极、盛衰变化等的看法，以此作为管理的营养源泉。从阿里巴巴政委的设置可以看出，公司对干部管理、革命文化的重视。在阿里巴巴，每个人都有一个花名代替自己的真名，例如，马云用“风清扬”来展示自己心中的武侠情结。阿里巴巴的快乐文化，就是以员工为核心，给予员工一定的空间，鼓励创新，享受成长的快乐。此外，从2018年3月30日开始，京东的价值观升级为“T形文化”，即“正道成功，客户为先，只做第一”。在整个价值观体系中不仅突出正向价值观，还强调客户意识以及在行业竞争中保持不断创新的精神。企业文化的影响会从内到外，再由外到内使得企业劲往一处使，心往一处聚。这三家企业的文化在国内各具特色，一方面打造了自己独有的企业特质，另一方面也吸引了不少外部企业前来观摩。

文化管理之所以是现代人力资源管理的最高境界，就在于它使企业与员工达成共识，使员工由他律管理到自律管理（自我开发与管理），从而协调企业对员工的需求与员工个人需求之间的矛盾，使个人与企业同步成长。同时，通过文化管理，可以使企业和员工之间建立劳动契约关系之外的另一种契约关系——心理契约关系。通过劳动合同建立的企业与员工的劳动契约关系，是最基础的行为准则，是刚性的规范；而心理契约管理是软性的规范，是人的内在的、自觉的约束。通过建立心理契约关系，可以实现员工从“他律”到“自律”，从“要我干”到“我要干”的转变。通过企业文化管理，可以使全体员工衷心认同企业的核心价值观念和使命，促进员工奋发向上，确保企业经营业绩不断提高，积极推动组织变革和发展。

第三章　企业人力资源管理概述

第一节　企业人力资源管理的特点

一、人力资源与人力资源管理

（一）人力资源

人力资源（Human Resource）是现代管理理论中的一个重要概念。它是指在一个组织中，能推动整个组织实现目标的全体人员的总和。人力资源包含了许多因素，包括员工的技能、知识、态度、经验和行为等，这些因素共同构成了企业的核心竞争优势。

（二）人力资源管理

1.人力资源管理的定义

人力资源管理（Human Resource Management，HRM）是一种综合性的管理过程，它涉及人员的招聘、选拔、培训、薪酬管理、绩效评估、劳动关系等各个方面。它通过一系列科学的方法和技术，来实现组织的目标，满足员工的需求，并促进员工的个人发展。

2.人力资源管理在企业中的作用

（1）提升组织效率。人力资源管理通过合理配置人员，优化工作流程，可以提高组织的效率。例如，通过有效地招聘和培训，可以提高员工的专业技能和工作满意度，进而提高整体的工作效率。

（2）促进创新和变革。人力资源管理不仅关注当前的工作状况，还积极应对变化，推动组织适应新的市场环境和内部需求。通过持续培训和发展，人力资源部门可以鼓励员工创新，帮助企业适应不断变化的市场环境。

（3）激励员工。人力资源管理关注员工的需要，包括他们的职业发展和薪酬福利。有效的激励机制可以增强员工的归属感，提高他们的工作满意度和绩效，从而提升整体的企业效益。

（4）企业文化建设。人力资源管理也是企业文化建设的重要部分。它通过培训和教育来传递公司的价值观和理念，塑造积极的企业文化，增强员工的团队精神和凝聚力。

（5）降低企业风险。有效的人力资源管理可以减少员工的流动性和职业倦怠，降低员工的离职率，从而减少企业人员变动带来的损失。同时，它还可以帮助企业规避一些潜在的法律风险。

总的来说，人力资源管理是企业成功的关键因素之一。它通过对人的管理，实现了组织的长期发展目标，也满足了员工的个人需求。未来，随着科技的发展和社会的进步，人力资源管理将面临更多的挑战和机遇。因此，企业必须不断学习和改进人力资源管理的方法和技术，以适应不断变化的市场环境。

3.人力资源管理的功能

（1）选拔功能。人力资源管理的一项核心功能是选拔。它涉及在招聘、选拔、评估和晋升过程中，对员工的选择。这个过程确保了组织能够找到最符合需求和期望的员工，从而为组织提供稳定的人力资源基础。选拔功能不仅关注员工的技能和知识，还关注他们的态度和动机，以确保他们能够适应组织的需求和环境。

（2）培养功能。培养功能是人力资源管理的另一重要功能。它涉及通过各种培训和发展项目，帮助员工提高他们的技能和能力，以适应不断变化的工作环境。这包括提供内部和外部的培训机会，以支持员工的职业发展，同时为组织提供了持续改进和适应性的基础。

（3）激励功能。激励功能是人力资源管理的重要组成部分。它涉及通过各种方式激发员工的积极性和工作热情，以提高他们的绩效和满意度。这可能包括提供有竞争力的薪酬和福利，提供有意义的工作任务，以及建立积极的工作环境。通过适当的激励，组织可以提高员工的生产力和留任率，也能降低员工流动率。

（4）维持功能。维持功能是人力资源管理中另一项重要的职能。它涉及维护和保持一个健康的人力资源系统，以应对各种内部和外部因素的影响。这包括保持员工的健康状况，维护良好的工作环境，处理劳动纠纷和冲突，以及保持员工的士气和满意度。这有助于确保员工的高绩效和组织的成功。

综上所述，人力资源管理具有选拔、培养、激励和维持四大功能。这些功能相互关联并相互作用，形成一个整体，以支持组织的战略目标。通过有效的人力资源管理，组织可以提高员工绩效，增强员工的满意度和忠诚度，从而为组织的成功奠定基础。

4.人力资源管理的目标

人力资源管理作为企业管理的重要组成部分，其目标在于实现企业与员工的共同发展，并以此推动顾客满意度的提升。具体而言，人力资源管理的主要目标包括：企业从人力资源生产潜力中获得最大利益，员工从企业中得到物质与精神的满足，以及企业与员工的合作与配合使顾客满意。

（1）企业从人力资源生产潜力中获得最大利益。人力资源管理的一项重要任务是发掘并利用员工的潜力，以推动企业的持续发展。通过有效的招聘、选拔、培训和激励制度，企业可以最大化人力资源的生产力，从而带来更多利润。此外，合理的人力资源配置也能提高工作效率，降低成本，为企业创造更多价值。

（2）员工从企业中得到物质与精神的满足。对于员工来说，他们不仅期望在工作中获得物质的满足，也期望得到精神的满足。人力资源管理可以通过提供良好的工作环境、公平的薪酬福利、公正的晋升机会及丰富的职业发展路径，来满足员工的物质需求。同时，企业还应注重员工的心理健康和精神需求，提供良好的企业文化和员工关怀，以增强员工的归属感和忠诚度。

（3）企业与员工的合作与配合使顾客满意。企业与员工的良好合作关系是提升顾客满意度的重要基石。员工的态度和行为直接影响到顾客的体验和企业的声誉。人力资源管理的一项重要任务就是培养员工的良好工作态度，包括积极的工作态度、良好的沟通技巧和高效的工作流程。通过这种方式，企业可以提供高质量的产品和服务，满足甚至超越顾客的期望，从而赢得更多的忠诚顾客。

人力资源管理作为企业管理的重要一环，其目标不仅追求企业的利润最大化，也包括为员工提供良好的工作环境和发展机会，以及通过与员工的良好合作来提供优质的产品和服务，满足甚至超越顾客的期望。只有在这样的基础上，企业才能实现真正的可持续发展，员工和企业才能实现真正的共赢。这不仅需要企业的管理层有远见，也需要所有员工的积极参与和共同努力。未来的企业管理，必定是以人为本的管理，尊重员工，重视员工，使员工在工作中得到满足和发展，从而让企业获得最大的利益和价值。

二、人力资源管理的特点

（一）以“人”为核心的特点

随着经济全球化的推进，人力资源管理（HRM）在企业管理中的重要性日益凸显。我国企业的人力资源管理也正经历着深刻的变革，尤其在“以人为本”的理念下，这种变革更具特色和价值。

1.以人为本，关注员工需求

我国企业的人力资源管理强调以人为本，把员工视为企业最宝贵的资源，注重员工的发展和需求。在这种模式下，员工不再是单纯的执行者，而是企业发展的积极参与者和利益相关者。企业重视员工的培训和发展，鼓励员工创新和参与决策，不仅能激发员工的积极性和创造力，还能增强企业的凝聚力和竞争力。

2.全面绩效管理，提高员工效率

以人为本的人力资源管理注重员工的全面绩效管理，不仅关注工作结果，更关注工作过程。这种管理模式有利于提高员工的效率和工作质量，也有利于企业的可持续发展。企业通过合理的激励机制和考核机制，激发员工的潜能，使员工在实现个人价值的同时，也为企业的成功作出贡献。

3.企业文化建设，增强员工归属感

企业文化是企业的灵魂，也是人力资源管理的重要组成部分。以人为本的人力资源管理注重企业文化的建设，通过营造良好的企业文化氛围，增强员工的归属感和忠诚度。企业鼓励员工参与企业文化建设，让员工感受到企业的关怀和重视，从而形成更紧密的团队关系。

4.信息化人力资源管理，提升管理效率

随着信息技术的飞速发展，我国企业的人力资源管理也逐步实现了信息化。以人为本的人力资源管理借助信息化手段，提高了管理的效率和准确性。通过建立人力资源管理系统，企业可以实现人力资源信息的实时更新和共享，便于管理者做出科学决策。

综上所述，我国企业的人力资源管理以“人”为核心，注重员工的发展和需求，强调全面绩效管理，重视企业文化建设，并积极应用信息化手段提升管理效率。这些特点使得我国企业在激烈的市场竞争中更具优势，为企业的长远发展奠定了坚实基础。

（二）拥有灵活的用人机制

在现代企业中，人力资源管理已经成为一个核心领域，它不仅关乎企业的运营效率，也关乎员工的满意度和忠诚度。其中，拥有灵活的用人机制是企业人力资源管理的关键特点之一。灵活的用人机制可以帮助企业应对市场的变化，增强员工的满意度和参与度，也为企业节省成本和创造更多机会。本节将探讨企业拥有灵活的用人机制的重要性和表现。

1.员工招募的灵活性

拥有灵活的用人机制意味着企业可以灵活地招募人才。这意味着企业可以根据业务需求的变化，调整招聘策略，招聘不同类型和技能的人才。此外，企业还可以通过线上平台和社交媒体等多元化的渠道招募人才，以吸引更多的求职者。这种灵活性不仅可以缩短招聘周期，提高招聘效率，还可以降低招聘成本。

2.员工培训的灵活性

拥有灵活的用人机制也意味着企业可以灵活地培训员工。企业可以根据员工的技能和兴趣，提供多元化的培训课程，如在线课程、内部培训、外部培训等。这种灵活性不仅可以满足员工个性化的需求，提高员工的满意度和参与度，还可以节省企业的培训成本。

3.员工激励的灵活性

灵活的用人机制也意味着企业可以灵活地激励员工。企业可以根据员工的绩效和贡献，提供多元化的奖励和激励措施，如奖金、晋升机会、荣誉证书等。这种灵活性不仅可以激发员工的积极性和创造力，提高员工的满意度和忠诚度，还可以为企业节省奖励成本。

4.员工管理的灵活性

拥有灵活的用人机制也意味着企业可以灵活地管理员工。企业可以根据员工的个人情况和职业发展，提供多元化的职业发展路径和晋升机会。此外，企业还可以通过灵活的工作安排和弹性工作制度等措施，为员工提供更多自主权和选择权，提高员工的满意度和工作效率。

综上所述，拥有灵活的用人机制是企业人力资源管理的关键特点之一。它可以帮助企业应对市场的变化，提高员工的满意度和参与度，也为企业节省成本和创造更多的机会。在未来，随着人力资源管理的不断发展和创新，灵活的用人机制将会更加重要。企业需要不断探索和实践新的管理模式和方法，以适应市场的变化和满足员工的个性化需求。

（三）人员流动性明显增强

人员流动性增强主要体现在两个方面：一是人才流动的数量和频率增加；二是人才流动的层次和范围扩大。出现这种现象的原因包括市场竞争加剧、员工个人发展需求、企业组织变革等。这种变化对企业的影响是双重的，一方面可以为企业带来新的活力，另一方面也可能带来管理上的挑战。

面对人员流动性增强的挑战，企业人力资源管理需要更加灵活地应对各种变化。这包括更快速地招聘和培训新员工，更有效地管理员工的流动，以及更好地利用人才流动带来的机会。

在人员流动性增强的环境下，团队合作变得尤为重要。员工之间的互相支持和合作可以帮助企业在困难时期保持稳定，并在机遇出现时迅速抓住。

人员流动性增强要求企业重视员工的终身学习。这意味着企业需要为员工提供持续的教育和培训机会，帮助他们不断提升自己的技能和能力，以适应不断变化的工作环境。

为了应对人员流动性的挑战，企业需要实施有效的人才管理策略。这包括提供公平、公正的薪酬和福利制度，提供良好的工作环境和发展机会，以及建立良好的企业文化等。

总的来说，企业人员流动性明显增强的现象对企业人力资源管理提出了新的挑战。企业需要灵活应对各种变化，注重团队合作，培养员工的终身学习能力，并实施有效的人才管理策略。只有这样，企业才能在人员流动性增强的环境中保持竞争力并取得成功。

（四）知识型员工需求多元化对企业人力资源管理提出了更高的挑战

随着知识经济时代的到来，企业人力资源管理面临前所未有的挑战。知识型员工需求的多元化，无疑对企业提出了更高的挑战。这些员工拥有丰富的知识和技能，他们不仅关注物质回报，也重视工作环境的舒适度、职业发展机会、社交互动及个人成长空间。

1.多元化需求：挑战与机遇并存

知识型员工的需求多元化，对企业来说既是挑战也是机遇。挑战在于，如何满足这些多元化的需求，同时保持企业的效率和生产力；机遇在于，如果能正确理解和满足这些需求，企业可以激发员工的创新精神和潜能，从而提升企业的竞争力。

2.个性化激励：突破传统管理框架

在人力资源管理中，如何个性化地激励知识型员工，是企业必须面对的一大问题。传统的人力资源管理往往以统一的标准进行奖励，但这种方式无法满足知识型员工的个性化需求。因此，企业需要转变思维，实施个性化激励，比如设立更具针对性的奖励制度，或者提供个人发展机会和空间等。

3.以人为本：打造人性化的工作环境

以人为本的企业文化是应对知识型员工需求多元化的关键。企业需要创造一个舒适、积极、创新的工作环境，以满足员工在工作中的社交需求、精神需求和自我实现需求。此外，企业也需要尊重和关心员工的生活，为他们提供必要的支持和服务，使他们能够在工作中得到充分的满足感。

4.持续学习：为员工提供成长空间

知识型员工非常重视个人成长空间和职业发展机会。因此，企业需要为员工提供持续学习和发展的机会，帮助他们提升技能和能力。这可以通过提供内部培训、外部进修、项目合作等方式实现。同时，企业也需要鼓励员工自我学习和发展，为他们提供必要的学习资源和平台。

5.风险管理：有效应对多元化需求变化

在应对知识型员工需求多元化的过程中，企业还需要做好风险管理。首先，企业需要深入了解员工的多元化需求，并根据实际情况调整人力资源策略。其次，企业需要灵活应对变化，避免过度承诺无法实现的目标，以保持员工的信任和忠诚度。最后，企业需要关注员工的反馈和意见，及时调整管理策略，以满足员工的期望和需求。

6.团队建设：发挥集体智慧的力量

知识型员工不仅个体能力强，也重视团队合作。因此，企业需要注重团队建设，充分发挥集体智慧的力量。通过有效的团队沟通、协作和分享，企业可以更好地满足知识型员工的团队归属感和集体荣誉感，从而激发他们的积极性和创造力。

知识型员工需求的多元化给企业人力资源管理带来了新的挑战和机遇。面对这一趋势，企业需要转变思维，实施个性化激励，打造人性化的工作环境，提供持续学习和发展机会，做好风险管理并注重团队建设。只有这样，企业才能更好地应对知识经济时代的挑战，激发员工的潜能和创新精神，实现可持续发展。

第二节　企业人力资源管理发展趋势

一、人力资源管理部门工作弱化

随着科技的发展，人力资源管理部门的工作内容正在发生深刻的变化。传统的、重复性的工作将逐渐被自动化工具和平台取代，这不仅提高了工作效率，也降低了人为错误。未来的人力资源部门将更注重战略性角色，为组织提供战略性支持和决策支持，而不是简单的行政和事务性工作。此外，随着人工智能和大数据的应用，人力资源部门将更多地参与到预测和规划工作中，帮助组织预测人才需求，制定人才发展战略。

二、人力资源管理工作外包

人力资源管理外包是指将部分或全部人力资源管理工作交给专业服务机构来承担。这一趋势的兴起主要是由于人力资源管理工作量的增加和工作复杂性的增加。企业可以将一些重复性、烦琐性、技术性不强的工作交给专业服务机构来完成，如员工招聘、培训、绩效管理、薪酬福利管理等。这不仅可以提高工作效率，降低成本，还可以让企业更加专注于核心业务的发展。

以下是可能的发展趋势。

（1）员工招聘与培训的外包。越来越多的企业选择将招聘和培训外包给专业服务机构，以提高招聘效率和员工素质。这些服务机构通常拥有专业的招聘团队和培训体系，能够提供全面的解决方案，包括人才搜索、背景调查、面试、招聘流程管理、新员工入职培训等。

（2）薪酬福利管理外包。薪酬福利管理是一个复杂而敏感的问题，需要专业的知识和技能来解决。外包服务可以帮助企业更好地管理薪酬福利政策，确保其公平性和有效性，同时减少潜在的法律风险。

（3）绩效管理外包。许多企业已经开始将绩效管理外包给专业服务机构，以提高绩效管理的效果和效率。这些服务机构通常拥有丰富的绩效管理经验和专业的评估方法，能够提供全面的解决方案，包括制定绩效指标、实施绩效评估、反馈和改进等。

三、人力资源战略性管理工作强化

在当今的企业环境中，人力资源管理的角色日益重要，而战略性人力资源管理更是企业发展的关键。未来，企业的人力资源管理将更加重视战略性管理工作，以适应不断变化的市场环境。

首先，企业将更加注重员工的培训与发展，以提升员工的综合素质，进而提高企业的整体竞争力。企业将更加关注员工的职业规划，提供更多的职业发展机会，来激励员工为企业发展贡献力量。

其次，企业将更加注重人才的引进和培养。人才是企业发展的核心，企业将更加重视吸引和留住优秀人才，并通过提供良好的职业发展机会和薪酬福利，激发员工的工作热情。

最后，企业将更加注重员工的绩效管理。通过建立科学合理的绩效管理体系，帮助员工明确工作目标，提高工作效率，进而实现企业的战略目标。

四、计算机辅助人力资源管理

随着计算机技术的不断发展，计算机辅助人力资源管理（CAHR）将成为未来企业人力资源管理的重要趋势。

首先，计算机辅助可以实现人力资源数据的自动化管理，提高人力资源管理的效率和质量。通过计算机技术，企业可以实现对员工信息、招聘、培训、绩效、薪酬等各方面的自动化管理，减少人为错误，提高数据准确性。

其次，计算机辅助可以实现人力资源管理的智能化决策。通过大数据分析，企业可以了解员工的职业发展需求、市场薪酬水平等信息，为企业的战略决策提供有力支持。

最后，计算机辅助可以实现人力资源服务的个性化和人性化。通过人工智能技术，企业可以提供更加个性化和人性化的服务，如智能招聘、智能培训等，提高员工的工作满意度和忠诚度。

五、人力资源规划的系统性与全面性

成型的人力资源规划将对企业的生存发展产生重大影响。未来的人力资源管理规划将比目前国内人力资源管理规划整体水平更上一个台阶。各企业将拥有自己的人力资源管理信息平台，及时有效地补充企业所需各项人才，并对企业人力资源管理的一系列工作流程进行监督与管理，包括人才选择、岗前与定期培训、薪酬福利管理、绩效考核、员工关系、劳动合同与档案管理、职业生涯规划与人才晋升等一系列涉及人力资源管理的工作。一方面，人力资源规划的系统性与全面性不仅是从企业角度出发的，更重要的是从人才的角度出发的，充分尊重人才的岗位需求与人才需求，充分考虑人才对企业文化的认同感与岗位职责的匹配度，充分利用约束与激励机制调动人才的积极性与归属感，充分尊重企业发展与社会发展规律等；另一方面，对人力资源各项工作进行动态管理，进行事前、事中与事后控制，全方位、多角度地做好管理工作。制订人力资源管理计划，在实际操作中收集人力资源管理过程的实际值，将实际值与计划值进行比较，当实际值优于计划值时，继续保持良好发展势头；当实际值严重偏离计划值时，采取纠偏措施，及时调整各工作环节的工作方法和状态，力争用最小的成本、最短的时间解决问题。人力资源的动态控制属于过程控制法，更要做好各项管理工作的预测与分析工作，针对各种可能发生的风险进行风险预测、风险评估、风险响应与风险控制，将风险消灭于萌芽中。对于不可避免的风险，采取风险规避或转移的处理方法，减少风险对企业发展的影响。

六、关注知识型员工，建立新型员工关系

随着社会经济的发展、分工的细化，人力资源管理也将从宏观调控角度细化到微观层面。人力资源管理某个层面外包将是大势所趋，例如，人员招聘外包猎头公司，人员培训外包培训公司，人员档案外包人才市场，保险福利交由保险公司，薪酬税务交由会计公司。但无论人力资源管理工作如何外包，企业员工关系必将由企业自身进行管理。员工关系管理好坏将直接影响企业的生存与发展。沃尔玛创始人山姆·沃尔顿在他的《自传》中就讲过这样一句耐人寻味的话：“公司飞速发展的真正源泉在于我们的管理者同我们的员工的良好关系，这是我们公司能够不断在竞争中获胜，甚至获得自己意料之外的成果的唯一原因。”也就是说，员工关系处理得好，企业将更上一个台阶；员工关系处理得不好，企业有可能面临破产。可见，员工关系对企业发展的重要性。

从这一点上，我们不难看出，员工关系涉及企业与员工，而员工是企业发展的源泉，因此，企业在选择与管理员工上需要花费更多的精力。传统员工关系基本上是劳资关系，而未来的员工关系绝不仅仅停留在劳资关系上。传统员工关系由于是劳资关系，而劳资关系双方的利益出发点和落脚点存在极大差异性，因此，往往站在彼此的对立面去运营

与服务公司，自然地，员工关系维持与发展存在很大弊端。而且，围绕劳资关系的员工关心的无非是工作报酬、薪资福利、休息休假等问题，无法上升到企业发展与人员素质提升的层面上来。与传统员工关系相比，未来员工关系管理的内容更加丰富，手段更加科学，成效更加显著。从企业发展来讲，企业将为有能力的员工提供更广阔的发展平台，让员工参与企业经营与管理，为员工量身定做职业发展规划与晋升标准；从员工来讲，以主人翁的身份参加企业运营管理将提升自身工作的积极性与主动性，获得价值实现的满足感。此时的员工关系将是一种合作关系的管理，将是统一战线的管理，将是企业战略共赢的管理。

七、利用信息技术，实现虚拟化管理

科技改变世界，科技改变生活。网络时代给我们的工作与生活带来了天翻地覆的变化，足不出户知晓天下事，足不出户解决衣食住行。传统的工作方式是时间、地点、人物三合一，而现代工作方式是远隔千里、穿越时空仍然可以面对面地进行沟通交流，例如电话会议、视频会议、网上交易，等等。那么，对于人力资源管理来说，虚拟化管理也是一种发展趋势。例如，招聘流程的虚拟化与简约化，薪酬、福利、绩效管理的虚拟化与科学化，工作方式的虚拟化兼顾效率，效果评价的虚拟化与数据化等。未来人力资源管理虚拟化的可能性变革将会以我们始料未及的变化趋势影响着企业与员工的生存与发展。因此，牢固掌握人力资源管理全套理论体系，切实结合社会经济、文化等的发展情况，深入分析人力资源管理发展趋势，将会助力企业腾飞。

第三节　企业人力资源管理创新策略

如今的时代是信息与技术高速发展的时代，是以人为创造主体的时代。如今的时代对人的要求已经不仅局限于体能与知识层面，还要求人的发现、创造、突破等一系列涉及社会进步与发展的智力性因素。如今时代下的社会环境对人的要求越来越高，如何使人的主动性与积极性得到充分发挥，如何做好人力资源管理工作，是现行体制下所要考虑的问题。现代人力资源管理所取得的成绩毋庸置疑，例如，人力资源管理的国际化、现代化、简约化；现代人力资源管理相较于传统人力资源管理呈现出高投入、高产出、高流动、高风险等特点。在肯定现代人力资源管理所取得成绩的同时，我们也深刻地体会到了现代企业中人力资源管理存在的问题对企业发展的影响。例如家族式管理使企业人才晋升受到极

大的限制，投入不足使企业无缘高素质人才，人才高频流动使企业效率降低，不科学的管理方法使企业发展陷入僵局。那么，如何科学地进行人力资源管理，创新人力资源管理是最迫切的要求。也就是说，中国人力资源管理理论与实践创新迫在眉睫。

一、我国企业人力资源管理创新概述

如今的时代是“以人为本”的时代，“人才强国”“科技兴国”战略正如火如荼地进行中。如何充分发挥人的作用，更好地落实“人才强国”“科技兴国”战略，就要不断创新，与时俱进，就要坚持“以人为本”，以战略眼光对人才实行科学化管理。

（一）“以人为本”是人力资源管理创新的基础

呼唤人本主义的回归是人力资源管理理论创新所要研究的内容，如何将人本主义理论运用到实践中就是企业人力资源管理创新策略所要研究的内容。以人为本，是科学发展观的核心。以人为本管理思想中最基本的要素是“人”;基本目标是创造良好的环境促进人的发展和企业的发展；基本核心是人的全面发展，人的发展是企业与社会发展的前提条件。在以人为本的管理思想中，个人目标与企业目标是相互依存的，可以协调的，一个学习型企业可以使员工实现自己的目标，而员工目标的实现也是企业目标达成的有效见证。

实现“以人为本”的人力资源管理创新，就是要坚持以人为本的理念，实现企业与人才的共同成长。首先，以人为本的管理需要培养的是一种亲密的、和谐的人际关系，人际关系和谐稳定才是敬业、进取、宽容的工作氛围得以实现的前提条件。因此，企业所有者的理念将决定企业管理者的执行方向，企业管理者的执行方向将关乎企业文化的形成与维护。人才对企业文化的认同程度在某种程度上影响着个人目标与企业目标的实现，人才对企业文化的认同程度越高，双方目标越容易达成。因此，企业在文化形成与塑造过程中，要充分考虑到员工的个性习惯与企业的创造性与包容性，与员工一起塑造积极向上的、锐意进取的、兼容并蓄的共同的文化与价值规范。其次，“以人为本”的人力资源管理创新就是要重视人的发展，为每个人提供个性化的、专门化的、系统化的发展平台与晋升机会。不是“因岗设人”，而是“因人设岗，有的放矢”。这里所说的“因人设岗”，是指充分挖掘人才潜能，在他最适合的岗位上，给他最大限度的自由，发挥他的最大的价值。这就要求企业领导者要有“识人才”的眼光，要有“大肚能容”的气魄，要有“放手让他一搏”的胆识，更要有周密的策略与万全的补救措施。从这一点上看，专门性人才培养也是贯彻“以人为本”管理思想的根本理念之一。

实现“以人为本”的人力资源管理创新，就是要实行柔性化管理。真正才华横溢的人往往像脱了缰的野马一样难以驾驭，但恰恰是这种风格成就了他们的创造力与想象力，这就要求人力资源管理运用组织共同的价值观与经营理念去进行柔性管理，抛弃规范性、制度化、教条式的传统管理模式，给人才创造宽松、自由的工作环境，给人才更多的便利与授权，让他们在工作领域尽情地展示才华、发挥作用，最终达到企业目标与人才目标的共同实现。

（二）“战略性模式”是人力资源管理创新的保障

现代企业管理者已经充分认识到了人力资源管理的重要性。将人力资源管理与企业发展战略相结合，是企业可持续发展的必然选择，不仅能够充分发挥企业在市场竞争环境下不可替代的作用，还可以充分调动员工的积极性与创造性。将人力资源管理放在企业发展的战略高度是实现人力资源管理创新的重要保证，是实现企业发展目标的有效措施。人力资源管理的“战略性模式”包括以下几个方面。

（1）全球化战略模式。随着经济全球化的发展，市场竞争日趋激烈，战略人力资源管理初见端倪。在全球化背景下，企业要想生存与发展，就要将用人的眼光放在全球范围内。人才的国际化流动加剧了企业用人成本，也使企业人才流动过于频繁，为了规避风险，减少因不确定的人才流动导致的损失，企业就应将区域性的用人模式转换成全球化的、战略性的用人模式。

（2）跨文化的人力资源管理俨然成为一种趋势，顺应趋势才能取得人力资源管理的成功。民族文化与社会文化构成了人的文化内核，充分尊重与认可每个个体的文化构成才能塑造新的文化构成，才能将企业文化融入个体文化当中去。文化交融是经济全球化的一个表征，顺应文化交融的大趋势，努力做到不同文化相交融并为企业所用才是赢家。

（3）网络化管理模式。当前信息技术的快速发展已经导致了不可逆的企业组织结构的重组模式，如果企业依然沿用传统模式将会被社会发展大潮淘汰。以往的线性组织结构模式、职能组织结构模式需要及时改组。传统人力资源管理模式加大人力资源管理的物质成本与精神成本，容易导致官僚作风，容易使企业在用人方面“感情用事”。为了改变现状，规避风险，借助网络的力量进行人力资源管理是最好的选择，不但可以减少成本，回避官僚主义作风，而且可以提高工作效率，提高员工的积极性与主动性。

（三）“科学化管理”是人力资源管理创新实现的必要因素

在我们所处的时代背景下，任何管理都需要以专业理论知识为依托，以科学方法为指导，以先进理念为方向，追求自我不断完善与创新。人力资源管理创新更需要科学的管理思想，个性化的人才定制模式。我国企业为实现人力资源管理创新如何进行科学化管理应从以下几个方面入手。

1.营造企业创新文化

现代人力资源管理的一个本质特征就是创新。创新是企业发展的不竭动力，也是企业可持续发展的有力保证。现代互联网的发展带动了很多行业的发展，传统实体行业借助互联网实现了企业发展的又一个高峰期，例如传统服装行业、餐饮行业、家装行业等，借助网络销售实现了突破性的进展。这是就企业主营业务发展而言的，那么对企业人力资源管理也具有同样的道理。创新文化是人力资源管理创新的前提条件，也是吸引和留住创新人才的首要条件。创新与时尚是当今社会两大主题，面对接受新时期高等教育的优秀人才来说，他们具有灵活的思维、专业的技术、时尚的眼光、独当一面的能力、开疆拓土的魄力，如何将创新与时尚融入人力资源管理中来成了企业最关注的问题之一。企业应该致力于创造一个充满激情活力的、充满创新氛围的、充满时尚气息的、充满人文情怀的工作环境与竞争空间，使人才愿意参与企业成长，愿意奉献自己的时间与精力，愿意将企业的发展目标与自己的个人价值实现相结合，只有这样，企业的发展才能适应社会的需要。

2.完善企业业绩管理

企业业绩管理主要目的就是充分挖掘企业员工的工作潜力，实现企业发展目标的最大满足。企业业绩管理应该建立在人性化的基础上，以科学、合理、公平、公正为原则，通过有效的激励手段来提高员工工作的积极性与主动性，以便企业目标的最大实现与员工自我价值的实现。在企业业绩管理过程中，第一，与企业员工商议共同制定业绩管理规划，共同拟定业绩管理实施细则，共同就企业与员工关注的问题进行讨论，最大限度地满足企业与员工的需要；第二，要为员工努力工作，完成业绩提供良好的工作平台与环境，并满足员工提出的关于工作范围内的合理要求；第三，科学合理地实施业绩评价机制，并给予员工适当激励；第四，阶段性的业绩评价之后要鼓励有利偏差，纠正不利偏差，根据实际情况制定下一阶段业绩管理规划。

3.实施知识管理

所谓知识管理就是企业将聚集于员工自身零散的智慧通过科学方法整合到一起而发挥最大效用的一种人力资源管理方法。知识管理的目的是希望通过管理手段，集中众人智慧，实现知识创新，共谋企业发展。在知识管理过程中，第一，要对员工所具有的知识进行评估，并分门别类地进行培训与整合，实现系统化与资源共享；第二，要引导与鼓励员工在自身具有知识的基础上不断归纳与创新，充分挖掘自身的潜力；第三，要在人力资源管理过程中要重视对员工自身知识的提升与价值的实现，及时改进员工职业生涯规划；最后要将企业发展战略与员工自身目标相结合，实现企业与员工的共赢。

二、我国企业人力资源管理理论创新

我国企业人力资源管理的目标定位：人才是企业人力资源管理的基础。企业人力资源管理开发的重点应放在知识型与综合型人才上。随着经济的发展，社会环境的变化，人类整体素质的提高，现代人所追求的已经不仅仅局限在稳定的生活与工作状态上。在求稳的同时，人们更希望稳中有变，更注重广阔的平台，寻求能力的提升、价值的实现。企业对人才的要求呈现多元化趋势，同样，人才在选择落脚点时也变得更加慎重与“挑剔”。基于以上观点，如何深刻剖析人力资源管理理论的发展变化过程，如何将人力资源管理与新经济时代各方面变革相联系，如何在原有人力资源管理理论的基础上创新出更具前瞻性、战略性、实用性的理论，将是研究重点之所在。

（一）现代管理科学理论的创新

现代管理科学理论是基础性理论，是指导人力资源管理理论向前发展的基础性理论体系。因此，现代管理科学理论创新也势必影响人力资源管理理论的不断发展。管理理论研究者与各系统的专家学者正致力于管理科学理论的创新工作，他们的研究成果将进一步丰富与完善我国现代管理科学理论。现代管理科学理论应从三个方面入手。第一，现代管理科学理论的内容不断丰富与创新。例如，管理的着眼点要从企业物质性资源转移到人力资源上面，将人作为最现实的生产力；管理重点要从企业内部的生产运营转移到外部市场与客户关系的维护与开发上面；管理的规划要跳出重计划轻战略的传统误区，等等。第二，现代管理科学理论研究的形式更加多样化与科技化。传统理论研究更多的是对文献资料的分析、整合与拓展，对传统理论研究的借鉴与参考可以使现代管理理论基础更加坚实与稳固，但推陈出新、与时俱进、适应时代的发展更是现代管理科学理论所要做到的。因此，结合我国各学科理论与实践的发展现状，运用现代化科技信息手段辅助研究，将会实现现代科学管理理论新的跨越式发展。第三，现代管理科学理论创新需要专家、学者强大的理论基础做支撑，更需要各行各业人才全新的理论视角、实践经验与创新思维模式的全力投入，只有这样，理论才会突破传统，发展创新。

（二）企业组织理论的创新

随着我国经济的发展与社会的进步，企业成了社会发展过程中重要的组织，人们对企业组织功能的认识也有所不同。随着企业经营的规模化与复杂化，企业组织借鉴了军事和政治组织理论，而后形成了自己的理论，并且企业组织也逐渐成了企业运营与发展过程中需要考虑的首要对象。现代企业组织理论从结构、环境与功能的角度分为三类。第一类：从结构角度对组织理论进行分类。这类理论重视的是组织结构应该据外界的变化而变化，应该对外界变化有良好的适应能力与应变能力，重视对员工潜能的开发，重视对员工能力的培养，重视员工的学习与应变能力。第二类：从环境思路来分类的企业组织理论认为，企业是一个封闭的系统，孔茨将企业组织说成是职务结构，这种组织重视的是劳动分工与工作效率的高低，强调监督与被监督的关系。第三类：从功能思路来分类的企业组织理论重视人与人之间的利益与合作关系，巴纳德认为这种组织是人与人之间有意识地去协调与配合的合作系统，这样的组织可以充分调动企业员工的积极性与主动性。

针对以上三种企业组织理论，不能单纯地评价好坏，更重要的是在分析现实环境与企业现状的基础上将三种理论融合、创新，寻求适合企业可持续发展的理论体系。企业组织理论创新可以体现在以下两个方面。第一，学习型企业组织理论。任何企业的可持续发展都离不开知识的不断更新换代，而知识更新换代的载体是人，因此创造学习型企业组织理论是必不可少的。从管理者到普通员工，从高精尖技术、管理工作到基础性、事务性工作，企业所有人员都处于不断学习的过程中，所有工作都有人不断地研究与完善。整合所有员工的工作与学习，提升企业的整体素质，正是学习型企业组织理论需要探讨的问题。第二，工作环节再造式组织理论。任何企业的任何工作流程都不是一成不变的，如何建立能够随机应变的、适应社会与企业发展的、高效率的新型员工队伍是企业所面临的重要挑战。

（三）人本主义的回归

传统的人力资源管理偏重对人的工作时间与效率的管理，很少考虑到人的全面发展与人的价值实现。因此，人力资源管理就更应该与时俱进，不断创新，将管理重点放在关注人的全面发展与价值实现上来。传统人力资源管理将管理重点放在了教条式规章制度的管理上，例如，对企业员工工作时间的要求，对工作场地与形式的要求，对业务指标的要求，等。传统人力资源管理的出发点是以企业为本位的，企业发展的重点是生产与销售，而非人力资源；一切以企业利益为准，将员工利益放在企业利益之后。这一点也被现代人力资源管理继承。而在现代社会要求人的全面发展的大环境下，企业提倡人的全面发展，帮助人的全面发展，才能顺应发展规律，促进自身发展。从这一点上来讲，我们就不得不呼唤现代人力资源管理理论的人本主义回归。

“人”是相对于“神”和“物”来讲的，从马克思主义哲学角度来看，“神”是人的精神世界虚无的东西，因此这里排除“神”来讨论“人”与“物”。“本”有两种解释，一个是本源，一个是根本，取“根本”的意思是与“末”相对的。很显然，人本主义的“本”是取“根本”的意思。人本主义是“以人为本”的思想基础与来源，是将“人”作为“根本”的意思。也就是说“人”相对于“物”来说是更重要的，是根本，不能本末倒置。了解了“人本主义”的含义之后，我们就更加呼唤现代企业人力资源管理理论中人本主义的回归。人本主义的回归并不是要求企业无条件牺牲自身发展利益以满足人的利益，也不是要求企业无条件地放宽规章制度以满足对人的要求，而是要求企业将人放在企业发展的核心位置，将关怀、信任、尊重、依靠等充满暖意的词语真诚地与员工相联系。实质上，人本主义的人力资源管理是一种管理理论与管理实践相结合的创新管理概念，这种创新实际上也是依靠传递的力量来促进企业发展的模式。换句话说，人是社会化的动物，人更是情感的动物，企业给人的是平台、信任、尊重、满足、价值实现，那么，人回馈给企业的将是成果、创新、财富与可持续发展。

呼唤人本主义回归就是要求企业以实现人的全面发展为目标，从人的价值实现角度规划企业生存发展之路；以重视人的需要，鼓励人，培养人，以人为根本出发点为原则；以人的发展为根本目的；以“依靠谁”“为了谁”为行动指南，真正将企业与人结合起来，充分凝聚二者的力量，发挥二者的优势，在促进人的全面发展的同时实现企业的可持续发展。

（四）多学科相结合的人力资源管理理论

现代人力资源管理不仅仅也不应该是单纯的一门学科理论，而是融合了多种学科知识共同实现人力资源优化配置的一门理论。当人力资源管理理论对企业人力资源管理过程进行指导的过程中，还要融合心理学理论、政治学理论、教育学理论、社会学理论、经济学理论等，各学科理论有机融合才能将复杂的人力资源管理达到最佳效果。

心理学在人力资源管理中的应用有效地实现了人力资源管理从心理的角度进行人才管理的途径。哈佛大学的梅约教授和他的团队共同完成了霍桑实验，该实验是心理学知识在企业管理领域最早的、最成功的应用。后来的研究者们也发现：企业工作环境好坏、工资高低等外在环境并不是影响员工工作效率高低的直接因素，而员工情绪、状态、与领导或其他同事之间的关系等因素成了影响工作效率的最主要因素。因此，关注人的心理状态，关注人的内在需求，关注企业文化的人性化与和谐性，关注人的价值实现与全面发展是人力资源管理需要心理学理论辅助指导的方面。人力资源管理是一门实践性很强的学科，需要各学科理论的综合指导，西方心理学中的精神分析心理学流派、人本主义心理学流派、行为主义心理学流派对人力资源管理理论发展有很大影响。现代社会，随着社会竞争加剧，企业生存面临着巨大挑战，这种压力也会传递到员工身上，生活压力与工作压力难免会使员工产生焦虑与紧张，此时，适当的心理干预、轻松愉快的工作氛围、和谐的工作团队将会缓解员工的压力。如何将心理学知识运用到人力资源管理中，如何用心理学理论辅助人力资源管理过程，需要企业经营管理者潜心研究；如何适应社会的发展节奏，如何调节心理状态，如何保持良好情绪，需要每个人的努力。

人力资源管理是个复杂的活动过程，包括选择人才、储备人才、培养人才、使用人才、留住人才，等等，这一系列管理过程的实质是调节人与人之间的关系。思想教育的核心就是理顺人与人之间的关系，调动人的积极性与能动性。在人力资源管理过程中充分发挥思想政治教育的作用，调动人的积极性，激发人的主观能动性，会更有利于企业发展战略的实现。

（五）战略人力资源管理

企业人力资源管理研究不断向纵深方面发展，战略性人力资源管理已经提上日程，并取得了显著成绩。战略性人力资源管理与传统人力资源管理模式相比有其时代性特征：一是强调战略实施而非战略制定；二是立足于人力资本的角度去制定战略，而不是有了战略再去配备人力资源。战略人力资源管理理论研究已经达到了很高的层次，专家学者们从不同角度去研究，例如，制度层面角度、权变理论视角、生命周期层面、弹性与匹配比较层面、实施与执行层面，等等。但这些理论研究仅仅存在于应用型研究，缺少一定理论系统，更缺少实践的可行性。因此，在应用理论研究的同时应该更加注重系统性、指标性、指导性、可操作性和实践性的研究与拓展。

目前，战略人力资源管理一直被提到，但在实际企业经营发展中的实施效果并不理想，究其原因不难看出：第一，战略人力资源管理缺乏系统理论，企业实际操作过程中缺乏系统理论指导；第二，企业经营管理者缺乏战略性眼光与专业知识，不能有效地将企业发展战略与人力资源管理相结合；第三，企业人力资源管理走不出传统人力资源管理模式，不能走出也不想走出；第四，战略性人力资源管理只存在于理论层面，缺少理论创新与实践创新。因此，为确保战略人力资源管理真正为企业所用，真正助力企业腾飞，就必须有所突破，有所创新。未来战略性人力资源管理理论应该有如下创新：第一，战略性人力资源管理理论系统需要丰富与完善，需要更多理论家与实践者们共同努力，让战略人力资源管理理论能够有效指导实践；第二，战略性人力资源管理流程需要得到优化与创新，如何将人力资源与企业战略很好融合，需要企业经营管理者与人才之间更好的交流协商，使资源达到优化配置；第三，战略人力资源管理理论要走出企业的范畴，拓展到整个产业、整个社会区域，在更大的背景下去统筹全局，着眼企业未来发展；第四，战略性人力资源管理更应着眼于国际领域，将人才战略放在全球化大背景下去实施，放眼全球，广纳贤才。

三、我国企业人力资源管理实践创新

人力资源管理理论为企业人力资源管理活动提供了理论上的借鉴与指导，为人力资源管理活动指明了方向。人力资源管理理论创新给企业人力资源管理活动增添了活力，带动了人力资源管理实践创新。本节在人员培训、绩效管理、激励方法、人力资源保养与维护等方面进行了积极探索。

（一）人员培训创新——企业总动员

企业人力资源管理的基础性工作就是企业员工培训，但传统人员培训往往因为投入不足、管理者不重视、培训师水平不足、员工积极性不高等原因而流于形式，陷入僵局。

要想在人员培训中有所作为，发挥培训对企业发展的最大效用，就应该从以下几个方面进行创新。第一，培训理念的创新。我国大多数企业不重视人员培训，一味招聘有同岗位工作经验的新员工，殊不知，同样的岗位却因为不同的外部环境、工作部门、人员机构、对接群体等因素而有着千差万别的工作内容，因此，企业管理者拥有人员培训的工作理念并付诸实践是多么重要。培训理念的创新不仅体现在职业技能、岗位职能、企业文化、团队意识等培训内容的创新，还体现在培训方式的创新。第二，培训责任从人事到各部门的转移。我国很多企业将人力资源培训的责任放到了人事部门，人事部门承担了企业员工的岗前培训、技能培训、企业文化培训等多方面培训内容。这种传统培训责任的划分是不合理的：一方面，人事部门的培训师不可能面面俱到地培训各个方面的技能与技巧，与直接参与管理与实践的人相比并不能给予新员工更实际可行的培训；另一方面，人事部门培训出的岗位从业人员可能会在实际工作岗位上遇到重重困难，例如与部门直属领导意见不一致，与岗位要求不相匹配，等等。因此，人事部门负责对员工进行企业文化的培训，部门负责人对员工进行从理论到实践的职业技能培训，这是企业人员培训最明智的选择。部门负责人对员工的培训关乎员工岗位职责与责任的履行，关乎工作效果的好坏；人事部门对员工企业文化的培训关乎企业的凝聚力与灵魂，缺一不可，二者的有效配合才能使企业大团体高效运转。第三，引导员工从培训的被动接受者到主动参与者。在传统培训中，员工往往是被动接受者，接受从培训讲师那里得来的指令，被动执行，培训形式往往是培训师唱主角，通过讲演或者视频形式使员工接受所要培训的内容。在这种情况下，员工往往会对培训师产生依赖，懒于思考。真正有效的培训就是要调动员工的积极性，使员工主动参与其中，并在培训中找到乐趣，学到技能，提升自己。如果真正地想调动员工的积极性，不妨让员工成为培训的主角，征求员工意见，为员工制定有利于自身职业生涯规划并符合公司发展战略的合理培训内容与方法。第四，培训方式的转变。传统培训方式是将员工集中到某个封闭的屋子里进行讲授式培训，这种培训方式远远达不到培训的最终目的，因此，培训方式需要进行创新。我国很多企业已经认识到了这一点，将培训形式从讲课式转变到实践中来，但还处于不完善阶段，培训形式设计远远达不到想要的效果。培训形式创新需要考虑到职业技能学习、合作意识养成、团队风气建设、自我价值提升等方面。例如，将室内培训转移到室外，将整个培训员工分成比例合适的若干个小组，设计题目进行竞争，最后对结果进行讨论与点评。

（二）绩效管理创新——综合评分管理法

企业绩效管理是企业管理最重要的环节之一。以财务数据为中心的传统业绩考核体系已经不再适合现代企业业绩管理模式。以数据为中心的业绩考核体系只关注财务方面的信息，不能全面地对企业未来发展做出准确预测，因此，改变传统业绩考核体系势在必行。

在经济高速发展、环境复杂多变的社会大背景下，应该找出综合的绩效评价指标，更准确、高效地总结过去，把握现在，预测未来。综合考虑企业所面临的社会大环境、行业背景、内部环境、发展现状、未来走向等多因素，从生产能力、财务状况、顾客满意度及学习能力等方面实现企业绩效综合评价。第一，从企业生产能力看企业的根基。生产能力是企业立足社会、稳定发展、满足需求的最基础条件之一，良好的生产能力是企业长远发展的必备条件，是企业需要加大力度投入，并要保质保量的第一要素。第二，从财务状况角度考虑企业对员工利益的满足情况。通过一系列财务指标可以看出公司发展战略目标是否实现、资金运转是否灵活有效、股东利益是否得到保证、企业未来走向，等等。财务指标也是绩效评价管理体系中最直观、最有效的评价指标之一，要将财务指标放在重要位置，但不是唯一重要位置，还要综合考虑其他因素。第三，顾客满意度是绩效评价的又一重要指标。任何产品或服务面对的对象都是顾客，顾客是产品或服务的直接体验者，因此，顾客满意度是企业需要特别关注的一点。通过顾客满意度调查与数据分析得出顾客满意度评价表，根据各方面比例对产品和服务进行调整。只有生产适合顾客的产品和服务，才有企业的未来。第四，学习能力与创新能力是企业长远发展最重要的因素，评价一个企业是否能在激烈的市场竞争环境下长久发展，就要看这个企业是否有优秀的团队，是否有足够的学习能力与创新能力，一味地模仿不足以支撑企业发展，也会使企业最终走向灭亡。

（三）激励方法创新——企业经营参与法

我国目前人力资源薪资成本较低，一些外资企业进入中国后，大量雇用我国业务水平和经验丰富的管理人才和技术人才，这就突显了本土企业在人才竞争方面的劣势。那么，本土企业就应强大自身实力，增强激励措施，防止优秀人才外流。

我国大多数中小企业在人力资源管理激励方法方面仍然延续传统方法，缺少创新。毋庸置疑，激励机制对企业人力资源管理有巨大作用：第一，可以吸引优秀人才；第二，有利于留住优秀人才；第三，有利于开发员工潜能；第四，有利于良性竞争环境的养成。激励机制有如此大的作用，那么，企业在日常管理实践中要将传统激励方法与现代激励方法相结合，充分发挥激励机制对人力资源管理的作用。

在管理实践中应不断创新激励方法。一方面，要将物质激励做到实处，满足员工生存与发展的需要。基本的薪资激励与福利激励可为员工提供基本生活保障与稳定的收入来源，合理的薪酬福利设计可以增强企业的凝聚力，使人才能够长久地服务于企业。这里的薪资福利包括养老保险、生育保险、医疗保险、商业保险、失业保险、住房公积金、住房补贴、交通补贴、通讯补贴、教育补贴、企业补充养老保险等。股权激励可以让员工有归属感，可以与企业经营者共同参与企业战略规划与发展，共享企业发展成果。股权激励可以使企业利益与经营者利益最大限度地统一起来，企业盈亏与否关系到股权拥有者的利益，这样可以激励经营者共同为公司发展尽最大的努力。另一方面，非物质性激励是企业人力资源管理的又一有效方法，也是最容易创新的方法之一。带薪休假是我国企业最常见的激励方式，可以使工作过于繁忙、压力过大的员工得到放松；荣誉激励可以提高员工的责任感与荣誉感，提高工作的积极性与主动性；情感激励可以加强管理者与员工之间、员工与员工之间的感情交流，心灵沟通，可以增进团队的合作意识与和谐氛围，可以升华企业文化的灵魂。激励机制从非物质措施层面上讲还有很大的创新空间，勇于创新才能开发员工的潜能，助力企业发展。

（四）人力资源保养与维护创新——健康与安全管理法

人力资源保养维护并不仅仅体现在对员工的福利保障、养老保险、医疗保险、工伤保险等一系列关乎疾病与衰老的保障，还要对员工日常工作与身心健康给出相应的保障措施。人力资源保养与维护不应也不能仅仅体现在事后，事中保养与维护也极其重要。人在生产劳作的过程中，无论是体力劳动者还是脑力劳动者都会产生疲劳，例如腰椎、颈肩、关节、眼睛等身体各器官的疲劳，而这些疲劳不被人们重视，久而久之会影响身体健康，影响工作效率，会影响精神状态，等等。另一种疲劳是精神上的疲劳，长时间重复、烦琐、单调的工作内容极易使人产生极度的精神疲劳，这种精神疲劳所带来的影响要比身体疲劳严重得多。这种劳动过程中的疲劳往往得不到企业重视，原因有很多，例如，企业经营状况不佳，无暇顾及此层面问题；劳动组织制度对企业员工工作时间与内容分配不合理；全民对身体健康与精神健康的预防和保护还没有普及；市场竞争大环境没有给人以轻松愉快的工作氛围。

如何引导企业重视人力资源管理与维护过程中的不断创新，如何加强人们对身体与精神健康的重视程度，需要做到如下几点：第一，将人力资源管理保养与维护写进法律，规范企业员工身体与精神健康的劳动安全检查制度；第二，规范企业组织制度，加强劳动时间与休息制度管理，引导企业关注员工劳逸结合；第三，加大劳动安全宣传力度，提高安全防范意识，呼吁人们关注自身健康。身体健康与精神愉悦才是创造的源泉，才是可持续发展的基础性要素。关注劳动安全，关注职工的身体与精神健康，才有企业的可持续发展。

（五）管理方法创新——分层竞争法

处于纷繁复杂的国际经济大环境中，企业处于各种竞争的旋涡中，包括经济、文化、品牌、市场、人才等方面的竞争。外部竞争使企业不断提升自己的产品质量与服务理念，内部竞争使企业不断提升核心竞争力。内部竞争的核心是人才的竞争，人才的良性竞争对企业的管理方法提出了新的要求。传统的人力资源管理方法已经不适应现代人力资源管理的新模式，分层竞争法的使用可以有效提升企业人力资源管理的质量与效率，提升人才的积极性与主动性。

分层竞争法分为横向和纵向两个层次：横向上的竞争表现为部门内部的竞争，例如工作业绩、服务态度、学习能力、团队协作能力等，这些竞争管理指标与薪资待遇相关联，但不与最基本的企业福利与基础性补助相联系；纵向上的竞争是部门与部门之间、上级部门与下级部门之间的竞争，此维度上的竞争管理指标包括团队协作能力、创新能力、晋升潜力、客户满意度、业绩等。分层竞争法在不同的企业有不同的使用方式，职能型企业、线性型企业、矩阵型企业的管理模式各不相同，如何针对企业目前状况制定适合企业发展的分层竞争管理模式需要认真研究并经实践检验。

分层竞争法要遵循以下原则：第一，针对不同类型的企业，提出不同的目标要求；第二，要面向企业全部人力资源，使全体人力资源得到发展，高层次人才与基础性人才要有不同的竞争管理标准，不能千篇一律；第三，分层竞争法的实施要遵循可接受性原则，在员工可接受、通过努力能实现的基础上进行竞争办法的制定与实行。

通过分层竞争法对企业人力资源进行管理有很多优势。第一，显著提高人力资源管理的质量。通过计算机辅助分层竞争法的推行，可以帮助人力资源提高工作效率、提升工作业绩、提高客户满意度。第二，可以满足不同层次员工对职业生涯规划的要求。交互性、动态性、竞争性的人力资源管理有助于最大限度地挖掘员工的潜能，提升员工的业务能力与创新能力。第三，有利于增强企业在同行业中的竞争力，提升企业的品牌价值。但分层竞争人力资源管理法也有弊端。例如，分层经法容易形成企业紧张、高压的气氛，容易因利益与权力之争而产生恶性竞争等。因此，分层竞争法要助力企业的发展就必须与时俱进，不断创新，只有适合的才是最好的。

第四章 企业人力资源管理模式构建

第一节 企业战略性人力资源管理模式的构建

近年来，我国正在进行经济结构改革，企业之间竞争也越来越激烈，而人力资源是中国企业发展壮大的关键保障。新时代下，企业具备丰富的人力资源，具备较高的人力资源管理能力，是提升核心能力的关键，也是进行管理创新的基石。

通过强化人力资源管理能够深度发掘公司内部人才潜能，有效调动单位员工工作积极性，为企业提质增效提供可能。从以往我国企业人力资源管理的现状来看，很多企业对人力资源管理问题并不重视，而是将更多的精力放在如何提高利润上。原有的人力资源管理模式下，从短期来看可以提高企业利润，但从企业长远发展来看，企业发展需要创新，而创新需要人才，如果企业在人力资源管理的过程中还是沿用传统的旧思想，将会为企业经营发展设置障碍。一言以蔽之，新时代下企业应提高人力资源管理能力，并结合新时代特征利用信息技术对人力资源管理模式进行创新。

一、战略性人力资源管理概述

首先，从人力资源囊括的内容来看，人力资源是企业招聘、甄选、培训、解雇、利用人才的一个活动总称。企业通过合理使用人才来促进企业实现长远的战略目标。人力资源管理包括人力资源招聘、岗位分配、员工专业培训、潜力挖掘及员工绩效考核等。企业通过对单位内部员工进行管理、谋划，促进企业可以对企业人力资源管理的本质进行充分了解。

其次，战略性人力资源管理与传统的人力资源管理不同，它是立足于企业战略发展的目标和总体走向，根据企业战略制订人力资源管理计划和方案的一种行为。战略性人力资源管理汲取了企业管理模式优势，并根据新时代特点进行了创新调整。随着信息技术的发展，信息技术正在改变着人们的生活方式，战略性人力资源管理迎合了信息技术需求，适应了信息时代特征，通过利用信息化技术开展多元化人力资源管理。

最后，新时代企业开展战略性人力资源管理可以促进企业提升核心竞争力，合理配置人力资源，更好地将人才的价值发挥到极致，这种情况下提升企业社会效益和经济效益，成为企业节约成本的新途径。战略性人力资源管理更贴合企业长远发展计划，为企业员工发展提供了更大空间和良好的平台，促进企业和员工实现共同发展。

二、企业战略性人力资源管理的重要性

新时代下，原有的人力资源管理模式已无法满足当今时代的发展要求，也无法促进可持续发展。所以，企业内部应该仔细分析新时期下战略人力资源管理的变化，并根据新时代特点，完善人力资源管理方案和计划，促进新模式的诞生。

其一，企业竞争环境加剧的前提下信息技术得到了大范围应用，这种情况下企业极大程度地减少了重复性工作，工作人员的数量正在逐渐减少，相反对于工作人员的质量提出了更高的要求。战略性人力资源管理以时代发展为切入点，优化了人力资源管理框架，精准定位了人力资源的发展环境，迎合了企业未来发展趋势。

其二，随着新技术及先进的管理理念不断被应用到企业生产中，企业在转型过程中不能只通过内部挖掘人才，还要不断外聘优秀人才。企业实施战略性人力资源管理可以针对企业发展所需，有针对性地对企业员工进行培训，并组织企业员工进行外部交流学习，通过制定合理的薪资标准吸引外部优秀人才。

其三，新时代下，企业内部管理结构也进行了适时调整，从而造成企业人力资源管理模式也进行了相应改变。由于信息化的不断运用，淡化了企业内部员工管理层级，因此在生产型企业中随着高端人员的增加，未来企业的内部管理层级可能不会再设有主任、车间主任等职位，而是通过使用信息化技术手段进行自主灵活管理，使得企业优秀人才将更多精力用于创新与技术开发中。同时，由于信息化技术的广泛应用，企业也将会提高内部各部门之间的协作关系，各部门之间会实现信息共享，通过利用信息化技术为客户提供更优质的服务。

其四，新时代下，战略性人力资源管理理念会更加注重人才的培养和引进，会朝着更加人性化的道路前进。企业通过制定战略性目标，并根据制定的战略性目标培养和引进高端人才，并给予其更加丰厚的薪酬、自由的空间及更加宽松适合创新的工作环境，为企业高端人才创新、晋升拓宽道路。

三、战略性人力资源管理的优势

新时代下，企业内部经营形势和外部市场环境发生明显变化，传统人力资源管理模式

存在滞后性，无法满足企业经营发展的需要，由此形成企业发展“瓶颈”。而通过战略性人力资源管理模式的实施，可以有效打破发展“瓶颈”，妥善解决人力资源管理期间面临的问题，全新模式实施的优势主要体现在优化管理架构、员工高效选拔、提高员工素质三个方面。

第一，优化管理架构。传统管理模式下的管理组织结构臃肿，管理层级过多，开展各项工作与反馈信息、下达指令时，遇到信息传递速度过快、管理信息易失真的难题，影响管理效率与时效性。而在战略性人力资源管理模式中，重新构建扁平化的管理架构，层级数量相应减少，人力资源部门可以实时接收员工反馈信息，迅速做出应对措施，避免因管理工作开展不及时而出现预料之外的状况。

第二，员工高效选拔。传统模式存在员工选拔制度不健全的问题，员工选拔标准、方式、流程不清晰，选拔结果受到管理人员主观因素影响，很难得到企业全体员工的认可。在战略性人力资源管理模式下，将从创新招聘和规范化员工选拔机制等方面共同着手，通过创新招聘方式来吸纳更多优秀人才，通过规范员工选拔机制来保证选拔结果客观公正，得到全体员工认可，这有利于提高企业内部的凝聚力和向心力。

第三，提高员工素质。传统管理模式下主要依赖专业培训手段，定期对员工开展理论学习与专业技能培训活动，由于部分员工没有认识到培训学习意义所在、被动接受所学知识，由此面临着培训成本高、培训效果不理想的难题。而在战略性人力资源管理模式下，通过采取多元化激励手段，充分调动全体员工的学习热情，引导员工更为高效地激发自身潜能，如将培训考核结果与员工薪酬福利待遇相挂钩，如果员工在培训学习期间表现优异、自身能力提升幅度较大，则对其予以物质激励、精神激励。

四、新时代企业战略性人力资源管理新模式探究

（一）重新定位人力资源部门职能

第一，根据战略发展与人力资源管理需要，重新定位人力资源部门的职能，使其具有控制、监督、决策、服务等多项职能。首先，控制职能。体现为人力资源部门根据企业战略发展需要来制订管理计划、安排各职能部门的工资总额与定岗定编，全面把控企业人力资源的配置、使用情况。其次，监督职能。体现为管理人员跟踪监督各套管理计划的执行过程，如果发现职能部门未经批准私自增减人员数量、绩效考核数据失真等问题，督促相关人员在限期整改，必要情况下对相关人员进行追责惩处。再次，决策职能。体现为人力资源部门具备绝对知情权与自主决策权，掌握企业人力资源信息与经营状况，管理人员可在绝大多数情况下根据已掌握信息来自行开展工作，如是否准许其他职能部门增减人员与工作岗位、调整各职级与岗位员工薪资福利待遇、把控人才培养力度等。最后，服务职

能。体现为人力资源部门始终以满足其他职能部门工作开展需要、满足企业战略发展需要为管理出发点，向服务主体提供持续培养优秀人才、精简团队规模、任免中高层管理人员在内的多元化服务。

第二，对于规模庞大与职能部门众多的集团企业，需要额外设置人力资源管理中心，细致划分人力资源管理中心与下属企业人力资源部门的具体职能。

一般情况下，人力资源管理中心具备向下属企业提供管理建议、审批下属企业人力资源管理制度、报批下属企业与其他职能部门各项申请、内部审计监督等职能。下属企业人力资源部门负责组织开展人员招聘、员工培训、绩效考核、员工用工备案、薪酬福利待遇调整等基础性工作。

（二）构建符合实际需要的战略性人力资源管理体系

为满足战略性人力资源管理工作的实际开展需要，最大限度消除人为主观因素对管理效果造成的影响，并确保人力资源管理效能得以完全发挥，企业需要提高对基础工作健全问题的重视程度，结合企业自身实际情况，对战略性人力资源管理体系中的管理流程、要求、方法手段等相关内容进行完善补充。一般情况下，战略性人力资源管理内容由人力资源战略规划、员工招聘录用、员工培训开发、绩效考核、薪酬福利管理五部分组成，具体如下。

第一，人力资源战略规划。企业在管理制度中明确规定战略规划时间跨度、规划内容。正常情况下，将人力资源战略规划时间跨度设定为1~5年即可，规划内容需要涵盖人力资源结构、人员供给需求、人力资源总量、短期与中长期人力资源战略部署方案、可能出现人力资源危机的应对方法。

第二，员工招聘录用。企业应在管理制度中明确有关招聘渠道、人员调剂程序、各类人才录用标准方面的规定内容。首先，对于员工招聘渠道，综合采取校园招聘会、网站软件招聘、媒体招聘、员工内部推荐、人才市场招聘等多种方式，通过拓展招聘渠道来增加招聘广度，确保企业可以吸纳足够数量的优秀人才。其次，对于人员调剂程序，细致规定调剂类型，包括外派、调岗、待岗与借调等，要求员工调剂所涉及职能部门向人力资源部门提交申请，由管理人员进行逐级审批确认，审批通过后按规定办理调动手续，由员工与部门负责人签字确认。如果手续不全或未签字确认，管理人员有权拒绝办理调动、保险转移等业务。最后，在制定录用标准时，管理人员需根据企业战略发展需要与岗位工作性质来进行确定，明确有关学历、工作经历、资质、健康状况等方面的要求，并将所拟定录用标准共享给所涉及职能部门负责人，酌情采纳部门负责人所提出的建议。

第三，员工培训开发。一方面，人力资源部门需遵循实际出发原则，提前调查各职能部门的业务特点与员工素质要求，在此基础上开发相应课程和优选培训内容，采取理论学习、实操培训与轮岗实习等方式，重点提高企业员工的专业素养与综合能力。另一方面，为避免各职能部门员工平均素质偏差过大，人力资源部门还应对集团总部与下属企业的培训开发体系进行整合处理，这有利于实现规范化管理目标与把控培训成本。

第四，绩效考核。人力资源部门在设定绩效考核指标与权重分值时，需要把企业战略发展目标作为依据，设置若干量化指标，后续通过绩效考评结果来评价各部门、员工的工作表现，并反映企业战略目标的实现程度。例如，面向战略规划部门，以战略规划方案编制及时率、行业分析报告提交及时率、业务流程改善计划按时完成率、提出并采纳的建议数作为绩效考核指标。

第五，薪酬福利管理。人力资源部门在调整薪酬福利待遇时，既要综合分析所属行业平均薪资水平、各岗位工作性质。同时，也需要根据企业战略规划来预测未来一段时间的人力资源需求，将调整薪酬福利待遇作为实现战略目标的重要手段。例如，企业在未来一定年限内处于高速发展阶段时，需要适当上调员工薪酬福利待遇，虽然会产生较高的用人成本，却可以迅速弥补企业人才缺口。

（三）创新人力资源管理手段

为实现人力资源管理体系的转型发展目标，充分发挥战略性人力资源管理的优势，企业应积极创新现有的人力资源管理手段，围绕实际管理内容选择创新方向。

第一，员工培训。需要采取分类培训方法，新入职员工岗前培训工作，以所属岗位工作内容、各项业务活动办理方法、工作流程、常见问题等作为培训内容。在员工晋升培训工作时，则以提高员工综合素质作为出发点，将所属专业全新理论知识、企业战略决策目标实现方法作为主要培训内容。

第二，员工选拔任用。管理人员需逐项开展人格测试、身体能力测试、自我评价、认知能力测试与工作样本测试等工作，判断员工的综合能力、工作表现，做到优中选优。同时，考虑到企业员工选拔名额数量较少，部分员工因选拔晋升可能性偏低而逐渐丧失工作热情，不利于日常工作开展与企业战略目标的实现，人力资源部门还应建立双重晋升并行机制，通过工作经验与工作时间等多项指标考核企业员工，判断员工是否满足职位晋升或职级提升条件。如此，将通过增加员工选拔晋升名额、扩大范围的方式来调动员工工作热情，有利于营造良好的内部竞争氛围，助力企业实现战略目标。

第三，员工评价。采取全方位评价法，以客户、评价对象、同级同事、下级员工、上级领导为评价主体，通过匿名问卷调查方式来综合反映评价对象的工作表现、个人能力及专业素养。相比于传统的员工自评、外部评价等方法，全方位评价法可以最大限度消除主观因素对评价结果造成的影响。

第四，员工激励。综合采取正面激励和负面激励两项手段。其中，正面激励是对工作表现优异、在企业战略目标实现期间作出突出贡献的员工进行物质、精神层面奖励，人力资源部门需要丰富激励手段，实施如带薪休假、发放绩效奖金、优先晋升职级职位、提供学习机会、上调薪酬待遇等措施，同时赋予员工一定的自主权，使其根据自身需要来选择合适的激励方式。负面激励是对行为有违战略发展意图、未按时完成所交办工作任务的员工进行适度惩处，具体采取警告、降薪、降级、调岗等手段，从而抑制此类负面行为的再次出现。

（四）人力资源信息化管理

为满足管理需要、减轻负担，企业需要在战略性人力资源管理过程中充分应用到信息化手段。一方面，建立信息共享平台与使用人力资源管理软件，人力资源部门通过平台动态收集相关信息与了解各职能部门的用人需求、使用软件自带工具辅助人工开展薪酬计算和绩效考核等工作、实时向企业高层管理人员汇报工作成果与参与战略决策活动。另一方面，应用智能算法，在管理人员开展制定人力资源战略规划等决策型工作时，在算法中导入已掌握信息，推演目标事件在不同假定条件下的可能发展情况，以此来提高管理精度和决策科学性。

（五）实施保障措施

为保证战略性人力资源管理模式得以顺利实施，企业必须做好顶层设计工作，提前考虑到模式实施期间可能遇到的难题困阻，并实施流程保障、监督保障等多项保障措施。例如，流程保障是定期召开人力资源例会，会上由管理人员、各部门负责人共同研讨现有人力资源管理流程合理性、管理流程对其他工作开展的干扰性，从中发现问题并改进现有流程。监督保障是以人力资源部门或企业高级管理人员作为监督主体，跟踪监督管理模式实施进程，及时发现问题、督促各职能部门在约定时间内执行所下达管理措施，明确各项问题的处理标准，确保战略性人力资源管理的各项工作落到实处。

1.有效提升人力资源管理机制创新力

新时代下，尤其是信息化技术的应用可以确保企业实现信息共享，弱化集权压力，提高企业人力资源管理水平。因此，企业应加强信息化观念，在发展过程中充分利用信息化技术，打破原有的人力资源管理模式，并结合战略性思维，提高人力资源管理效率。同时，企业可以创设智能化、数字化办公管理模式，充分激发企业员工潜力。一方面，企业应该强化信息的沟通和交流，通过信息的资源共享，构建强有力的沟通机制，彻底改变原有集权式管理的弊端。此外，企业还应适应当今社会发展形势，创新现有人力资源管理模式，根据每个人的能力和特长合理分配岗位，及时解决人力资源管理中存在的问题。另一方面，新时代下人们思维方式发生巨大变化，因此要构建科学完善的人力资源管理模式，确保企业人力资源管理更加精细。

2.强化企业文化与人力资源深度融合

企业文化环境对员工来说具有较强的感染力，如果企业无法塑造良好的企业文化，企业员工就会缺乏凝聚力和向心力，进而导致员工缺乏团队意识，一旦碰到消极因素或者企业经营遇到“瓶颈”时，工作就会受到不良影响，员工也不会把自己与企业视为共同体，无法将企业与自身发展形成紧密联系，在开展人力资源管理工作时也会增加难度。同时，文化是影响企业发展的软实力，新时代下企业应建立特有的企业文化提高员工忠诚度。如果员工缺乏团队意识，企业可通过企业文化提升企业员工凝聚力和影响力，让员工意识到团队协作重要性，并对员工日常工作行为进行引导，提高员工团队意识。此外，新时代下企业应树立以人为本的理念，真正做到对员工尊重关心，重视企业员工的个性需求。同时，企业还应确保单位管理岗位、研发岗位、生产岗位都有优秀的人才队伍，拓宽单位员工上升渠道，确保企业优秀人才可以得到广阔的发展空间。

3.建立“核心 +”标准的人才任用机制

人才是企业实现高质量发展的关键因素，新时代下在对企业战略性人力资源管理新模式进行分析时，首先应建立健全“核心 +”标准的人才任用机制，建立科学的员工晋升渠道，从而激发企业内部活力。同时，企业还将营造良好的工作气氛，建立内部良性的竞争机制。企业应建立健全的晋升制度，可效仿行政事业单位制定职级和职位双重晋升并行机制，在职位晋升基础上加设职级晋升，特别设置工作时间和工作经验两项指标，确保企业实现长远发展。其次，企业内部还应形成科学的激励机制，通过建立晋升奖励和精神奖励，增强企业员工认同感和归属感，进而激发企业员工创新活力。最后，企业还应完善绩效评价和监督机制，建立完善的自评机制，并利用信息化技术加强信息交流，客观公正地反映员工价值，从全局的角度进行人力资源管理布局，根据员工自身属性的不同将其进行合理组合，从而进行相关资源匹配，形成简洁的扁平组织架构，进而促进企业改革。

4.加大实战效应型培训开发的体系建设

新时代企业战略性人力资源管理新模式实施的过程中不能忽视员工的培训内容，可以通过科学的培训机制促进企业的人才储备和发展。首先，企业通过完善培训机制对企业培训投入与效率之间的矛盾进行有效缓解，从而促进员工提高自身工作能力和职业素养，为企业的良性循环提供基础，针对员工构建信息档案，详细收录整理企业员工专业能力素质信息。其次，企业还应根据实际情况对员工职业发展进行规划，促使员工自愿参加培训。企业在构建培养体系过程中不仅要关注员工的工作效率，还应设置更加丰富多样的培训体系，确保企业员工具有更多的选择性，并实现企业培训投入与效率之间的平衡。另外，信息化技术的运用大大提高了工作效率，减少了企业员工数量，却对员工质量提出了更高要求。新时代下，企业会更加关注核心人才，人才竞争会更加激烈，因此企业应更加注重对员工素质和技能进行培训，从而提高员工创新能力。

5.提升数据分析与绩效评估的对标应用

新时代下，信息化技术的不断应用带来的是数据的不断更新，因此企业应提高数据分析能力，对员工工作情况数据进行准确分析，提高对员工能力的把握能力。同时，企业还应根据自身实际情况为开展人力资源管理工作提供依据。企业还应将大数据思维应用于人力资源的调配、选拔和留用等工作的各个环节。大数据思维中，企业层级概念变得比较模糊，集权管理降低，确保企业内部组织更加柔性和弹性。此外，企业应运用科学的设计方法设计绩效考核体系，对企业绩效考核指标的确定流程及核算依据进行明确，并根据工作岗位、工作性质及工作内容的不同，有针对性地制定不同的绩效考核指标。此外，企业还可以根据绩效考核指标对单位内部的职位进行合理调整，确保企业员工可以形成良性竞争，这对于员工提高工作效率、保证工作质量、优化企业整体人才结构意义重大。

新时代下对企业内部人员具体情况进行充分了解是保证战略性人力资源管理实施的基础性条件，也是企业实现经济利润目标及战略目标的有效保障。在本次研究的过程中以企业战略性人力资源管理为基本研究内容，积极迎合时代趋势要求，及时更新观念并与企业战略目标相结合，从而激发企业员工工作积极性和创新力，推动企业发展，促进企业员工能够形成强烈的归属感和认同感，从而促进企业完成战略目标。现阶段，从企业实施战略性人力资源管理的现状反馈来看，还存在一定的难点和问题，如因创新力不足制约人力资源管理“高质量”发展，联动性不足影响人力资源管理“全战略”匹配，传统型交流平台制约人力资源“高效沟通”建设，加法型管理结构影响人力资源“精准化”管理成效等，这些问题都不利于企业提高人力资源管理能力。所以，企业应该对人力资源进行合理布局，强化企业文化与人力资源深度融合，建立“核心 +”标准的人才任用机制，加大实战效应型培训开发的体系建设，提升数据分析与绩效评估的对标应用，充分保证企业员工创新活力，从而促进企业提升人力资源管理工作质量，实现企业长远的战略目标。

第二节 基于知识创新的企业人力资源管理模式构建

人力资源管理是企业管理的重要组成部分。在知识创新时代，企业人力资源管理需要以人为本，注重员工的个性化需求。企业人力资源管理模式也需要与时俱进，以适应不断变化的商业环境和满足企业日益增长的知识创新需求。因此，企业应构建创新型、适合现代社会发展的人力资源管理模式，以促进员工与企业共同成长。

一、知识创新与人力资源管理的关系

知识创新与人力资源管理之间存在密切的关系。知识创新是指通过科学研究，包括基础研究和应用研究，获得新的基础科学和技术科学知识的过程；人力资源管理是指企业对人力资源进行的规划、招聘、培训、评估、激励和离职等各个方面的管理活动，旨在实现人力资源利用效率和价值最大化。在企业知识创新过程中，人力资源管理起着至关重要的作用。企业可通过选拔、培养和激励优秀的员工，提高自身的知识创新能力；通过优化人力资源配置，让员工充分发挥自身的潜力和创造力，促进企业知识创新。此外，企业可通过实施科学合理的奖励制度、晋升机制和培训计划，激发员工的创新热情和积极性，为企业带来源源不断的创新动力。总之，知识创新和人力资源管理是相辅相成、相互促进的，做好人力资源管理，能够有效推动企业的知识创新，确保企业始终保持竞争优势。

二、人力资源管理对企业知识创新的作用机理

（一）企业知识创新的微观影响因素

1.接近信息

在企业员工能够始终保持学习的状态、始终能接受最新最快的科技信息的情况下，企业的创新能力和知识的更新换代速度就会有所提升。然而，企业员工对信息的获取渠道是通过外部环境及同事之间的交流交换，这些信息既有重合也有互补。企业员工对信息的获取能够提高他们的知识储备和创新能力。由此可见，让企业员工相互接近，接近的程度越高，企业知识创新有赖于员工之间的信息传递和融合就越多，增加了彼此的知识范围。

2.审视与结合

企业员工在进行现有的工作时，不免会用到曾经学到的知识和信息，由此，审视曾经积累的知识和经验、把那些原来的和现在的知识和经验结合起来，才能有助于更快、更有效地解决新的困难，提高其工作效率。有研究表明，企业员工在对待目前工作中存在的决策、看法和行为持有怀疑态度、不断反复思考看待问题能有效提高其创新能力，有利于企业员工用新的视角以及新的方式来对待旧的困难。所以，企业知识创新有赖于企业员工持有审视与结合的态度。

3.吸收能力

人力资源管理对企业知识创新，更加重要的是企业员工的吸收信息的学习能力，并且通过与外界的沟通互补得到不一样的信息。企业员工将学习到的知识和沟通得到的信息结合起来，就能够获得新的知识。同时，企业员工对新鲜信息的接受程度和获取能力与其自身已经获得的知识储备之间的联系非常密切。员工自身储备的知识能够使其对新鲜的事物

有进一步的认知和理解，所以其自身已经具备的知识决定了其对新鲜信息的接受度和吸收能力。

4.学习能力

企业员工对知识的整合能力基本上是通过同事之间的交流沟通、彼此学习。在其始终能够站在时代前沿并且不断学习新知识、新科技的时候，企业就拥有了强大的产生新知识的能力。企业员工之间在交流的时候，从其他同事那里获取的新知识能够引起其对固有知识储备的再认识，新旧知识会有重复的部分，这一部分知识能够得到巩固并且促使其对新知识的理解和产生。

5.认识价值与激励

信息量过多往往容易被忽视其价值，但其价值主要体现在企业员工对信息和知识的意识。企业员工在交流沟通的时候，一方面，会主动获取吸收其认为有价值的信息和知识，另一方面，对信息和知识的价值认知能够在沟通交流中获得补偿，就不会对这样的知识和信息产生学习吸收的欲望。

综上所述，企业的知识创新能力取决于：企业员工先有接近新知识和新信息的动力，能够审视新鲜事物并且将其与已有的知识相结合，然后通过沟通交流，吸收有价值的新知识和信息。企业的创造能力很大程度上取决于员工的学习能力和新知识的产生能力。

（二）人力资源特征与企业知识创新能力

1.人力资本水平

企业员工的人力资本水平同样能直接影响企业的知识创新能力。如果员工储备的知识和经验的水平和专业化的程度不高，必然会限制其对新鲜事物信息的获取和整合能力。员工对思想和交流沟通中的信息语言的认知程度决定了其对外部信息的理解能力。有研究表明，一个人在接触新鲜信息的时候，如果曾经有过类似的记忆就更加有助于其知识的强化。单纯地把新知识新信息灌输给员工并不能提高企业的知识创新能力，因为其创造力取决于已储备知识的丰富程度，因此，企业招聘学历高、专业知识过硬、工作经验丰富的员工对其知识创新能力的提升很重要。

2.员工激励

企业员工的意志决定了其对新知识和信息的获取，这就要求企业有必要进行相应的激励措施，来促进员工之间的知识共享。有研究指出，组织中的个人与他人分享信息的障碍在于其权力有可能被削弱，甚至降低其地位。因此，企业恰当的激励方式能够促进员工合作、构建良好的工作氛围，有效的交流沟通，为了共同的使命而努力工作，相反，不当的激励方式，不但不会提高企业的知识创新能力，反而破坏了员工间的人际关系。

3.员工离职

在提高企业知识创造能力的同时，企业面临着另一方面的挑战：在将知识和信息进行共享的过程中，不可避免地要明晰不确定性的知识，然而伴随知识的明晰，其独占性也随之降低。要想提高新知识的利用效率，就要有效地避免其流失，加强保护措施。其手段不但包括以任何方式对知识本身的保护，同样包括有效避免员工流失造成的知识和信息的流失。确切地说，具备丰富知识储备量、专业技术过硬、经验丰富的员工的流失，等同于丰富知识的流失、知识创造力的流失。

三、知识创新时代企业人力资源管理模式构建要点

（一）人才招聘和管理

人才招聘和管理是企业人力资源管理的核心环节，其实施要点如下。

第一，制定符合知识创新时代要求的招聘策略。在招聘过程中，企业需要明确人才需求和招聘目标，制订招聘计划并精确定位目标群体。同时，企业需要与时俱进，利用新媒体平台、社交媒体等渠道扩大招聘范围，招揽更多优秀人才加入。此外，企业还需要创新招聘方法，如以项目为导向进行招聘、引入人才推荐机制等，以吸引具有创新思维和创新能力的高素质人才。

第二，采用品牌化招聘。借助社交媒体及对企业文化和价值观的宣传，企业可以树立良好的品牌形象，提升自身的知名度和吸引力，精准定位岗位候选人，提高招聘效率。

第三，弹性的人员流动机制。企业应鼓励内部员工之间的交流和转岗，以促进知识和经验的分享。同时，企业应为员工提供不同的职业发展机会和多元化的岗位选择，帮助他们在企业内部实现个人价值的提升。

第四，利用科技手段提高招聘和人才管理效率。在知识创新时代，企业可以应用人工智能、大数据等技术，提高招聘和人才管理的效率。例如，企业可以通过智能筛选和匹配系统，快速找到符合岗位要求的人才；通过数据分析和人才评估，预估员工的发展潜力，为人力资源管理提供科学依据。

（二）绩效管理和激励

在知识创新时代，员工绩效管理和激励是提高团队工作效率与企业竞争力的关键。企业实施绩效管理和激励的要点如下。

第一，建立科学的绩效管理体系。企业需要针对不同岗位建立不同的绩效指标和评估体系，通过科学的绩效评估来了解员工在工作中的表现，及时发现员工工作中存在的问题，并制定有针对性的解决策略，以提高员工的工作积极性和工作质量。

第二，建立绩效激励机制。在知识创新时代，企业需要为员工提供灵活多样的激励机制，如薪酬福利、晋升机会、培训机会、商业机会等。在建立激励机制时，企业需要考虑个体差异，即员工的个人特点和发展需求，同时将员工激励目标与企业战略目标相结合，激发员工的积极性。

第三，实现绩效和激励的数字化与可视化管理。通过可视化的绩效和激励数据，人力资源管理部门能够更加清晰地了解员工的工作表现，并根据实际情况开展有针对性的培训和提供晋升机会。同时，数字化管理可以帮助企业快速应对异常情况，实现人力资源管理自动化，提高人力资源管理效率和准确性，为企业的业务发展提供有力支撑。

第四，鼓励员工自主创新和知识分享，建立团队协作与知识共享机制。在知识创新时代，企业应重视团队协作和知识分享，鼓励员工自主创新，营造良好的文化氛围。在设计绩效和奖励时，企业应尽可能避免仅以工作任务完成率作为评估标准，注重考察员工的团队协作能力和知识分享情况，从而实现知识创新和企业发展的良性循环。

第五，建立沟通和反馈机制。绩效管理和激励是双向的，企业实施绩效管理和激励的目的是实现员工与自身的共同发展。因此，企业需要建立健全沟通和反馈机制，人力资源管理部门应及时向员工传达绩效和激励政策，了解员工的工作情况和实际需要，协助员工解决工作中遇到的问题，增强员工对企业的认同感和归属感，提高企业人力资源管理的科学性和有效性。

（三）人才培训和发展

人力是企业发展源源不断的动力，人才培训和发展是企业发展中不可或缺的一环，其实施要点如下。

第一，以能力为导向制订培训计划。在知识创新时代，企业应根据员工的职业发展规划和工作需要，以能力为导向制订培训计划，搭建个性化、系统化、终身化的培训体系，帮助员工快速掌握新知识和新技能，提高自身素质和竞争力。企业还应重视培养员工的学习能力和创新能力，从而促进知识创新和企业发展。

第二，建立师徒制度和加强实战培训。企业应充分利用内部资源，建立师徒制度，安排资深员工担任新员工的导师，为新员工提供指导，从而快速提高新员工的知识水平和实践能力。此外，实战培训是提高员工实践能力和问题解决能力的重要方式，能够让员工快速适应复杂多变的工作环境，迅速积累丰富的工作经验。

第三，建立全员培训机制。企业需要建立全员培训机制，让“培训成果人人享”。企业通过搭建在线学习平台，为员工提供便捷、高效的学习途径；借助内、外部专家的力量，组织各种形式的知识交流活动，为员工提供多元化、全方位的学习机会。

第四，加强培训效果评价。在投入大量培训资源时，企业需要加强培训效果评价，及时了解员工的培训成果和培训需求。企业可采用科技手段、组织观察和座谈等方式，评价培训的质量和效果，为培训的持续改进提供科学依据。

第五，制定职业生涯发展规划。企业需要帮助员工明确自身职业发展目标，制定合适的职业发展规划，并为员工提供符合其职业规划的升职路径和晋升机会，促进员工和企业共同发展。

（四）弹性工作与平衡生活

在知识创新时代，帮助员工实现工作和生活的平衡，是人力资源管理的重要任务。企业人力资源管理模式需要兼顾员工的工作和生活。

首先，建立弹性工作制度。企业可以通过引入灵活的工作时间安排、远程办公等方式，为员工提供更多的时间选择和空间选择，使其更好地平衡工作与生活。同时，企业可以建立满足不同员工需求的工作制度，如弹性工作时间、加班调休、灵活假期等，鼓励员工在工作任务完成的前提下，合理安排工作与生活，提高员工的工作满意度。

其次，推行结果导向管理，即强调员工的工作成果和贡献，而非特定的工作时间和地点。企业通过设定明确的工作目标、建立完善的绩效评价体系，鼓励员工自主选择工作时间和地点，而非局限于传统的固定办公时间和空间。

再次，提供全方位的生活支持。企业可以建立健康管理和心理辅导机制，为员工提供心理帮助和支持；提供灵活的生活服务，如育儿指导、健身俱乐部、心理咨询等，帮助员工更好地平衡工作与家庭两方面的需求。

最后，倡导家庭友好型企业文化。为鼓励员工与家庭成员共享发展成果，企业可以通过提供家庭支持，如设置“妈妈岗”、安排灵活的工作时间等，以增强员工的归属感和忠诚度。

（五）持续改进与评估

在知识创新时代，企业人力资源管理模式的持续改进与评估至关重要，其实施要点如下。

第一，建立跟踪评估机制。企业可以通过建立人力资源管理评估机制，定期评估人力资源管理模式，从而及时发现问题，找到改进方向。其中，评估内容应包括员工满意度调查、组织绩效评价、人才流动率、员工培训效果等多个方面。

第二，引入先进技术辅助评估。在知识创新时代，企业需要借助先进的技术手段，如人力资源管理信息系统、大数据技术等，对人力资源管理模式进行量化评估。通过数据分析，企业能够更全面客观地了解人力资源现状，发现潜在的问题，并加以解决。

第三，鼓励全员参与。企业可以通过设立奖励机制，鼓励员工提出改进人力资源管理模式的建议，并积极采纳、推进实施，引导全员参与人力资源管理模式的改进和优化。

第四，建立反馈机制。通过建立多元化的反馈机制，如员工问卷调查、定期面谈、投诉渠道等，企业可以收集员工对现行人力资源管理模式的意见。通过分析反馈信息，企业可以了解员工的需求，及时调整、优化管理模式。

第五，持续学习和借鉴外部经验。企业可以通过学习行业内外的最佳实践案例，不断吸收创新理念和管理方法，并结合自身实际情况进行人力资源管理模式的改进和优化。

在知识创新时代，企业人力资源管理模式的发展需要紧跟时代步伐。企业应重视员工的个性化需求和价值观，不断优化和创新人力资源管理模式。企业只有建立与时代相匹配的创新型人力资源管理模式，才能不断培养和激发员工的创造力，实现持续创新发展。

第三节 基于新业态共享经济的企业人力资源管理模式构建

人力资源是企业开展经营管理中一项主要的工作，在共享经济时代背景中，应当对其加以创新和优化，不断运用先进的信息技术，加强管理质量。新业态共享经济的发展也能改变企业旧的管理模式，不断提高企业的人力资源管理质量，为企业培养更多先进的人才，创造更大的价值。新业态共享经济下，企业应当不断改进人力资源格局，及时改进人力资源管理动态，使其更适应自身的发展，适应时代的发展，不断推动企业实现质的飞跃、质的发展，在市场经济的竞争中占据一席之地。

一、新业态和共享经济的相关特点

（一）新业态

新业态是产业在发展运营的进程中，运用一系列新技术和新成果，并将其融入产业发展的方方面面，最终获得一种最新的经济活动。一般情况下常见的新业态有各种经济形态、服务业等，如今经济全球化深入发展，世界经济联系越来越密切，互联网技术的使用能够优化产业链，提升产业的发展质量，为共享经济的发展奠定基础。当前与共享经济一同出现的平台会对传统的产业结构带来冲击，传统的产业结构组织比较庞大，分层比较多，员工获得和使用信息的质量比较低，不利于提升员工的工作质量，对企业的发展也会产生影响。当前的合作平台是在扁平结构，共享合作平台能够提升企业内部信息处理的时效性，提升信息传递的质量，并优化企业的发展。运用这样的形式，能够提升企业的发展效率，提高产品的价值，增强企业的竞争力，最终促进企业高质量发展。

（二）共享经济的特点

共享经济是互联网时代的一种特殊现象，主要运用在互联网信息技术中，具有较强的分享性、开放性、包容性和自由性等性质，能够将分散的资源整理在一起，满足多种经济活动的实际需求，最终提升企业的发展效益。其中活动方的参与者也是资源的分配者、持有者，他们能够有效利用社会资源，满足需求者的需求，不断提升整个社会的资源利用效率。

二、新业态共享经济时代人力资源管理优化的必然性

在共享经济中，提高人力资源管理水平，能够持续增强企业的发展潜力，不断提高企业的竞争力，为企业的运营注入活力，注入源泉。在共享经济时代优化人力资源管理具有重要意义，因此企业应提升管理理念，改变管理思维，结合新形势和新情况，不断创新管理方法，总的来说，具有以下几个方面的必要性。

（一）保障人力资源绩效管理合理公正

企业人力资源的管理与员工的发展密切相关，与企业的远景规划也密切相关，能够为企业带来长期的影响。不少企业都贯彻以人为本的理念，在共享经济背景下，企业的人力资源管理能够避免传统管理中的一些盲目性和不可持续性，让员工与企业实现双赢。例如，某网络平台中的网约车运用统一规范的政策来加强对司机的人力资源管理，绩效运用了阶梯形的方式，鼓励员工多劳多得，员工越努力工作，得到的收益就越多。

（二）人力资源管理的内容需要优化

在新业态的经济时代，企业的文化、工作流程、劳动关系等方面变化较为明显，企业人力资源管理的内容需要优化。因此，从工作流程来看，员工的工作形式更加方便，将能获得一个良好的工作体验，一些不合理不必要的工作流程将会被略去，员工能打破时间和空间的限制，将会获得更多的工作主动权。此外，新业态共享经济时代，过去那些机械烦琐的工作模式将会被信息化、智能化的工作模式取代，如此一来就能提升工作的效率，员工的积极性就会提升，这样能够实现企业和员工双赢。从企业劳动关系来看，企业将注重和员工构筑相同的愿景，企业的愿景就是员工的愿景，员工在共同的愿景中将会更加注重自我工作价值的提升，注重自我心理上的认同和满足。且企业更加关注每一位员工个体的精神和心理状态，将会为员工营造更加舒适的工作环境，以及更加优厚的待遇。最后在新业态共享经济时代，企业人力资源管理部门将会借助数字化技术，实现自身职能的转变，

企业的人力资源管理部门过去做一些简单的行政类工作，在新业态经济后，企业人资部门参与到了企业的内部改革管理、内部组织结构调整等内容中，将会帮助企业实现发展战略目标，挖掘更多的人才。

三、在新业态下企业人力资源管理模式研究的策略

（一）按照因事设岗的方式优化内部的组织结构

要想保证新业态共享经济中人力资源管理高质量运营，就应运用因事设岗的方式完善内部结构，完善内部组织形式，不断提高人力资源管理的效果。在人力资源管理过程中，应当重点关注岗位的设计，岗位设置是人力资源管理的一项基础和先决条件，因此需要重视。传统的人力资源岗位设置是先将岗位的内容和岗位的工作方式固定好，然后再进行招聘，这种方式比较僵化，不利于提升员工的积极性。在新业态共享经济模式下，要求对这种方式作出革新和改变，主要从以下的两个方向加以改变：一是工作人员需要瞄准好市场，分析市场的需求动态，最大限度使岗位能够满足市场的要求；二是企业应按照实际状况设置岗位，并严格遵循用人做事和因事设岗的原则，运用此种模式改变过往的招聘方法，不断提高人才招聘效率，最大限度地满足企业发展的需求，不断提升企业的发展质量。

（二）采用按岗招聘的方法，避免人力资源浪费

当企业的人力资源管理遇到新业态的背景时，就应做出改变，运用按岗招聘的方式，避免人才浪费，做到人尽其用，人尽其才；在新业态下，应当按照按岗招聘的方式对人才进行综合性、完善性考核，不断提升人才的能力和素养，在这个进程中应当借助互联网、大数据等先进的技术建立完备的人才数据库，并使用大数据技术分析、提炼内部的数据信息，运用这些数据信息，明确企业需要的各种人才，并根据最终的结果制定科学完善的人才招聘机制。在这个人才数据库中也应当对员工的离职情况、面试情况等做出详细分析，并做好记录，不断促进企业高质量发展。

（三）运用人尽其才的方式，完善绩效考核体系

人力资源管理另一个主要的内容就是提升员工的考核效率。绩效考核是提升员工工作积极性的一个重要因素。因此企业应当结合新业态共享经济时代的特点，不断设计符合自身发展的新型考核体系，让绩效考核更加公平公正，更加人性化。绩效考核应当运用人尽其才的理念，使每个人才都能在自己的岗位上发挥出最大的价值和才干，并根据“事得其酬”的方法优化薪酬体系。在这种背景下，应当从以下三个方面开展工作。一是应当完

善绩效考核，企业应当运用先进的大数据技术等信息技术手段加强绩效考核，大数据技术具有筛选和定位信息的功能，因此应当运用好。二是应根据企业的真实情况，从消费者评价、平台评价等多视角制定标准的考核目标，并保障绩效考核的公正与客观，不断提升员工的积极性。三是应持续优化内部薪酬体系，薪酬体系是否完善，往往关乎着员工的工作态度和工作作风，关乎着是否留得住人才。

过去的人力资源管理往往将薪酬集中在员工的奖金、工资和绩效等内容上，这种方式往往会加剧工作量，耗费更多人力资源，而且极不合理，长此以往，员工就会对其感到厌倦，不利于企业内部的公正。因此企业应当根据共享经济的最新特征，运用共享平台有效划分企业的薪酬，并贯彻落实好相关原则，使薪酬尽可能地公正。

（四）完善内部人力资源管理的方式

在新业态共享经济时代，企业人力资源需要更多地依托于信息技术，信息技术能够提升企业的人力资源管理质量，此时就需要完善内部人力资源管理的方式。首先应当运用信息技术提升信息数据的使用效率，信息技术应当使用一定的方式呈现出来，这能够提升人力资源管理的活力，应当让信息数据在人力资源管理每一个阶段中都实现精细化管理，统筹好线下和线上的业务，并将其作为转型的重点。人力资源数据是做好人力资源工作的重要前提，因此应当注重数据的作用和价值。从目前人力资源数据的收集情况来看，还有信息数据时效性不强、运用不规范、运用流程不精准等现象，因此应当提升精细化管控水平，解决上述问题。一是在信息技术支持下，针对企业的不同岗位，运用大数据等技术，实行精准的人才培育计划，选择企业需要的各类人才；二是利用企业云端等先进的信息化平台，不断加强对每一个岗位人员的培养，并对其开展持续的培训，使各个岗位人员能掌握岗位所需要的工作技能，提升员工的综合素养；三是应当利用信息化技术，实现人力资源的智慧化管理，并以此为基础，运用智慧化的形式对企业各个岗位的特征进行分析，并分析员工的个人需求和个人特长，做到人尽其才，让岗位与员工的个人特长能够相配，让每一个员工都能在自己的岗位上发挥出自己最大的价值；四是在新业态经济下，应当在企业建立信息化平台，实现信息的共享，提升信息在企业内部的传递效率，更好地将信息数据融入人才选拔等流程中，提升决策质量。

（五）提升人力资源管理部门的整体素养

为了提升人力资源管理部门的工作效率，还应当提升人力资源管理部门的整体素养，提升管理者的管理技能，为企业的发展提供更多保证。主要从以下几个方面开展。一是企业应当对人力资源管理部门内部的人员进行培训。对于那些成绩不合格者应当给予其二次重来的机会，如果二次补考依旧不理想，应当对其调整岗位；对于那些表现优异的人，应当加强奖励，并为其设置完善的晋升机制和晋升通道，让这些优秀人员能有用武之地。同时企业其他部门人员也应当为人力资源部门提供更多的帮助，促进人力资源部门的发展。二是人力资源管理人员必须加强学习。时代在进步，社会在发展，在共享经济时代，企业人力资源管理人员需要严以律己，时刻学习先进的管理知识，使自身的能力素养与企业的发展相适应。三是应当对过往的一些工作思路做出变通。例如，企业的绩效考评应当运用企业股权与年金结合的方式，这样能够增强内部的凝聚力和向心力，使员工与企业紧紧地联系在一起，使整个企业上下一心，为了共同的愿景奋斗。四是，人力资源管理部门也应当加强自我建设。应当邀请知名专家到部门开展讲座或授课，将全新的人力资源管理知识和技术融入进来，不断加强人力资源管理队伍的建设，提升发展质量。

在共享经济模式下，企业的人力资源管理面临着新的机遇和挑战，企业应当把握时代的需求，不断改善人力资源的管理方式，运用全新的管理理念和管理思路，推动人力资源管理高质量发展，使其为企业的发展作出更多贡献。本节首先阐述了新业态和共享经济的相关特点，然后论述了新业态共享经济时代人力资源管理优化的必要性，其次阐述了当前共享经济模式下企业人力资源管理的问题，最后提出了在新业态下改变企业人力资源管理模式的策略。

第五章　企业人力资源管理数字化转型实践探索

第一节　人力资源管理数字化转型的概念与理论基础

一、企业数字化转型

数字化是将传统的语言、图形、图像等模拟信息转化为0和1两种逻辑符号（二进制数序列），经计算机数字化转型处理和信息系统传送。

数字化不是对企业信息化的推倒重建，而是对企业信息化系统的整合优化，以便提升管理和运营效率，并通过新技术手段的应用，使企业应对数字化转型带来的要求。企业希望通过数字化转型实现对内强己、赋能员工、对外共赢的目标。对内强己要求企业做到补齐自身短板，打造强大自身。赋能员工是指通过提升和拓展员工能力，使员工能够更好地支持业务。对外共赢是指与客户围绕互利机会合作，进入新市场或创造新价值，共同拓展市场，实现互利共赢。

企业进行数字化转型，需要先弄清楚以下几个问题。

第一，首先数字化转型是一把手工程，其次做数字化转型要明确转型目标。预先分析和考虑好该做哪些事，解决什么问题，产生什么效果。要从思想上、认知上真正理解数字化转型的意义和方法，提高企业全体人员的认知，特别是中高级管理人员的认知，转变思想，以客户需求为中心，以数据为资产，以技术为手段，以人才为依托，构建能快速满足客户需求的支持业务创新的技术平台体系，支撑客户服务和业务创新。

第二，数字化转型的基础是数据，数字化就通过各种技术手段收集行业趋势数据、市场变化数据、客户使用产品或服务的体验数据、企业日常运营和创新所需的数据等，形成行业趋势及市场变化全景图、产品全景图、客户全景图、企业日常运营的全景图等，从而提升企业运营效率，创造新的业务模式。企业通过数字化手段挖掘数据的价值，对业务进行指导，发现企业运营中可以改善和预防的点，甚至开发新的业务模式。

第三，数字化转型需要关注业务优先级，应该抓住核心，集中人财物资源先转型那些有“瓶颈”、有痛点、有难点的环节和链条，抓住关键、重要的问题先进行解决。比如企业的运营模式、组织架构、工作资源、客户服务、用户体验、创新能力、产品研发、技术能力、服务交付等，通过充分调研，把痛点、“瓶颈”、诉求、问题梳理出来，确定转型的范围和方向，才能有效推动转型工作，有针对地解决业务问题，提升企业的生产能力和管理运营水平。

第四，企业作为一个整体，其业务运行是有机关联的，工作环节之间有交叉的业务流程是需要重点关注的对象。梳理业务流程现状的优缺点，打破传统思维局限，运用主动改革思路，一切以更好地运行和支撑业务作为梳理优化方向，找到问题根源进行改善提高。划分清楚业务流程之间的权责界限，剔除一切不合理的工作节点，实现流程的规范化，做到以客户为中心，高效为业务赋能。

第五，数字化转型过程中会面临各种困难和挑战，对数字化转型项目要多些包容，不要怕出错，允许试错，试错以后快速迭代，在探索中前进。配套建立透明的激励政策，从绩效考核和薪酬奖励上真正向数字化人才倾斜，赋予数字化项目推动者更多动能和支持。

二、人力资源数字化转型

人力资源数字化转型是把员工活动、企业运营过程进行数据化、流程化、标准化的一个过程，从而构建全新的数字化生态体系。这个生态系统的重要特征是改变人力资源管理的每一个场景，极大提升效率。无论是人力资源（Human Resources，简称“HR”）视角还是员工视角，数字化技术全面融入人力资源管理的各个细分功能，最大限度上解放HR双手，提高员工工作效率。

人力资源数字化转型通常是实现以下三个领域。

（1）数字化人力资源管理。数字化人力资源管理致力于将人力资源部门自身转型为数字化运营平台，并持续创新。该平台可提供智能、方便和快捷的管理工具，让HR从繁杂的重复性劳动中解放出来，全身心投入员工服务和人事管理。平台将人力资源活动分发给用户，并嵌入业务中，这使得人力资源人员与员工之间比例的降低，人力资源变得分散化。

（2）数字化工作场所。数字化工作场所的目标是通过社交媒体、通信工具等技术，建立高效和良好员工体验的工作环境。

（3）数字化劳动力。数字化劳动力的核心是协助管理层和员工建立数字思维和实践能力，通过数字化工具来分析、管理和领导劳动力，创造良好的员工体验，从而吸引、培养和管理人才。

国际商业机器公司（International Business Machines Corporation，IBM）咨询业务部通常用IBM动态运营模型方法论帮助企业设计面向数字时代的人力资源管理模式。IBM动态运营模型从以下六个维度指导转型。

（1）组织和管控：组织和管控的设计关注如何通过部分动态组织打通传统组织的协同和合作的壁垒。

（2）流程和绩效：将员工体验融入流程优化过程，通过设计思维、人工智能和自动化工具提升员工体验、提高人力资源管理效率。

（3）技术和工具：运用微服务架构、敏捷开发方法提供可扩展的技术平台；人工智能和自动化工具提升员工体验、提高人力资源管理效率。

（4）数据与洞察：利用商务智能（Business Intelligence，BI）数据分析工具和一体化门户集成，打造高管桌面，支撑决策；集成共享服务运营分析数据，提高共享服务中心的运营管理效率。

（5）人员赋能：打造支持数字时代的人力资源管理培训体系，确保向战略人力资源管理的成功转型。

（6）服务和伙伴管理：创建支持数字时代的人力资源管理的战略伙伴关系和生态系统。

三、相关理论

（一）战略人力资源管理理论

1.战略人力资源管理理论研究的发展

战略人力资源管理理论，形成于20世纪80年代。德瓦纳（Devanna）、丰布兰（Fombrun）和蒂希（Tichy）在《人力资源管理：一个战略观点》中阐述和深入分析了公司战略与人力资源之间的关联，标志着公司战略与人才资源管理的形成。贝尔（Beer）等人所发表的《管理人力资本》标志着传统人力资源管理方法向战略人力资源管理方法的新跨越。简单地说，战略人力资源管理就是研究怎样系统地使人和公司之间开展更深层次的紧密联系。它将人力资源作为一种获得公司竞争优势的主要资源，强调利用人力资源规划、政策和措施，以获得能够与公司战略垂直配套和与公司内部经济活动水平相匹配、产生公司竞争优势的人才资源配置。与以往传统的人力资源管理相比，战略人力资源管理认为人力资源是决定企业发展胜负的关键，其核心职责是主导公司的重大战略决策，按照公司内外部环境要求提出和促进企业变革，并进行公司总体的人力资源规划和实施活动，与公司发展战略之间是一个动态的、多方位的、长期的紧密联系，其职责直接纳入公司战略形成与实施的整个流程之中。

2.战略人力资源管理的定义

战略人力资源管理将人力视为重要资源，认定所有资源中最核心的资源就是人力资源，企业的发展壮大与员工职业能力的成长相辅相成。虽然企业鼓励员工持续提高个人职业能力以提升企业竞争力，但首先企业应当将人力提升到资本的高度。一方面依靠投入大量的人力资本成就企业的核心竞争力，另一方面人力也成为重要投资要素并参与公司价值的分配。战略性人力资源管理理论主张充分发挥人力资源才能给企业带来利益，因此企业必须给员工提供一种促进价值观达成的公平竞争环境，为员工提供必要的资源，在赋予员工责任的同时予以适度的权限，确保企业人员在足够的权限内开展管理工作，并构建适度的员工激励，充分调动人员的岗位主观积极性。对员工创新能力、行动特征和业绩做出公正评估，并在此基础上予以适度的物质鼓励和精神鼓舞，从而激励员工在体现自身价值观的基础上为企业创造价值。

3.战略人力资源管理的特点

战略人力资源（Strategic Human Resources，SHR）是指在企业人力资源体系中的部分特殊人员。这部分人员拥有某些独特的专业知识和技能，且位于公司运营管理的重点领域或重要职位。战略人力资源管理具备以下四大特点。第一，人力资源的战略地位。人才是公司获取长期竞争优势的重要源头，因此相对于一般人才来说，被公司称为战略地位的人才往往有着某种程度的专用性与不可替代性。第二，人力资源管理的系统性。公司为获取长期可持续的竞争优势，而组织部署的人力资源管理政策措施、实践和方案等，形成的人力资源战略系统。第三，战略人力资源管理的符合性。“纵贯吻合”即人力资源管理需要与企业战略契合，“横向吻合”即整体人力资源管理系统各部门或基本要素间的相互契合。第四，战略人力资源管理的目标导向性。战略人力资源管理利用组织建构，把战略人力资源管理的总体目标置入企业的运营系统，以促进企业组织业绩最优化。

（二）价值链理论

价值链（Value Chain）理论最先由迈克尔·波特（Porter）创立。最初波特所指的价值链主要是面对垂直整合公司，突出企业的整体竞争优势。由于国际外包服务的发展，波特又更进一步明确提出了价值系统（Value System）的观念，将研究视角延伸到各种类型的企业内部，这与后来形成的全球价值链（Global Value Chain）的观念有着相当的共同之处。

“价值链分析法”将公司内部经济价值增长的活动方式细分为基础活动和支撑性活动。基础活动包含了企业内部的制造、销售、进料后勤、发货后勤、服务等，而支撑性活动则包含企业内部人员、财务、计划、科研与产品开发、生产管理等。基础活动与支撑性活动共同形成了整体的企业价值链系统。在经济价值产生的过程中，并不是每个主要环节都产生了经济价值，真正产生价值的环节就是企业价值链管理上的“企业战略管理环节”。企业所要具备的核心竞争力，就是价值链管理过程中凸显的战略管理环节上的资源优势。

价值链的增值活动，由基本增长活动和辅助性增长活动两个部分组成。公司的基本增值活动，通常指“制造经营环节”，如原物料供给、成品材料研发、制造运行、成品储运、营销与服务等，上述各种活动均与公司商品的生产加工及周转运行有关。而公司的辅助性增值活动，则包含了团队构建、人事管理、技术创新和生产经营管理等。

价值链系统的各个环节相互关联，互相影响。某个环节运营管理水平的优劣可能影响到其他环节的生产成本与经济效益。如何利用价值链分析法判断关键竞争力，需要企业管理者重点关注组织内资源的现状及发展变化，特别重视和培养价值链的关键环节，获取企业核心竞争力，以建立和加强公司在行业的竞争优势。

（三）流程再造理论

流程再造理论（Process Re-engineering）是由美国迈克尔·哈默和詹姆斯·钱皮（Michael Hammer and James Champy）所提倡的思想，并在20世纪90年代到达鼎盛。这一管理思想不仅在各行各业广泛运用，也可以在企业各部门之间运用，成为现代企业管理的关键理论。

流程再造是一种内部自发的企业活动，引领企业变革，全面分析、设计企业程序，追求绩效提升，使企业获得显著成长。公司流程再造的要点就是选择几个对公司经营至关重要的程序进行重新规划，改善经营效益，在降低成本、质量、对外业务和时效等方面取得重要改善。业务流程重塑的对象主要是面向客户满意度的流程，核心思路是要突破传统公司按职责设置部门的管理方法，取而代之的是以整体流程为中心，重新设定公司管理的工作流程。从总体上再次确定公司的作业流程，做到全局最优而不是个别最优的流程设计。

企业的管理模式必须是流程驱动的管理模式。进行业务流程管理的公司能够在日常管理中及时对业务流程做出改变、调整，因此这些公司的业务流程适应性较高，业务流程的设计与操作也相对科学，但这并不代表它们就不需要对业务流程实施再造。一旦企业或市场需求出现重大变化，公司的运营管理模式也需要进行实质性改变，业务流程也需要再造。流程再造的目的就是使企业的资源以流程为中心实现再次整合，最终达到提高企业运营效率和经营业绩的目的。

尽管迈克尔·哈默并不能系统地概括总结流程再造的方式和过程，但有些研究学者在经过对他作品的研究后总结出了一个四阶段模型：第一阶段，确立再造队伍；第二阶段，寻找再造时机；第三阶段，再次设计工作流程；第四阶段，实施再造，向员工阐明再造缘由及带来的好处，然后开展再造。

第二节　企业人力资源管理数字化转型的策略

一、搭建岗位胜任分析平台，实现人岗匹配管理数字化

由于企业正在经历由传统制造向智能制造的战略转型期，现阶段的业务、人员均面临着转型发展的需求。在战略及业务调整背景下，为适应企业发展，需对“人才”进行重新定义，并运用数字化手段搭建岗位胜任分析平台，提高组织“人才识别”的能力，提高员工的岗位胜任力和人岗匹配管理效率。

（一）岗位任职标准数字化

目前企业岗位胜任标准是由HR根据同行业类似岗位普遍认可的任职标准而确立的，包括岗位任职条件，应具备的素质和工作内容等要求，具体来说就是对岗位所需的学历、技能资格证书、工作职责及承担责任的综合描述。但企业正处于战略转型期，岗位胜任标准不能简单地参照行业的普遍认知，需要制定适合企业业务发展需求的任职标准。首先基于公司发展战略、文化，结合行业发展状况等信息，通过领导访谈、员工调研、任务分析以及能力比较四种方法，循证识别岗位的核心素质项目。核心素质项目包括第一基本信息，如学历、工作经验、现任职位等；第二能力指标项，如必备知识、专业技能和绩效标准等；第三参考项，如道德品质、行为规范等信息，建立适合企业发展的岗位任职标准。

（二）关键岗位评估标准数字化

企业是一家集研发、制造、销售于一体的大型汽车公司，涉及的岗位类别复杂多样，包括技术研发、生产制造、质量管理、试验验证、体系认证、供应链管理、物流管理、销售体系、售后服务体系、财务管理、综合管理、人事管理，等等。对人力资源管理者来说，很难全面了解并分析不同类别岗位的价值，不能对企业关键岗位的选定进行有效判断。因此，人力资源部需要建立一套有效的评估标准，判定企业内部的关键岗位，避免以领导层级和岗位职级高低来判断企业的关键岗位。关键岗位承担了企业发展的重要责任，掌握企业重要资源；在一定时间内，关键岗位难以由内部员工或外部人员代替；同时此类岗位应当同企业发展战略相辅相成。

基于岗位价值，可以从四个视角进行分析，然后输出关键岗位图谱。首先是大数据供

需视角，根据外部人才市场供应及内部人才分布情况，系统性评估哪些是企业内重要且稀缺的岗位。其次是风险视角，根据人才分布（同类别的人才数量）及员工忠诚度等数据指标，科学评估哪些是企业内风险高的岗位。再次是战略视角，根据企业战略解码，评估哪些是对企业战略有贡献的重要岗位。最后是业务视角，根据业务与价值链分析，量化评估哪些是组织中的核心岗位。四大视角循证，最终建立一套关键岗位的系统评估标准，实现关键岗位识别的标准化、数字化。

（三）人才评估数据数字化

目前企业对人才的评估标准非常局限，通常从经历和能力两个方面进行评估，缺乏对员工未来发展趋势潜力和动力的评估。需要完善人才评估标准，运用“经能潜动”四维岗位胜任力模型对人才进行综合评估。四大维度简称“经、能、动、潜”，即经历、能力、动力及潜力。具体来说，从被评估者过往的工作经历、工作经验，所取得的学历证书、技能证书、荣誉证书、所展现出来的工作绩效，以及未来持续创造工作绩效的驱动力，潜在的、未发掘的其他能力等，多维度、综合性地对人才进行评估。应用大数据信息，对个人的过去、现在和将来进行全面的、标准化的、可视化的评估。

同时企业可建立自己的能力词条字典库，包括系统思考、战略执行、有效沟通、团队合作、项目管理、专业提升、问题分析等各类词条信息。然后运用“经能潜动”四维度模型及自定义的能力词条字典库对人才进行系统评估，输出人才在各个维度的得分。最后根据岗位能力侧重点的差异加权各维度得分，测算并判定人员的综合能力指标，实现人才评估数据的标准化、数字化。

（四）输出岗位人才画像

企业通常注重于胜任岗位员工所表现出来的显性特点，缺乏对员工隐性潜质的挖掘、评估，因此缺乏对员工全貌的了解。在当前数字化背景下，组织的人才画像应当由企业显性的岗位职责定义与内在的隐性潜质构成，并涵盖关键岗位中冰山上层的知识技术、创新能力，到冰山下层的个性特征、驱动力、工作动机等各种综合因素。画像一般分为能力画像（认知能力+能力倾向）、关键技能（主要知识和技能）、个性画像（职业个性和核心个性特质）、驱动力画像（激励因素）。企业还可以利用“经能潜动”的四维岗位胜任力模型，拓展组织人力资源维度，描绘职位胜任者的动态人才画像，但同时人才画像经过不断迭代，始终无法达到完全精确，所以必须经过逐年积累数据持续优化，这样才能够保证岗位胜任标准与人才画像的一致性。企业的人才画像要立足于大数据挖掘，专注于高绩效，把为获得岗位高绩效需要的各项技能要求做数据化呈现。

（五）自动关联胜任岗位

将企业的人才画像与待评估的人才数据进行自动匹配，对照在岗人员或应聘候选人是否贴合组织的人才画像。如果贴合度较高，说明在岗人员或应聘候选人的岗位胜任力较好。若贴合度较低，说明需要调整岗位或加强岗位所需的能力培养。

整体来说，企业要通过多视角（领导访谈、员工调研、任务分析、能力比较识别核心素质项）循证岗位任职标准，四维度（经历、能力、动力和潜力）优化人才评估标准，同时基于数据分析，聚焦于高绩效，全面描绘岗位胜任者的人才画像。最后运用岗位胜任分析数字化平台，将待评估的人才数据与组织人才画像自动匹配，实现大数据人岗匹配度分析，为人力资源部门进行人才选用或对在岗人员岗位胜任评估时提供决策依据。

二、搭建人才发展规划平台，实现职业发展管理数字化

（一）人才风险评估标准化

在人力资源管理中，最大的风险就是关键员工流失的风险。根据可能发生的风险，以影响（后果严重不严重）和概率（可能不可能发生）两个维度建立矩阵，区分关键风险，加以重视，设计应对措施。可以借鉴风险管理矩阵的思维模式，通过流失概率、流失后带给企业的影响等因素综合计算人才管理的风险。

流失概率可以通过员工对企业的满意度获知，例如，从待遇的竞争性、关系的和谐性、发展的可能性及环境的客观性等综合因素判定。流失后对企业的影响情况可以从四个方面，财务指标的影响、流程绩效的影响、士气氛围的影响及品牌感知的影响来判断，以上指标的影响力越大，说明该人员的重要性越强。因此，基于以上数据可以建立企业的人才风险矩阵，从而更好地定位关键人才流失风险。通过人才风险矩阵预警，人力资源部门能够及时采取干预措施，做好预防措施降低风险，做好人才的留用及继任规划，从而让企业的绩效发展更稳定、更持久，塑造更健康的企业人才队伍。

（二）岗位价值评估标准化

岗位价值评估就是对岗位的工作任务量、难易程度、承担的责任大小、所需的岗位技能等多方面进行的系统化比较和评估。因此，判断岗位对企业目标实现的贡献情况就是通过量化岗位在企业中的相对价值。岗位价值的评估需要遵循五大原则，对岗不对人、评估因素的一致性、评估因素的完备性、评委独立评判、纠偏原则，以保证评估结果的客观性。通过岗位价值分析，可以为薪酬管理提供依据，促进企业人力资源管理水平的提升，加深管理者对岗位职能价值的认识。通过建立岗位价值分析矩阵，人力资源部可以系统性

地评估哪些是值得制定继任计划的关键岗位。

（三）输出组织人才梯队图谱

目前，企业还没有建立风险岗位和岗位价值评估系统，也没有建立人才预警机制，未雨绸缪提前挖掘、培养继任岗位人才。通常在岗位空缺后，通过外部急招或内部择优评选的方式选定继任人，人员的胜任力情况有待提高，这是一种不健康的人才发展机制。因此，企业急需建立一支人才梯队，进行人才储备。

对于人才梯队的建立，人力资源部必须做好如下充分准备：第一，对公司未来几年内人才的需求有清晰认识；第二，有明确的培训路线；第三，发掘人才的潜力，并制订明确的流程、计划和机制来保证人才梯队的建设。从公司发展的角度，人才梯队建设可以保障公司需求的人才不断层，源源不断地为公司输送需要的人才，加强人才培养的针对性和效率，激励人才、减少人才流失；从个人发展的角度来看，可以明确个人职业发展规划，并获得个人能力提升的机会。

人才梯队建设主要针对岗位风险度高、岗位价值高的岗位，建立储备人才库。

首先，将人才盘点结果与岗位风险高、岗位价值高的岗位胜任标准进行数字化匹配，核算人才的“岗位准备度”。其次，对当前所有岗位候选人的“岗位准备度”数据进行对比和分析，形成岗位继任规划和人才梯队建设，分别设立继任人才第一梯队、第二梯队和第三梯队人员。

其次，通过人才梯队建设，生成企业关键岗位继任地图。对于非关键岗位的全员盘点，企业可以对人才盘点结果贴标签，对企业人员形成统一的人才标签管理，比如可以设置为高级人才、中级人才、种子选手、潜才、待发展等各类区别性标签，最后，基于人才标签筛选各岗位所需的候选对象。

（四）针对性制订个人发展规划

企业可以根据岗位继任计划，结合个人职业发展目标，为人才梯队或人才地图数据库的人才制订培养计划，制定培养制度，并对人才梯队的人员进行针对性培养，达成人才梯队建设的目标。

通过岗位胜任平台分析人才梯队资源库中人员对继任岗位的准备度，针对每一位继任候选人量身定制发展目标、发展周期生成准确度阶段，生成继任人才发展规划表。根据选定人员与目标岗位之间的差距，自动识别待发展能力项，形成发展需求。通过一段时间的培养，当继任目标岗位空缺或提出更多的人才需求时，人力资源部可以通过岗位胜任平台对人才梯队的人员进行胜任力评估，选拔目标岗位继任者，成功者任职继任岗位。周而复始，企业依据人才储备的需求变化，再次不断甄选人才“入库”，为企业培养合格的继任人选，并制订发展规划。

（五）自动匹配个性化学习资源

当前企业打造了员工学习资源门户“云课堂”，但没有提供针对性的学习计划。为落地人才发展规划，帮助人才达成当前或继任岗位胜任标准，人力资源管理者可以通过人才发展规划平台，结合人才盘点和人才继任规划，为个人匹配学习资源，形成学习地图。将发展规划系统与已有的“云课堂”连接、整合，根据员工个人能力、技能的评估结果及个人发展规划，系统自动地、针对性地匹配个性化学习资源。学员可以非常直接的在“云课堂”系统个人发展计划中了解自己个性化的学习计划。人力资源部也需要根据企业业务需求和人才发展培训需求的变化，不断丰富学习课程同步“云课堂”，满足员工获得个性化、高效、及时的知识技能提升。

第三节　企业人力资源管理数字化转型的实施与保障

一、企业人力资源管理数字化转型的实施

（一）调整人力资源部门组织架构

随着科技的进步，企业的人力资源管理正在经历一场前所未有的数字化转型。为了更好地适应这一变化，企业的人力资源部门必须进行相应的组织架构调整。这种调整的必要性不仅在于提升工作效率，更在于推动人力资源管理向更精细化、智能化方向发展。

1.人力资源部门组织架构的现状与挑战

在传统的人力资源管理模式下，人力资源部门的主要职责包括招聘、培训、绩效管理、薪酬福利等方面。然而，随着市场竞争的加剧和技术的快速发展，这种模式逐渐暴露出一些问题。

首先，信息传递速度慢，人力资源数据难以整合和共享，导致决策效率低下。其次，面对日益复杂多变的人力资源环境，传统的人力资源管理方式已经难以应对各种挑战，如招聘难、员工流动性大、绩效评估困难等。

2.数字化转型对组织架构的影响

数字化转型将改变人力资源管理的运作方式，提高效率，使人力资源管理更加精细

化、智能化。为了适应这一变化，人力资源部门的组织架构也需要进行相应的调整。

首先，数字化转型需要人力资源部门更加注重数据收集和分析，以便更好地理解员工需求和行为，从而制定出更有效的策略。其次，数字化转型需要人力资源部门更加注重与业务部门的协作，以便更好地支持业务发展。最后，数字化转型需要人力资源部门更加注重技术应用，以便更好地提高工作效率和决策精度。

3.调整组织架构的策略与方法

在当今数字化时代，企业人力资源管理面临着前所未有的挑战和机遇。为了更好地适应市场变化和提升企业竞争力，人力资源部门需要积极进行数字化转型，调整组织架构，以实现更高效、更智能的人力资源管理。本文将围绕企业人力资源管理数字化转型的主题，探讨如何调整人力资源部门组织架构，包括建立跨部门协作机制、强化数据分析能力、引入人工智能技术及优化岗位设置等方面。

（1）建立跨部门协作机制。在数字化转型过程中，人力资源部门需要打破部门间的壁垒，建立跨部门协作机制。通过与其他部门之间的紧密合作，人力资源部门可以更好地了解业务需求，提供更具有针对性的解决方案。此外，跨部门协作还能提高工作效率，降低沟通成本，使人力资源管理工作更加顺畅。为了实现这一目标，人力资源部门可以定期组织跨部门会议，加强各部门间的沟通与交流，共同探讨业务痛点和解决方案。

（2）强化数据分析能力。数据分析能力是数字化转型中的关键要素之一。通过数据分析，人力资源部门可以更好地理解员工需求、行为和绩效，从而为企业决策提供有力支持。为了强化数据分析能力，人力资源部门需要引进先进的数据分析工具，提高数据采集、处理和挖掘的效率。此外，人力资源部门还需要培养一支具备数据分析能力的人才队伍，通过定期培训和交流，提高团队的数据分析能力和业务理解水平。

（3）引入人工智能技术。人工智能技术是数字化转型的重要手段之一。通过引入人工智能技术，人力资源部门可以提高工作效率、优化决策过程，并为员工提供更加智能化的服务。例如，人工智能可以通过自然语言处理和机器学习技术，自动处理员工的入职、离职等申请流程，减少人工干预的误差和时间成本。此外，人工智能还可以为企业提供风险预警和预测性分析，帮助企业及时发现潜在问题并采取相应措施。

（4）优化岗位设置。在数字化转型过程中，人力资源部门需要重新审视岗位设置，优化人力资源配置。首先，人力资源部门需要分析现有岗位的职责和工作量，评估岗位设置的合理性和效率。对于工作量过大或职责重叠的岗位，可以进行合并或精简。其次，人力资源部门需要关注新兴领域的人才需求，如数据分析、人工智能等，适时调整岗位设置和招聘策略，以满足企业发展的需要。最后，人力资源部门可以通过引入自动化和智能化的工具和技术，提高工作效率和质量，从而优化岗位设置。

（5）提升员工技能。在数字化转型的过程中，提升员工的技能是至关重要的。

企业应提供培训机会，使员工掌握数字化工具的使用方法，如人力资源管理信息系统（HRIS）、数据分析工具等。此外，还应鼓励员工学习新的技能，如数据挖掘、数据分析和数据可视化等，以便更好地适应数字化转型的需求。

（6）优化部门分工。在数字化转型的过程中，人力资源部门应优化部门分工，使每个成员都能专注于自己的领域，提高工作效率。例如，可以将招聘、培训、绩效管理等不同模块的工作分配给不同的团队或个人，以提高人力资源管理的专业性和效率。此外，还可以设立跨部门小组，负责协调各部门之间的合作，以确保数字化转型的顺利进行。

（7）整合内外资源。企业应积极整合内外部资源，以推动人力资源管理的数字化转型。这包括与高校、研究机构等进行合作，引进先进的技术和理念；与同行业企业建立联系，共享数据和经验；以及鼓励员工参与行业交流活动，了解行业最新动态等。通过整合内外资源，企业可以更好地把握数字化转型的方向和节奏，确保转型的顺利进行。

随着数字化技术的不断发展和应用，人力资源管理将更加智能化和高效化。人力资源部门需要继续调整组织架构，以适应未来的发展趋势。未来的企业人力资源部门将更加注重数据驱动的管理模式，通过数据分析来优化人力资源配置，提高员工满意度和绩效。同时，人力资源部门还需要与其他部门紧密合作，共同推动企业的数字化转型。

总的来说，企业人力资源管理数字化转型要求人力资源部门进行必要的组织架构调整。这种调整不仅有助于提高人力资源管理效率，还能推动人力资源管理向更精细化、智能化方向发展。通过建立跨部门协作机制、强化数据分析能力、引入人工智能技术、优化岗位设置和提升员工技能等策略和方法，人力资源部门可以更好地应对数字化转型带来的挑战，为企业的长期发展提供有力支持。

（二）搭建企业数据中台

搭建数据中台，实现人事数据和其他业务数据的打通，为数据分析和数据应用打造数据基础。首先，定义数据更新要求；其次，确定数据的入湖范围；再次，部署数据分析，实现数据应用。数据中台将收集所有业务系统的数据，接下来以人力资源业务单元为例，描述对入湖数据提出的要求，业务部门要对入湖数据负责，保证入湖数据的准确性。

1.企业数据中台数据更新要求

（1）增量数据更新。规定只对更新数据进行抓取上传，不对全量数据进行上传，保证系统运行效率的同时还是对历史数据的保护。

（2）数据每日同步。要求数据每2小时同步一次，在保证数据的时效性，对后面数据分析提供数据基础保证，确保数据分析结果对业务更具指导意义。

（3）数据控制报表。数据控制报表主要用于数据更新出现问题时的问题追溯，对于每条问题数据都对应生成一条问题数据说明，数据每次更新都会生成一个控制报表。

2.部署数据分析和应用功能

（1）探索式分析数据。通过数据分析看板，可以直观发现、分析、预警数据中所隐藏的问题，及时应对业务中的风险，发现增长点。

（2）灵活处理数据表。通过报表自助配置功能，普通业务人员就能对报表格式进行编辑，包括对数据内容的筛选条件、切割方式、排序规则、汇总维度等进行设定，自助灵活地达成期望的数据结果。

3.数据应用案例——以W公司为例

W公司通过以下应用，提高了人力资源业务自动化率和智能化率，提高了人力资源业务运行效率，降低了手工出错率。

（1）人力资源大屏。人力资源大屏又称为人力资源驾驶舱，主要用于对管理层展示人力资源管理相关数据指标。

（2）招聘进度报表。招聘进度报表能够实时展示最新数据，便于管理层和招聘专员及时把控候选人状态，为后续有计划推进招聘任务提供了保障。

（3）培训报表。培训统计表能够按照部门、岗位类别、职位级别等对培训时长、培训课程类别进行统计分析汇总，供管理层实时查看本部门的培训情况。

（4）绩效管理相关报表。①绩效评定统计表：对各部门绩效评定结果合规性进行审查，包括绩效等级强制分配比例是否达标，绩效等级评定是否合规（需要结合上一次的绩效结果）等。②绩效结果应用汇总表：对绩效结果发起的员工薪酬、岗位、职级数据做统计分析，对变动结果是否符合政策进行检查，不合规数据自动发送至相关业务负责人，以便及时进行调整。该报表节省了绩效专员大量的手工复核时间，提高了人力资源运营效率。

（5）关键岗日记合规性检查。关键岗日记分析报表能够自动检查校验以下要求，节省了关键岗日记检查员大量的手工校验时间，而且准确率还高于手工检查操作。关键岗日记需要满足以下几项才算合规。

①字数不少于150字。

②内容包含上午、下午或具体的时间节点。

③内容包含工作沟通协作的对象主体。

④内容包含具体的动作。

⑤上交时间不能晚于日记日期后的24小时。

（6）休假明细报表。该报表根据员工、休假类型汇总，按员工休假申请逐条显示员工休假明细，包含休假开始时间、休假结束、休假天数和休假理由等。考勤员可以一目了然地获取员工的休假明细，减轻考勤员单个查询员工休假明细的工作量。

（7）员工主数据报表。该报表针对培训部门和业务部门业务需求，优化员工主数据报表，删除出生日期、身份证和婚姻状态等敏感信息，生成剔除员工敏感信息的主数据报表。

（三）建设数字化人才队伍

通过系统化的人才盘点，目前公司的存量员工数字化人才较少，短期内无法通过内部培养的方式满足业务发展需要。外部引进人才是企业快速补齐岗位缺口的有效途径，但从成本考虑，内部培养才是补齐缺失人才的长远之道。企业的数字化人才队伍建设主要通过外部引进和内培两种培养方式快速落实。

1.外部引进

随着科技的快速发展，数字化转型已成为企业发展的必经之路。在这一过程中，人力资源管理的数字化转型也显得尤为重要。建设一支数字化人才队伍，不仅有助于提升企业的整体竞争力，更有助于推动企业的数字化进程。本文将围绕企业人力资源管理数字化转型中的外部引进策略展开讨论。

（1）外部引进策略。①精准招聘平台的选择。在数字化时代，招聘平台的选择对于人才的引进至关重要。企业应选择具有良好信誉和口碑的招聘平台，如LinkedIn、Boss直聘等。这些平台能够提供精准的岗位匹配，以及更高效的招聘流程。此外，还可以借助AI等技术手段，通过自动筛选简历、在线面试等功能，提升招聘效率。②行业领军人物的吸引。对于一些关键岗位，企业可以通过招聘行业领军人物的方式，快速提升团队的专业水平。在吸引人才时，企业应注重提供具有竞争力的薪资待遇和良好的职业发展机会，以吸引并留住人才。同时，行业领军人物的影响力和人脉资源，也能为企业带来更多的合作机会和资源。③跨界人才的挖掘。在数字化时代，跨界人才越来越受到企业的青睐。这些人才往往具有跨学科的知识和技能，能够快速适应不断变化的市场需求。企业可以通过线上线下的招聘活动，以及社交媒体等渠道，广泛挖掘跨界人才。在面试过程中，应注重考查应聘者的跨学科能力和适应性，以便为企业带来更多创新和突破。④共建项目团队。为了更好地吸引和引进人才，企业可以与外部合作伙伴共同建立项目团队，通过合作开展数字化项目。这样可以让企业了解到更多外部的数字化技术和方法，同时可以吸引更多优秀人才加入。

（2）引进后的培养和管理

①培训与发展。引进人才后，企业应提供相应的培训和发展机会，帮助他们快速适应新的工作环境和业务模式。培训内容可以包括数字化技术、团队协作、创新思维等，以提升人才的专业能力和综合素质。此外，还可以通过设立内部导师制度等方式，为新员工提供职业指导和支持。②建立有效的激励机制。有效的激励机制能够激发人才的积极性和创造力。企业可以设立合理的薪酬体系，提供具有竞争力的薪资待遇；同时，还可以通过股

权激励、晋升机会等非物质激励手段，增强人才的归属感和忠诚度。③营造良好的企业文化。良好的企业文化能够增强团队的凝聚力，促进人才的成长和发展。企业应注重营造积极向上的企业文化，鼓励创新和团队合作，为人才提供良好的工作氛围和发展空间。

企业人力资源管理数字化转型中的外部引进策略至关重要。通过精准招聘平台的选择、行业领军人物的吸引、跨界人才的挖掘以及共建项目团队，企业能够迅速构建一支数字化人才队伍。同时，引进人才后，企业应注重培训与发展、建立有效的激励机制及营造良好的企业文化，以促进人才的成长和团队的发展。只有这样，企业才能在数字化转型的浪潮中立于不败之地。

2.内部培养

对于企业而言，建立一支具备数字化能力的人才队伍，关键在于培养和引进具有数字素养和技能的人才。而企业内部培养是最为有效的方式之一。具体来说，可以采取以下措施。

（1）数字化人才初级认证。在培养数字化人才初期，可以通过培训、考核等方式，帮助员工了解和掌握基本的数字化知识和技能。这样可以让员工具备一定的数字素养，更好地适应数字化时代的工作需求。

（2）数字化人才中级认证。随着数字化转型的深入推进，企业需要逐步提升员工的数字化能力。为此，可以组织一系列中级认证培训，让员工了解和掌握更为深入的数字化技能和工具。这样可以让员工更好地应对数字化时代的工作挑战。

（3）高管读书会。高管读书会是一种重要的内部培养方式。通过组织高管读书会，可以让企业高层管理人员更加深入地了解数字化转型对企业的影响和挑战，以及数字化时代的管理理念和方法。通过读书会的学习和交流，高管们可以为企业培养一支具备战略眼光和决策能力的数字化人才队伍。

总之，企业人力资源管理数字化转型需要建设一支具备数字化能力的人才队伍。通过内部培养和外部引进相结合的方式，企业可以不断提升人才素质和能力，为企业数字化转型提供有力支撑。在这个过程中，企业需要关注数字化人才的培养和引进，并不断完善人才培养机制和管理体系，以适应数字化时代的发展需求。

（四）推行远程线上办公

1.制定远程办公制度和流程

（1）制度。制度规定哪类员工可以申请远程办公，主要考虑到工作内容是否适合远程办公，比如食堂服务员、车间工人和公司保安等就不适合远程办公；制度规定在申请远程办公之前，员工需要达到满足远程办公条件的标准，如办公环境、涉密权限、网络速度和办公技能等；制度规定远程办公需要在公司云桌面办公 7.5 小时以上；制度规定远程办公人员要填写远程办公成果日报，经理需要对远程办公成果日报进行评定，目的是保证工作产出。

（2）流程。流程图参照现有的出差流程，做了部分修改，具体流程参见下图5-1。申请、审批和考勤时长等要求同出差一致。

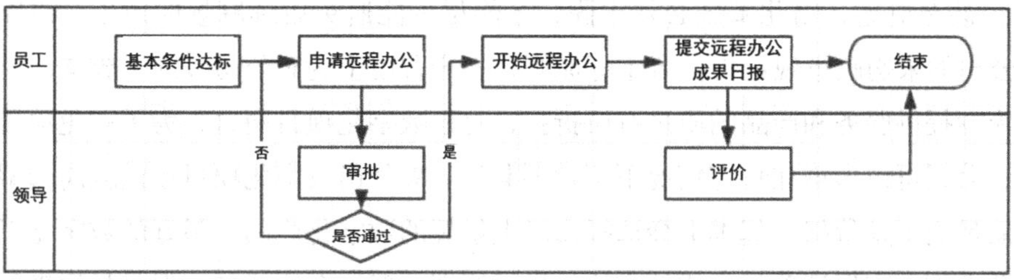

图5-1　远程办公申请流程图

2.搭建远程办公管理系统

为了实现远程办公的标准化操作，推动远程办公管理线上化，使业务固化下来，企业自主研发了远程办公管理系统。系统支持员工“远程办公条件”达标与否的自检测，支持员工“云桌面办公时长”是否达到7.5小时的自查询，支持管理员后台实时管理可申请远程办公人员名单，实时查看远程办公人员工作时长情况，实时查看“网络测速”的达标结果，实时查看“办公环境”的达标情况等。对于特殊情况需要剔除远程办公考核的人员，如休长假人员、需要驻地办公人员和居住公司人员等，可以手工维护剔除状态，并对剔除原因进行说明。

二、保障措施

（一）一把手背书

数字化变革是自上而下的一把手工程，数字化转型项目的推动离不开领导的支持，领导层的数字化思维在变革过程中起到了巨大作用。数字化变革需要整体规划，需要始终坚持中央集权管控，地方协作配合或参照执行。“我不需要你认为，我只需要我认为”这句话看似无理，有悖于我们一贯的管理理念，但是在数字化时代，瞬息万变的市场环境下，这种自上而下的统领，这种坚定的独断专行是很有必要的。

以W公司为例，W公司要求数字化项目在立项之前必须汇报给董事长，通过充分沟通，经董事长认可后才能启动项目。项目在实施过程中，因为拥有董事长背书，会始终获得资源（财力、物力、人力）倾斜，为数字化项目的顺利实施保驾护航。项目完成后，后期的推广使用由董事长办公室督办执行，遇到的变革阻力也会比较少，有利于数字化项目成果落地。

（二）数字化项目质量优先

数字化项目不是一蹴而就的，需要循序渐进不断迭代来完善，可能影响企业未来5~10年，甚至更远，因此基础必须牢固，才能尽可能避免后续麻烦的产生。以W公司为例，W公司的采购政策规定价低者中标原则，一定程度上为W公司节约了成本，但是也会使得供应商提供服务和产品的质量有所折扣，对于数字化项目而言，为了避免项目质量受到影响，公司可以考虑在特定情况下不遵循制度。W公司数字化项目在供应商选型上，更多关注质量而不是价格，基本上会选择市场上最好的数字化产品，最好的数字化工具和最好的团队合作，来保证项目的成功实施，虽然短期看费用有所增加，但是长远来看一定是为W公司节约成本的。

（三）数字化运营常态化

数字化转型不是一蹴而就的，是需要持续投入精力、持续改进优化的。外部环境也好，企业自身也好，是一个动态变化的过程，没有任何法则可以支撑到永远。首先，企业需要保有持续转型的决心，从上到下，始终把数字化转型作为常态化工作来推动。其次，数字化人才建设也是一个持续的过程，数字化技术日新月异，企业需要时刻保持先进性，及时洞察市场变化，使企业立于不败之地。

（四）塑造合作理念

数字化时代的特点，企业之间、企业内部各部门、部门内部业务单元之间不再有清晰的界定，更趋于统一，主体之间的关系更多的是合作共赢，需要倡导平等开放共享共创共赢的理念，构建生态统一体。以W公司为例，W公司通过远程办公飞书工具，实现了社交办公一体化生态圈的建立。W公司人力资源数字化转型，始终秉持合作统一的观点，在实现人力资源数字化的基础上，协同其他业务部门实现业务数字化，最后人力资源和业务完美融合，实现W公司整体的数字化转型。所有的高管都是多面手，不再只专注于自己的业务领域，对W公司整体业务都非常熟悉。数字化的最高境界，作为后台管理的职能部门对于前台的应用部门是无感知存在的，无形中发挥着巨大作用，实现员工无障碍自助服务，解除员工工作外的需求壁垒，释放员工更多精力到业务领域，为W公司的业务增长攻坚克难、持续发力。

第六章　企业人力资源管理问题与对策

第一节　企业绩效管理存在的问题及对策研究

一、国有企业绩效管理现状分析

（一）国有企业绩效管理现状

1.企业充分认识到了绩效管理的重要性

目前，我国的国有企业已经充分认识到绩效管理的重要性，在积极实施和推进科学管理理论的应用，试图通过好的绩效管理方法来调动内部员工积极性，吸引留住优秀员工实现企业战略目标。但也应意识到绩效管理不是放之四海而皆准的管理方法，不能解决企业面临的所有问题。绩效管理要想发挥作用，就需要与企业的其他管理机制相配合，例如，要与企业文化、战略管理进程、产品创新等相匹配。这些都要求根据企业的经营特色、企业文化来设计绩效管理体系，同时建立多元化的绩效考核标准使企业绩效管理落到实处。

2.态度考核成为绩效管理有效补充方式

绩效管理的一个重要目的就是激励员工，提高员工工作积极性，而员工的工作积极性与职业群体的价值观念有很大关系。“80后”“90后”现在已经成为职场的主力军，尤其是新入职场的“90后”，他们的需求与之前的几代人有着较大的差异。“90后”需要更多关怀尊重和认可，因此企业的激励政策也应随之调整。根据众达朴信的调研，大部分企业都已开始关注“90后”员工的职场角色的转化和职业人行为习惯的养成。[①]由此可见，加强对员工工作态度的考核是一种有效的绩效管理办法。但是目前我国大部分企业对这一点

① 堪新民，彭穗香．同行企业的人力资源管理创新 [J]：科学管理研究，2013（2）：27—33.

的关注不够，已经尝试态度考核的企业因操作上的难度，也未能完善这一考核形式。同时国有企业绩效考核系统不完善造成很多经营数据没有得到充分的收集和运用，量化的绩效考核指标的建立遇到很大阻碍，态度考核的出现弥补了这一缺失。

3.KPI考核仍然是绩效管理主流方式

国有企业是特殊经济体制的产物，普遍存在管理效率低下的现象，传统的管理模式带来的“大锅饭”平均主义等人浮于事的现象使得科学的管理体系很难建立起来，而科学的绩效管理的实施又需要一定的管理基础，需要一定水平的管理机制与之匹配，因此在绩效管理工具上，国有企业的选择空间不大。目前KPI依然是国有企业绩效考核的主要工具。企业在应用过程中一般将部门和个人重点工作计划、公司分配季度/月度指标、部门职责与岗位说明书排在前三位，认为这是关键的评价考核指标。虽然其他绩效管理工具例如平衡计分卡、360度考核等在欧美国家已经非常流行，并积累了大量实践经验，成功的案例很多，但在中国企业实施过程中成功的案例较少，这是我国国有企业的特殊性质造成的。国有企业的管理主要还是国家委派的高层管理者负责，很难形成像西方一样的管理体制，因此在绩效考核上就采取了KPI这一评价手段。

4.360度考核应用仍处于实践阶段

360度考核法在我国的企业应用实践中虽然被广泛采用，但根据有关部门的调查，360度考核法的效果一般，认为效果良好的企业并不占大多数。由此可见，虽然360度考核效果不是很明显，但企业在管理实践中还是非常倾向于尝试这种绩效管理模式。这是因为360度绩效考核更加全面地对员工的表现进行考察，并通过考核效果反馈了被评价对象的优点和缺点，达到提高被评价对象个人能力的目的。但人力资源管理者对于360度考核并不十分青睐，主要是因为360度考核在考核过程中流程烦琐，考核结果的处理和考核表格的设计都需要高超的技巧。而且360度考核无法保证客观公正，往往会使员工变得敏感。因此360度考核虽然得到越来越多的管理者青睐，但是离广泛应用仍需要一段时间。

5.绩效管理应用结果越来越广泛

传统的绩效管理主要是与薪酬管理和员工激励联系在一起的。而现在国有企业绩效管理应用已经大大拓宽了范围。绩效越来越多的在实践中是通过奖励的形式作为浮动薪酬从而发挥激励作用。当前越来越多的国有企业开始注重通过绩效管理实现人力资源各个模块与绩效考核结果的对接，例如岗位管理、培训管理、福利管理、团队建设等。这样不仅使绩效管理深入企业管理核心，形成积极向上的管理文化，从而使绩效管理发挥更大的作用，也能够让员工和管理者对绩效管理的指标的形成、完成和修正更加重视并参与其中，形成有效的管理活动。

（二）国企绩效管理面临的问题

1.缺少对绩效管理的全面认识

国有企业虽然引进了绩效管理理论，但目标不是很明确，在绩效管理实施过程中难免会有执行的偏差。例如，对企业制度认识不到位，对绩效管理应该达到的目的不清晰，管理活动无法有的放矢。例如，有些国有企业在绩效管理实施过程中将其简单理解为评估表格，每到评估时点填报即可，忽略了绩效评估只是绩效管理的一部分。绩效管理是一个循环，包括绩效计划、绩效分析、绩效评估和绩效沟通，在这个过程中不仅强调绩效考核，更加强调绩效反馈和改善，从而达到激励员工、改进企业业绩实现企业战略目标的目的。

2.国有企业内部对绩效管理的认可度不高，人力资源地位尴尬

绩效管理不是人力资源部门一个部门的任务，只是人力资源部门执行的一项管理活动。由于绩效管理实施过程中较为复杂，操作烦琐，强调个人和部门责任的承担和成果，这与国有企业“大锅饭”、平均主义的认知相矛盾，因此在国有企业内部，对绩效管理的认可度并不高。企业高层对绩效管理认可度不高，也从一个侧面反映出其对人力资源工作的理解偏差，导致人力资源工作者的重要性得不到认可，从而使得企业人力资源工作难以得到大力发展，难以吸引更多人才和不断提高人力资源管理部门员工的素质和能力。这就决定了很多国有企业的人力资源管理部门很少采用绩效管理方法，在实践中还停留在事务性工作当中，无法进一步展开工作，只是“高级办事员”。无论是工作的权限还是工作的积极性都得不到充分发挥。这种地位和现状决定了人力资源部门在推广和实施绩效管理过程中有很大困难。更有甚者，人力资源部门本身对绩效管理的概念、作用和目标都不清晰，对开展绩效管理工作的流程都不够明确，使得最后的绩效管理工作流于形式，甚至起到反面效用。

3.考核指标与国有企业整体经营指标不匹配

国有企业的经营有其特殊性。国有企业的战略目标往往与国家发展是一致的。国有企业的年度经营目标是由上级管理单位下达，上级主管单位也依据这些经营目标对国有企业进行考核。这就导致国有企业的考核指标和经营指标之间的矛盾和不匹配。绩效考核指标应该具有连续性、完整性和系统性的，在激励员工的同时实现组织目标，但由于国有企业经营目标的特殊性，导致绩效考核管理的实施受到影响。在实践中往往会出现指标确定的随意性和主观性，只是在形式上考核积极性、工作量和工作态度等，难以形成与整体经营成果关联度很大的指标。

4.国有企业绩效考核受企业文化影响主观性太强

目前国有企业对员工的绩效考核采用的是单向评价，也就是由上级主管对员工进行绩效评价，这种形式决定了员工绩效考核的主观性，往往管理者的评价决定了员工的考核结

果。而这种人为的评价很难规避个人的主观感情，很难做出客观公正的评价。

5.考核指标设计重结果轻过程和品质

目前大多国有企业的考核指标都是与财务考核指标相关的，例如利润、销售额、产品合格率，等等，员工的工资与这些量化指标相结合。企业的经营行为是一个复杂的系统，经营结果是一个个细小的经营活动的结果。财务考核的量化指标容易形象具体地形成指标，但往往忽略了不能量化的部分，而且只是关注经营的成果忽略经营过程和长期战略目标。财务指标具有一些不可避免的弊端，往往不能真实地反映经营过程，实现对经营过程的管控。由此可见，绩效考核指标如果只考虑成果指标，轻过程和品质，往往会使得企业和员工只关注短期绩效，使得经营成果和员工行为短期化。

二、国有企业绩效管理改进的政策建议

（一）走出认识误区，基于企业战略建立绩效管理体系

国有企业绩效管理的重要性是不言而喻的，要想解决目前国有企业绩效管理实践中存在的问题，首先就要走出对绩效管理认识的误区，然后根据企业经营实践建立有效的科学的绩效管理体系。

第一，走出认识误区。绩效管理不是人力资源部门或者绩效管理部门的责任，它是涉及企业上上下下的一项管理活动。绩效管理与企业和个人息息相关，应该把绩效管理看成企业整体管理活动的一项工具。企业应充分认识到绩效管理是一个不断闭合的循环过程。它不仅仅是为了绩效考核、发放奖金、升职和薪酬设计，这些只是绩效考核的一部分。而绩效考核又只是绩效管理的一部分。绩效管理是为了通过不断提高企业绩效的管理循环达到实现企业战略目标的目的。在这个过程中，企业的核心能力和员工的个人能力都在不断提高。同时绩效管理不是一个部门的工作，而是企业上上下下共同努力共同参与的管理活动。尤其需要注意的是，任何改革都离不开高层管理的认可和推进，高层管理者在改革中的重要性已经不言而喻，高层的认可和中层的推进很大程度上决定了绩效管理的结果。因此在推行绩效管理过程中一定要关注高层管理者对绩效管理的认可，不然绩效管理最终还是会流于形式，无疾而终。

第二，明确企业战略。绩效管理的最终目的是要实现企业战略目标。可以将企业战略目标层层分解，建立部门和个人的子目标，形成企业的绩效考核体系。

第三，形成战略导向的管理模式。企业以明确战略目标为依托，将企业战略目标和每一个部门、每一个员工的目标结合起来。具体的操作方法为，根据目标管理的流程，将公司的战略目标进行层层分解，形成各个部门和岗位的目标，将员工和部门的绩效目标落到实处，在企业战略目标的基础上，考虑员工个人的能力、发展和工作成果。

第四，提高管理层管理水平，树立正确的绩效管理观念，不断提高员工绩效管理的参与度。企业任何的管理活动都与管理者的管理理念分不开。管理者的素质能力决定了管理活动的效果。推行科学的绩效管理要求管理者首先认识到绩效管理的实质和重要性，管理者本身具有不可推卸的责任，同时在这个过程中要保证员工的高参与性，从而更加有利于绩效管理改革的推行。必须明确的一点是，绩效管理是各级管理者共同的责任，而不是人力资源部门一个部门的任务，也不是人力资源经理的个人管理责任。各部门管理者、各层级管理者对部门和员工绩效有着不可推卸的责任。

（二）以关键绩效指标（KPI）为重点，建立科学、完善的绩效评价体系

影响企业总体目标实现的因素很多，关键绩效指标如何确定才是有效的考核指标。目前KPI考核之所以流于形式是因为指标的有效性和考核过程烦琐。关键绩效指标设定在于关键二字。关键指的是对企业战略目标的实现有着重要影响的问题。考核体系确定后，更加重要的是绩效考核的执行。管理实践往往能够让我们认识到绩效考核执行比绩效考核制度的建立更加关键和困难。

一般来说绩效考核的执行需要注意两方面的问题。一是绩效考核的过程。绩效考核一定要遵循程序和客观的标准去执行，而不是想起什么就做什么，要有完整的绩效计划。二是企业在收集绩效考核数据后对考核结果的应用。绩效考核不仅考察个人和部门的业绩，对企业目标的完成程度，更要与员工的薪酬设计、人员分配、员工培训和职业生涯规划结合。

KPI确定的步骤如下。

第一，通过分析企业的经营环境，找到影响企业成功的影响因素。对于企业来说，目前影响企业成功的关键要素包括企业业务的成长、内部管理的控制和企业竞争优势的建立。尤其关注行业的兼并收购机会。

第二，确定影响较大的KPI考评指标。

第三，对考评指标进行等级分配。

第四，形成企业的KPI考核指标体系。

考核指标确立后要有明确的评价标准。标准的确定以目标管理思想为指导，不能上级下命令，而是通过上下级沟通的形式确定。KPI考核除了量化明确具体、重点突出等特点，更强调指标设计与企业战略目标的结合。在实行新的考核制度中，个人的工作职责和工作目标更加明确，能够有力地促进员工工作态度的端正和工作能力的提高。

（三）建立绩效导向的企业文化

企业文化是企业经过长期经营形成的、所有员工共同认可的价值观念和行为准则，是企业提高凝聚力的重要手段和工具。良好的企业文化对于员工的行为有一定的激励作用，能够将员工行为和企业目标协调一致，形成对员工内心忠诚的管理。要有效地实施绩效管理，一个以绩效管理为核心的企业文化的建设必不可少，只有员工和管理层对绩效考核形成共同的认知、一致的看法，绩效管理才能有效地实施而不是流于形式。高绩效的企业文化往往具备以下特征。

1.公平的绩效考核

企业应营造一个公平的工作环境，赏罚分明，主动沟通、目标清晰、权责分明，鼓励员工积极工作，为员工提供必要的培训和职业生涯规划路径。

2.良性竞争的工作氛围

无论是企业外部还是企业内部，既竞争又合作是这个时代市场的主流选择。良性的竞争环境是员工积极性和工作主动性的保证。对于国有企业员工来说，竞争意识薄弱是一个根深蒂固的现象。如何调动国有企业员工的竞争性，加强绩效管理有助于良性竞争环境的建立，消除人浮于事的现象是绩效管理重要的研究内容。

3.工作丰富化和主动责任承担

根据双因素理论，工作本身是具有激励效果的。工作丰富化有利于调动员工工作积极性，提高员工的工作能力。主动承担责任也是员工工作成熟度不断提高的标志。这些都是企业战略目标实现的重要表现。

以绩效为导向的企业文化本质上是使企业的使命和宗旨以及经营理念更加直观、形象具体地展现在职工面前，让员工接受并认可这些理念，并在工作的过程中有所体现。企业管理通过绩效管理的流程将企业文化不断强化。

（四）建立完善的绩效管理体系

国有企业绩效管理存在的问题，无论是共性问题还是单独企业面临的具体问题，不胜枚举，形式各异。之所以会存在这样的现象，还是因为现有的企业在管理过程中并未建立完善的绩效管理体系。因此，建立完善的绩效管理体系非常重要。绩效管理是一个循环闭环，主要流程如下。

1.绩效计划

计划是企业管理活动的开始，是企业经营行为评价的依据。绩效管理体系的第一步就是绩效计划。绩效计划是指通过各部门管理者与员工共同讨论制定各个部门和员工在考核期内应该完成的业绩的过程。绩效计划要体现个人绩效和部门绩效乃至企业目标之间的联系，整个过程是企业总体目标分解为个人目标和部门目标的过程，是每个员工每个部门通过个人努力完成工作内容实现企业短期目标及长期目标的过程。绩效计划制定的依据就是明确绩效管理的目标。一般来讲，企业管理目标的设定遵循的是 SMART 原则，S（specific）指的是目标在设定时应该尽量明确具体，不可过于浮夸、模糊和有歧义；M（measurable）是指目标在设定过程中应尽量可衡量，易于评价，例如，KPI 的设定一般都要求具体的可衡量指标，财务评价指标等；A（attainable）是指目标的设定不应该是员工不经过努力就可以达到的，既具有一定的挑战性又有一定的可实现性；R（relevant）是指目标在设定时要有一定的相关性，相互影响、互成体系，而非独立；T（time-bound）是指目标在设定过程中要注意规定目标完成的时间。

2.绩效辅导

绩效辅导，顾名思义就是指各级主管在绩效实施的过程中，通过持续的绩效沟通不断帮助员工改进绩效和提升工作能力，最终实现绩效目标的过程。此项工作从流程上是绩效管理的中间环节，是整个绩效管理工作中时间比较长的一项任务，是管理者和员工不断沟通共同协作完成组织目标的过程。沟通效果的好坏是绩效管理成功的关键因素。绩效辅导与目前倡导的教练式管理模式是一种非常相似的管理理念。这种管理方式要求管理者既要能够指挥员工完成任务，还要能够指导员工完成工作。这个过程强调员工与管理人员的合作和员工的主动参与，是一个相互合作完成战略目标的过程。

3.绩效考核

绩效考核阶段是考评部门根据绩效计划确立的绩效考核的目标体系和考核表对各个部门和员工进行考核，收集数据，对员工考核期内的行为表现进行评价。绩效考核需要注意考核指标的严谨和全面，考核的标准要清晰客观，能够体现工作绩效，还要注意绩效考核的过程要公开公正透明，有严格的监督控制环节，有反馈渠道。

4.绩效反馈

绩效反馈在目前国有企业绩效管理实施过程中是存在较大问题的环节之一。大部分国有企业在绩效反馈和应用上效果还是不错的，除了能够将绩效考核的结果告知员工，还能够根据绩效考核情况对员工进行培训和职业晋升，但同时可以看出很多企业的绩效考核有欠公平和申诉无门。出现问题时，没有反馈的渠道，员工对此积怨已深。针对这一问题，建议这些企业建立绩效考核申诉部门，完善沟通渠道。人力资源部门制定规范的《员工考核结果申诉表》，如果普通员工对绩效考核结果存在不同的看法，有问题需要反映的员工填写相关表格后，向人力资源部门进行反馈和沟通。人力资源部门在接到员工填写的申诉表之后，须在五个工作日内组织相关人员进行审查和审核，得到审核结果后，将处理意见和结果反馈给申诉者。

5.绩效改进

绩效改进是绩效管理非常重要的一环，也是目前在绩效管理实践中最容易被忽视的一个环节。传统的绩效考核的目的是通过对员工的工作业绩进行评估，将评估结果作为确定员工薪酬、奖惩、晋升或降级的标准。这也是目前比较常见的绩效管理工作的最终环节。而随着绩效管理理论和实践的不断发展，现代绩效管理更强调战略目标实现和员工在这个过程中个人能力的提升和发展。企业在绩效考核成果的应用已经不再局限为薪酬管理，更强调根据绩效考核的结果针对员工进行绩效改进，有针对性地根据考核结果对个人的职业生涯进行规划。绩效改进是一个企业与个人目标共同发展的过程，在企业绩效管理中发挥着越来越重要的作用。

（五）实施科学绩效管理的保障

绩效管理体系的设计与企业的基础管理水平息息相关。高水平的基础管理会使得绩效管理在组织和实施尚有较大的选择空间和发展空间，也是绩效管理得以有效实施的保障。为了有效建立科学的绩效管理体系，本书提出以下的政策建议。

1.提高基础管理的水平

国有企业应完善日常管理，在管理的各个环节体现绩效管理思想。以某公司的销售费用报销为例。销售部门的管理费用是一个很大的难题，业务员经常各地出差，有大量的个人费用产生，甚至有办事处出现业务员报销费用比业务提成更高的现象。为了规避这一问题，建议该公司做出规定，将业务人员的费用报销率与销售任务完成率结合起来考核。

2.提高人力资源管理部门的业务水平

一个组织要有效地实施绩效管理，人力资源部门的重要地位不言而喻。人力资源部门是绩效管理的发起者、组织者、设计师、执行者，不仅要对整个的绩效管理工作进行整体规划，也要对各个执行细节进行明确具体的说明。甚至在绩效考核结束后与各个部门进行沟通进行绩效改进。

3.提高企业信息化水平

随着互联网技术的突飞猛进，互联网技术的应用在人们的生活中发挥着越来越重要的作用，在企业的管理中也变得越来越重要。首先，信息化的管理有利于消除人的主观因素对绩效考核结果的影响，保证绩效考核结果的公平和公正。国有企业自身的特点和特殊性决定了信息化更有利于解决应对这些弊端。其次，还可以节省大量的人力物力和财力，节约企业的资源。例如，信息系统避免了人为的干扰，隐私性较强。员工在打分过程中压力不大，可以自由地按照个人真实意愿去进行评价。再次，信息化还可以避免在绩效考核过程中大量的不合规格的评价信息，如果出现不符合评价的标准和要求，系统会拒绝提交或者进行提示。

总之，绩效管理不是一个一成不变的固定的模式和流程，它是一个管理思想管理哲学的体现，是一个动态适应环境变化的管理过程。无论是国有企业还是私营企业，在实施绩效管理的过程中都不能照搬欧美国家的经验和模式。我国的文化特点和市场环境较国外还有较大的差异，任何管理方式和方法都应与国家和地区的文化相结合才能产生巨大的生产力。在学习先进管理经验的过程中，国有企业更应该思考我国的国情和企业的实际情况，探索和思考自身面临的具体问题和企业自身的特色，从改变经营观念着手，形成对绩效管理的整体认识，结合企业的具体情况，建立科学有效的绩效管理体系，不断提升企业的核心竞争力，保证企业的长久发展。

第二节　企业人力资源管理中的薪酬激励制度

一、我国国有企业薪酬管理现状

（一）国有企业薪酬管理背景

国有企业是指资本全部或主要由国家投入，依法设立从事生产经营活动的组织体。它通常是指国有独资企业，有时也把由国家控股的公司也称为国有企业。在现代企业制度中，我们发现对于人力资源的管理是非常重要的，人力资源的管理是否成功常常会直接决定企业的经营成果的好坏。一个企业想要在残酷的市场竞争中取得优势，那么首要的就必须做好人力资源的管理。对于人力资源的重视是对知识经济的肯定。当前我国的国有企业属于经济发展的重要支柱，因此，对它的人力资源的管理是非常重要的。但是现阶段，我国的国有企业薪酬管理工作还有不小的差距，存在一定的问题。人力资源没有做好，就没有办法发挥好企业职工的工作积极性，不能吸引更多优秀人才，国有企业的薪酬管理水平亟待提高。所以，对我国国有企业薪酬管理的研究就显得尤为重要。

（二）国有企业的薪酬管理模式

薪酬管理模式，就是将企业的薪酬管理做成一种可以参照的模式的标准。我们都知道。凡是称之为模式的，就意味着是可以通用的，对于任何一个企业都是有参照意义的。薪酬是由很多方面的因素构成的。就拿工资来说，简单的工资就可以分为很多种，有基本工资、绩效工资、工龄工资等很多划分。每个企业由于自身的特点，都有独特的薪酬管理模式。但是我们可以简单地总结几种基本的薪酬管理模式，岗位薪酬模式、绩效薪酬管理模式、技能薪酬管理模式、市场薪酬管理模式。这几种模式不是孤立的，任何一个企业都可以在结合自身特点后，结合一种或者几种基本的薪酬管理模式去设计公司内部薪酬管理制度。

虽然在实际操作中，很少有企业会完全参照一种或几种薪酬管理模式，都会有所选择和取舍。但是我们要明白，任何公司的薪酬管理模式，都应该以员工为主要考虑对象。对于不同的员工要采取不同的薪酬计算模式，但是前提必须是公平的。无论哪种薪酬模式，都会考虑市场因素。对多数国有企业来说，以岗位为主，适当考虑工龄，并加大绩效付酬的比例，是比较适合的薪酬模式。

（三）国有企业薪酬激励主要问题及影响

国有企业一直是我国国民经济的支柱性企业，其发展与我国的经济发展是息息相关的，国有企业的效益问题关系到国民大众。国有企业得到良好的发展，是利国利民，可以促进社会的发展、人民的就业以及生活水平的提升，而且对于保证国家宏观经济的发展也有作用。但是当前，我国的国有企业发展态势并不良好，面临残酷的竞争，使我国国有企业面临亏损的现状，全国范围内的亏损面增大。国有企业薪酬激励方面存在的主要问题如如下。

1.薪酬激励机制不合理

国有企业的薪酬管理倾向平均，体现不出员工价值的差别。国有企业内部的一般员工的薪酬水平平呈现平均化的局面，在国有企业之间，行业之间、薪酬水平的差距是非常大的，我们可以看到两极分化现象非常严重。国有企业内部并没有对人力资源管理给予很高的重视，所以一些国有企业的员工常常会跳槽，造成国有企业人力资源的流失。

2.薪酬缺乏竞争性

首先，国有企业薪酬制度缺乏对外竞争性。我国国有企业的收入比较低，所以很多的人力资源都逐渐流向非公有制的企业。往往会出现国有企业为非公有制企业免费培养人才的现象。国有企业该如何才能留住员工呢？这要求我国的国有企业必须做好人力资源的管理工作。首先要做到的就是在薪酬方面的提升，相比同行业或者区域内，保证薪酬水平处于平均线的水平之上。高薪不得不说是留住人才的一个最有效的方式。

其次，国有企业薪酬制度缺乏对内公平性。国有企业内部薪酬水平的两极分化现象严重，往往是管理阶级的管理水平屡创新高，但是职工的工作水平一直处于一个较低的位置。激励的前提是公平，如果连最基础的公平都做不好，就不能谈及激励一说了。

3.缺乏科学严格有效的薪酬考核制度

目前，有些国有企业缺乏科学严格有效的薪酬考核制度，对于职工的薪酬考核仅仅停留在经验判读上，具有很强的主观随意性。往往是领导的一句话就决定了员工的薪酬考核水平，并没有将国有企业员工的生产效率水平与薪酬结合起来，没有通过有效的薪酬制度去进行严格的考核，这样一来薪酬水平一定是不公平、失之偏颇的。所以，我国的国有企业目前看到最重要的就是建立科学严格有效的薪酬考核制度。

二、完善国有企业薪酬激励的对策

薪酬管理对于企业来说是一把“双刃剑”。企业的激励体系建设涉及企业全体员工的切身利益，优良的激励体系既能调动员工的积极性和创造性，又能积极促进企业效益的提高和国民经济的发展。

（一）引入新的薪酬体系原则

当前国有企业在薪酬激励方面存在诸多问题，对外毫无任何吸引人才的诱因，对内无法有效激励员工的工作积极性，造成大批优秀员工流失。因此，为解决这一问题，引进新的薪酬体系，建立良好有效地吸引人才、留住人才的薪酬体系显得尤为重要。

1.建立规范的奖励体系，形成激励机制

在建立薪酬体系时应充分体现公平性原则、物质激励与精神激励相结合的原则及薪酬与绩效挂钩的原则。在传统等级薪酬结构下，员工的薪酬跟职务挂钩，跟能力无关。新的薪酬机制改革则要求我们除了注重基本能力的培养，还应建立与技术能力相关的长效激励机制，促进员工之间的良性竞争，提升员工的积极性和工作效率。通过资源共享和合作实现企业和个人的互利共赢。

国有企业更应跟上时代步伐，深入研究薪酬体制改革的原则和要求，制定适合自己公司的奖励体系，利用相应的系统进行定岗和岗位评价，根据员工的能力合理分配岗位，实施竞聘上岗，依据表现情况及时调整薪资水平。

2.掌握薪资的内部公平与外部公平

所有企业都必须严整薪酬制度。薪酬的多少直接决定了员工的收益，所以工作团队的建立很大程度上取决于薪酬体系的合理化。薪酬体系的合理化体现在结果、程序、交流、信息的合理化，以及对内、外两个部分和个人这两个方面进行研究。内部公平体现在相同的员工相同的实力及相同的工作积极性，其薪资待遇相同。只有这样才能使员工的积极性得以提升，把员工价值发挥到最大化，让员工切身感受到来自企业的福利。外部公平体现在把企业员工放在外界同行业同职位下，其薪资待遇不会低于同行业水平，这样员工就不会产生消极的抵抗情绪，使得员工置身于企业发展中，为企业的发展尽最大能力。个人公平性是指公司内同类工作之间薪酬的公平性，个人的劳动付出与所得薪酬之间的公平性以及个人原来、目前和未来期望薪酬之间的公平性。

3.丰富福利与保障体系，增加其灵活性、新颖性

福利是薪酬制度中不可缺少的一部分，它表达了对员工的关心和重视。在当今开放的市场和投资环境下，面对激烈的国内外竞争，为吸引和留住优秀人才，必须建立多层次的员工福利和保障体系。可以分为三个部分：一是任何人都能享受到的核心福利保障；二是员工在一定条件下才能享受的补充福利保障；三是员工可自由选择的弹性福利保障。这种保障制度的灵活性和新颖性可以适应各个层次、不同条件员工的需要，可以充分调动员工的积极性，提高工作效率，留住人才，增强员工的归属感。

4.薪酬设计要科学化

薪酬设计要遵循一定的原则，如认可性、公平性、竞争性、激励性、经济性、合法性和完整性等，用科学的方法制定出最有效的薪酬方案，同时将员工的利益和企业的发展目标紧密结合在一起。[①]薪酬设计首先要进行职位分析，明确各部门职能和职位关系，接着进行职位评价，确保内部公平和外部公平，建立统一的职位评估标准；进行薪酬调查，一定要参考劳动力市场，尤其是与本公司具有竞争关系的企业的薪酬水平，获得调查数据；通过分析调查数据，根据企业状况进行薪酬定位，分析影响公司发展的内部因素和外部因素，主要从包括国家的宏观经济、通货膨胀，行业特点和竞争、人才供应状况，以及工作人员的素质、人才稀缺度、招聘难度等方面综合考量；接下来进行薪酬结构设计，主要从职位等级、个人技能、资历、个人绩效三个层面进行考虑，具体岗位具体分析。最后根据薪酬设计的运用情况，进行适时调整和修改。

（二）建立新的薪酬管理制度

1.按业绩定酬

按业绩定酬能够调动员工的积极性，充分体现新的薪酬机制的优越性。根据员工业绩高低进行定酬，主要从员工劳动成果、工作效率、任务量完成度等方面进行分析，实现多劳多得，少劳少得。促进员工的个人发展，为企业培养更多专业技术人才。

2.让员工参与薪酬的设计

薪酬是与员工息息相关的。因此，在薪酬改革中，员工也应该具有话语权，只有员工参与进来，薪酬制度才会照顾到每一个员工。而目前很多企业没有意识到员工参与薪酬改革的重要性，与员工沟通较少。但如果与员工之间能建立合理充分的沟通渠道，则会使员工更加容易理解和接受企业出台的政策，而且万一出现问题，也可以较快地得到反馈并解决。薪酬制度在一定程度上的公开可以使管理层与员工相互交流意图，员工对于薪酬的设想和期望能被政策制定者了解，从而真正成为薪酬设计的重要考虑因素；而开放相关的薪

① 王仁祥．论中小企业薪酬设计的原则 [J]. 企业管理，2005（1）：150–151.

酬信息，使员工了解薪酬制度和计薪标准等内容，便于判断自身绩效与所获奖金之间的关系。这种开放式的制度将更容易获得员工的支持和信任。

3.在企业中引入宽带薪酬体系

根据岗位、技术及职能的不同，薪酬体系主要包含管理、专业技术、技能、辅助。而每个职般又根据每个细节如员工技术、技能水平等从而划分为不同的岗位等级。这些划分方式导致不同岗位工资的差异，从而使工资分配具有灵活性，促使员工技术及技能的提升，也提高他们对职级晋升的渴望。除此之外，每个职级的薪酬均由职级底薪及浮动薪酬组成。职级底薪主要由固定工资部分构成，包括岗位、技能工资及年工资等。浮动薪酬主要与工作绩效挂钩，包括奖金、津贴及其他鼓励性报酬，且职级越高，浮动薪酬所占比重应越大。宽带薪酬体系使员工的工资结构不再单一，不仅仅与职位挂钩，只要努力，实现高薪收入的可能性大大增加，这就大大提高了员工工作的积极性和创造性。

（三）创造新的薪酬激励环境

1.采取灵活的薪酬发放形式

良好的薪酬体制可以提高员工的工作积极性，提高员工的生活质量，扩大员工的交际范围。当前企业的薪酬主要采用公开和秘密两种发放方式。

薪酬的公开发放是顺应时代潮流的需要，公开透明的发放方式可以使每个员工更容易了解自己的薪资结构、岗位的重要性，与其他员工进行对比，从而主动学习，提高自己的能力，同时节约企业的成本。但它也会产生一些不良影响，会导致某些员工产生自满情绪，觉得自己很有能力，容易低估他人，引发冲突，这就要求引入秘密发放模式。

秘密薪酬模式是对薪酬公开模式的补充，也正好相反，它是指薪酬的决策、分配、发放过程均不公开。这种模式可以减少员工之间的不公平感，避免工资差异而引发冲突，但它会弱化激励作用，加大员工的心理压力，对自己的工资耿耿于怀，影响工作效率。因此，薪酬管理是很复杂的事情，要考虑诸多因素的影响，选择什么样的薪资发放方法，主要取决于公司的实际情况和想要达到的效果，具体问题具体分析。例如联想企业，薪资发放方式为保密制，在事实发放时却是秘密与公开两种形式的兼容，具体体现在员工个人薪资的秘密化，薪酬结构与薪酬准则却是公开化的，考核机制也是非常健全的，有着先进、公正的考核工具。由此可以看出，这两种制度的结合可以使员工积极性得到提升，同时体现出企业的公平性。

2.加强企业文化建设

企业管理理念和文化倾向与薪酬体系息息相关。企业文化是一个企业的灵魂，而决定这个企业长足发展的关键除了企业文化，最重要的就是薪酬制度。因为，薪酬制度是以人为核心的。而中国传统文化及按均分配体制严重影响了部分国有企业的薪资结构和薪酬模式，从而制约着企业的发展。个人观念上很难接受待遇上的差别，实施的难度可想而知。

所以目前工作的重中之重就是企业文化建设工作，建立具有激励作用的薪酬体系。因为，完善的企业文化环境和合理的激励体制，能够使员工具有归属感和成就感。价值观和使命感的创造一定要建立在员工的利益之上，这样才能促进企业整体效益的增长，才能有效推动组织变革以及建立良好的企业文化氛围。

第三节　企业人力资源招聘和培训管理体系

一、人力资源招聘和培训管理体系理论概述

（一）人力资源招聘的基础理论

1.人力资源招聘的含义

人力资源招聘是由人力资源需求及求职者信息采集分析匹配等过程所组成，企业针对自身的实践状况，来进行满足企业人力资源需要的招聘过程。同一企业根据不同职位及不同岗位的招聘过程大不相同，这就需要企业对招聘行为进行适当的细化和区分以满足差异化的人才需求。除此之外，企业要根据自身发展状况，了解外部环境状况和市场背景，并使得其为企业发展作出重要的贡献，以此来完成企业发展目标。

关于“招聘”一词，人力资源管理做出了以下介绍：人力资源招聘是企业为了实现自身组织或岗位目标而通过各种渠道招揽人才的方式，招聘是建立在企业的岗位要求及发展规划的基础之上，通过一系列科学方法对应聘者进行筛选考核，进而得到符合企业岗位要求人才的全过程。

2.人力资源招聘的渠道

（1）内部招聘

最常见的人力资源招聘渠道是企业内部的岗位晋升以及人员调动。通常做法是企业的人力资源主管部门统计企业内部的空缺职位，随后发布相关的内部人才调动及需求启事，并附上任职要求。企业内部的相关人员可以进行了解或者竞争，同时能够推荐其他合适的人选来应聘对应的岗位。但是在整个内部推荐应聘的时候，招聘企业就要保持内部推荐招聘信息的公平性，只有公平才会有人大力推荐优秀人才前来应聘，这样才能保证内部推荐的有效性，所有的评选及竞争过程要信息公开、透明化。只有这样，才能尽可能地吸引一些有能力的人才，才能发挥人力资源的主观能动性。此外，企业也可以从内部人才信息库

中选择合适的人员作为考核评选对象。

（2）外部招聘

外部招聘的方式有很多种，最常见的招聘载体有报纸、杂志、城市广告等。目前，大部分国有企业的外部招聘主要采用互联网发布的渠道，这样信息覆盖面广、辐射范围大、有效率高；而校园招聘，主要是通过高校的渠道，招聘一批具有潜力的大学生作为企业日后的储备人才，可以利用校园内部宣传力量对招聘就业信息进行扩散传播，举办相关的招聘就业宣讲会来实现企业和高校学生的对接招聘。

3.企业招聘的基本流程

人力资源招聘可以分为四个步骤：招募、筛选、录用、评估。招募有人员招聘计划制订、信息编辑发布管理、统计申请简历等；筛选是依据企业的招聘需求对投递简历的人员进行初步的判断筛选及后期的正式考核、面试等；录用是对已经筛选出的合格人员进行入职培训、手续办理、发布正式录用函等；评估是对企业整个招聘效果以及招聘人员质量的评估。因此，招聘不仅是一项复杂性的人力资源筛选工作，还是一种人才匹配的过程。① 同时，由人事部来管理在招聘过程中的传统人事管理、员工招聘的决策和事实。而且，用人部门仅仅负责制定人力资源规划和招聘计划，发布招聘信息，准备申请表，对人事部门招聘来的人员组织考试及其具体工作安排，几乎处于被动地位。从现代人力资源的管理和开发来说，要求员工招聘决策与实施由人力资源部与用人单位共同负责。

关于工作分析、最低合格标准资料，要求所有部门的人事计划与企业战略计划完全一样。对应聘者进行面试，并参照人事部收集的资料，对应聘进行科学全面的评估考核后选出最佳人选。

（二）人力资源培训的基础理论

1.人力资源培训的概念

培训的基本职能就是基于企业战略并根据企业内外部形势，对员工传授必要的知识，使员工能够融入企业并完成本职工作。随着企业之间的竞争不断加剧，就要定期对企业内部的员工进行综合能力的提升，主要采取培训的方式，培训的主要内容应该包括员工自身所需要的专业技能、需要注重和提升的员工职业道德、个人综合能力等，使得企业员工不断适应内部业务和外部环境的变化。随着人力资源管理理论的不断发展，对企业培训又提出了更进一步的要求，即培训在满足员工工作实际的基础上，同时兼顾员工对培训的诉求。企业应该帮助员工做好个人职业生涯规划，实现企业和员工的共同发展，协同成长。员工培训的实施者一般是企业，由企业组织，选定优秀的老师或者员工对其他全体员

① 张丽云．人力资源管理 [M]. 北京：中国经济出版社，2010.

工就专业技能、管理才能、风险意识、道德素质、业务拓展、心理辅导等方面进行专业化的讲授。培训对象依据课程的等级一般分为初级培训、中级培训、高级培训。

2.人力资源培训的特点

（1）具有针对实用性

企业的培训是为了提高员工的综合能力，通过培训提高他们的组织绩效。因此，企业的人力资源培训就要基于企业的发展状况、企业的组织要求、企业的外部环境等因素实事求是地制定具有针对性和能够产生绩效的课程。因此，培训课程大多是能够针对本企业所面临的问题，具有鲜明的针对性、实用性，能够帮助企业解决所面临的问题。

（2）方式多元化

人力资源培训的重点就是要针对不同员工的不同需求制定不同的培训课程及培训方式。因此，在培训方式上通常有讲授、实践、互动、网络教学、经验分享、考试等形式，多样化的培训方式能够满足不同人群及不同培训课程的需求，也能及时做出调整，做到真正的理论与实践相结合。

（3）培训对象多元化

企业的员工在学历、专业、任职年限、岗位、价值观、特长等方面存在较大的差异性，这就使得人力资源培训对象的特点出现了多元化。所以，企业的人力资源培训就要依据不同人群的特征实施多元化的培训方式和培训重点。

（4）培训速成性

大多数企业的人力资源培训都是为了解决眼前企业所面临的问题，培训课程以专业技能为主，这就使得很多培训课程成为员工培训某种技能的速成班。随着企业竞争的不断加剧，员工培训成为企业解决眼前问题的有效渠道，希望通过培训能够从根本上激发人力资源的潜能。

3.人力资源培训的内容

（1）入职培训

该类型的培训主要是协助新员工快速了解公司业务、企业文化、降低员工陌生感，让员工快速融入公司。此外，企业的行为规范、制度考勤标准、个人发展规划等基本内容也是新员工入职培训的重点。入职培训从整体上来说就是快速地实现员工适应企业。

（2）企业文化培训

要想成为一个优秀的员工，首先就要对企业的基本文化和战略目标有了解，让员工把企业当成自己的家一样来看待，让他们从心底产生一种精神寄托感，进而塑造一个良好的工作氛围，这样能够促使员工拥有良好的工作态度和行为方式。

（3）团队精神培训

企业除了要重视个人能力的培训，更要注重员工的团队合作能力的培训。企业是一个整体，任何绩效目标都是在多人的协同下完成的，企业对团队精神的培训就是要提高员工的团队意识、提高他们的集体感及协调能力。

（4）商务礼仪培训

商务礼仪是一个优秀的员工必备的言行表现，加强商务礼仪的培训能够提高员工的个人素质，也能为企业自身奠定良好外在形象，为实现企业的优质发展奠定一定的精神基础。

二、国有企业人力资源招聘和培训管理体系的现状

（一）国有企业人力资源招聘体系

1.企业人力资源招聘现状

我国国有企业的招聘现状：要么是有些求职者经验、能力不足，要么是有的企业招聘人才的意愿很坚定，但是就是难以获取合适的人才，很少有求职者和招聘者一拍即合的情况。这种状态不仅造成企业人力、财力和物力资源的极大浪费，还突出地形成了企业的“招工难”现象。

2.企业人力资源招聘中存在的问题

招聘和甄选期间常有的现象是企业招不到人；企业招来的人不符合该企业提供的岗位；企业留不住人才。这些常见问题主要体现在下面几个方面。

（1）招聘计划不合理

这种情况的发生主要原因是公司领导不够重视员工的招聘，管理人员招聘管理知识有限，以及人力资源的开发存在较大问题。从公司整体战略规划来看，招聘活动并不是基于人力资源战略规划所产生的招聘计划，而是在企业内部有一些短期的职位空缺，或者是领导点头之后才开始实施招聘。因此，企业需对人力资源部门的中上层管理人员进行专业培训，增强他们人员管理和企业管理的能力。

（2）在招聘之前没有具体的工作分析与岗位研究

没有做好招聘的基础性工作就去招聘，招聘人员只能用假想的情况，没有具体的参照标准就去招募候选人，对应聘者的疑问无法给予详细阐释，更不能告诉他们具体的工作事宜，这样就会在招聘者心中形成一种“不靠谱”的企业形象。公司对后期应聘的人员没有筛选的基础，人员的招聘单单根据面试官的主观印象来选取，这对企业来说是很不负责任的表现，也让一些高素质、高水准的优秀候选人对企业产生负面影响。只有根据组织发布的研究结论和工作分析，制定工作规范，对招聘岗位有一个全面深入的了解，面试官在招聘时才能有具体的择取标准。

（3）渠道选择不当的招聘

当一个企业对人才有迫切需求时，一些公司的HR没有将内部和外部统一，没有整体的规划，就对外部展开招聘，这样的招聘会造成企业招聘毫无目的性。所有企业有用人需求的时候，首先应该将企业内部和外部的情况加以权衡之后再进行招聘。可以将公司内部的人力资源作为考虑的前提，因为对于内部人员来说，企业文化、规章制度、工作流程等各个环节，内部员工都有相对的了解，所掌握的技能也是成熟的，可以为公司节省一大笔培训费用。重点是，对企业内部员工也有很好的激励作用。尤其是中高层管理人员和重要岗位的技术人员有需求时，可以首先考虑从内部的人员进行调配或者提升，在筛选不到符合条件的工作人员的条件下，再考虑外部招聘。总之，招聘必须考虑整体统一的内部和外部资源，要有合适的招聘渠道，使得内部和外部的资源得到充分开发。

（4）没有考虑到员工的正常流动，没有进行适当的人才储备工作

如果企业在人才情况出现紧张状况时才去招募人员，成绩会很不理想。对于企业来说，人才流动是比较常见的现象，企业不可能一直都不缺人才，如果没有考虑人才缺失这个问题，在人员出现较大变故时公司就会措手不及，公司正常业务就会受到很大影响。因此，人力资源管理过程中要做好人力资源规划必须考虑“人才储备”，要有可以及时补充的人才。

（5）招聘人员能力欠佳

有些人总是觉得他们在招聘位置上，是主导者，有优越心理，狂妄自大，目中无人，觉得自己就是施舍者，对于前来应聘的人，不太尊重甚至是苛刻对待，这也导致人们对这样的企业敬畏有余，好感全无，企业怎么会招到好的人才呢？另一种常见的“武大郎”现象也是时有发生，大部分面试官在招聘的时候，想的是个人利益，招聘的都是能力不如自己的人，这样在以后的升迁角逐中，自己就可以占有绝对优势，对自己的未来前景不构成威胁。此外，在招聘过程中，招聘者大多会潜意识地陷入这样那样的误区，在陷入这些误区之后，对于招聘的效果则会大打折扣。因此，招聘人员在招聘期间应尽可能地避开这些误区：首因效应、刻板印象的影响；归属效应、近因效应、自我优越的想法；选择性看人的态度。所以，在招聘开始之前就要对参与招聘的人员进行些招聘技能和心理素质上的培训辅导，保证他们的招聘技巧，避免因个人主观因素而影响招聘效果。

（6）招聘过程中的组织不当，缺乏结构化、系统性的面试

在对几十年的研究调查中发现，结构化面试是对候选人未来工作绩效的全部预测方法中最为直接有效的方法之一。结构化面试指的就是，在面试之前，招聘者就先规划好招聘时要问的问题，准备好职位能力所要求的清单及相对应的问题，在面试过程中，程序化地按照清单中的问题来提问，以此判断候选人是否够格，能否胜任该岗位。这就需要认真对问题进行精心设计，要保证其针对性，尽管问的时候别人会很难回答或是感觉不舒服，但

是这对招聘者来说，能够掌握充分主导权，对整个局面也有一个较好的控制，可以更好地选择该公司所需的人才。

（7）招聘过程中太过轻信应聘者，决定过于草率

人们在生活中，虽然很多时候都很“精明”，有着适当的“疑心病”，但是在招聘期间，还是有很多人对应聘者提供的信息轻易相信，并没有深入追究面试者的简历或者语言的矛盾及虚假性，所以也就不会想到很多应聘者在面试过程中会有意无意地歪曲或捏造事实，或是夸大成就，或是掩盖过失，以及回避相关问题等，造成很多企业在没有摸清应聘者身份背景的情况下就草率录用人选，对他们的过去概不知情。有的招聘负责人单凭对员工的第一印象，就将之招聘到公司，入职之后才发现，其对应聘的岗位完全不能胜任，对公司的利益造成了很大损失。因此对于通过面试的候选人应该在其入职之前，有一个简要合法的背景调查，摸清楚应聘者之前的工作能力、口碑好坏等。只有知己知彼，才能百战百胜，对公司的利益也有一个有效的保障。

3.国有企业人力资源“招聘难”的原因

这种困难重重的局面有一部分是其内部管理造成的。对于招聘工作，很多普通企业都存在以下的缺点或不足。

（1）管理体制不健全

国有企业的正常运转主要依托于科学合理的管理制度，而大型的国有企业对管理体制的要求更高。但是目前我国大部分国有企业在管理制度上存在着严重不足，例如管理架构庞大、人员结构混乱、绩效考核不严谨、科学化的管理制度落实不到位等。但是，管理制度要依托于员工的执行，所以，再好的制度都要依托在良好的人才上才能得到较好的执行。但是目前一些国有企业没有一个比较科学完善的管理人才引进计划，不管是在社会招聘上还是在校园招聘上都缺乏明确的人才引进计划。

（2）岗位描述不清晰

从目前大多数国有企业所发布的岗位要求细则来看，国有企业在招聘人才时候未能将岗位要求描述得足够清晰。尽管提出了人员的基本学历、专业要求，但是在具体的软性素质特别是心理素质、个人道德素质要求上没有做出明确的规定。此外，一些企业的招聘岗位要求也过于简单，不能让求职者很好地了解岗位要求。

（3）人才标准不明确

一些国有企业对一些岗位的认识不够，在制定岗位要求书的时候不够明确、缺乏细致，这使得人才的招聘标准不明确。尽管国有企业在四处招聘有效的人才，但自身的各个岗位要求缺乏明确的任职标准，使得很多求职者不清楚国有企业需要什么样的人才。

（4）人才评价标准不完善

很多国有企业在人才的测评上都不够精细化、往往只是通过一些比较简单的心理测试

或者比较陈旧的试卷填写的方式来进行。现代化的人力资源测评工具很多，其准确性及科学性都是已经被社会接受，但是国有企业在这方面的意识不够，还是沿用传统的人才评价标准。这就使得很多国有企业的人才录用标准不完善，招聘不到合适员工。

（二）企业人力资源培训管理体系

1.国有企业人力资源培训管理的现状

目前我国的国有企业人力资源培训管理现状主要从以下三个方面分析。

（1）培训支持

培训支持主要是硬件设置以及培训教材、培训视频、培训工具等。但是根据我国目前大多数培训机构的硬件情况，存在教室过于简单、设备不够完善先进等问题。很多机构在最初设计的时候并不是专门为了企业的培训而购置设备，这就使得很多国有企业找不到专业齐全的培训地点和培训教室。此外，一些培训机构营业面积很小，基本的食堂、寝室等配置都不能满足培训需求，难以实现大规模人群的集体培训。而国有企业的培训需求是比较大的，往往一次培训都是大规模的人群参与，这就使得很多国有企业的培训面临着没有合适培训地点和培训设备的局面。进而使得培训计划受到严重的阻碍，培训效果达不到要求。

（2）培训课程

企业培训主要是为了帮助员工提升自我综合能力，解决企业问题。而目前大部分国有企业的培训除了基本技能培训，大多数是思想教育和廉政作风及工作汇总。这样的培训课程对很多员工而言没有太大意义，加之各个员工的特征差异性，这就要求培训课程尽可能地实现多元化的设置以满足不同学员的要求。这就需要在培训课程上要紧跟时代，依据企业的实际状况及员工的培训需求制定合理的、具有差异性的培训课程。

（3）讲师队伍

国有企业的培训讲师以高校教授、行业专家、先进个人为主。但是目前培训讲师大多精通于理论研究，对实际教学缺乏一定的实践基础。这就使得很多培训教师专注理论教学，忽视了对实践经验的教学。间接造成参加培训的学员大多数处于比较浮躁的状态，对于培训没有认真积极地投入，严重影响了培训的课堂纪律和培训的效果。所以，对于培训教师而言，首先要具有一定的理论知识，只有理论知识丰富了，才能以一种系统的视角讲授。其次就是要具备一定的实践经验基础，这样才能进一步地补充理论，为员工传达实际的经验，采取理论与实际相结合的方式才能更好地保证培训效果。

2.国有企业人力资源培训管理存在的问题

我国企业的人力资源培训管理体系中存在一些问题，具体主要表现为以下几个方面。

（1）缺乏完善的培训计划

培训计划是对整个培训过程的规划，是对人力资源培训的方式、对象、主体、目标的明确纲要。培训计划的好坏直接影响培训效果。但是现在大多数国有企业尚未建立比较科学合理的培训计划，很多培训也仅仅是领导临时安排或者迎合时代需求，或者为解决眼前问题，对人力资源的培训缺乏比较长久的计划安排。

（2）经费扶持不够

国外相关权威机构表明：员工培训的投入产出比为1∶50。西方国家往往会拿出企业经营额的1%～5%或工资总额的8%～10%用作员工的培训经费，并且培训经费还处于不断提高的状态。但是我国国有企业在企业员工培训上的经费投入并不高，尽管1981年国务院出台了《关于加强职工教育工作的决定》，明确要求企业必须每年要拿出企业员工工资总额的1.5%左右当作企业员工的培训费用，但是大多数国有企业均未执行落地，大部分培训经费都被企业挪作他用。南京大学赵曙明研究发现，我国国有企业在人力资源培训上仅仅是象征性的投入，其中大约三成的员工培训费用在10元左右，大约两成的员工培训费用是30元左右。

（3）参与培训人数少

国外的企业非常注重对员工的培训，他们认为对员工的培训就是对企业长期无形的人力资源投资。所以，国外企业基本是每个员工都能依据自身的情况参加自己想去的培训。但是在我国企业中，员工进入企业后很少有接受培训的机会，高端的培训更为稀少。根据一些权威机构的统计，大约有50%的员工在职业生涯中只有一两次培训的机会，只有不到25%的员工具有较多次数的培训机会。从这里就不难看出，我国国有企业的培训覆盖面非常小，还处于低水平状态。

（4）缺乏对培训结果的考核

西方企业在人力资源培训之前会对培训进行详细的规划，培训后配备了完善的跟踪评价机制，培训结果直接影响员工的绩效考核和工资调整，因而培训往往能够达到预期的效果。而我国国有企业的培训方式单一，内容重复，缺乏对培训结果的评估和考核，使得培训没有真正发挥应有的作用。

3.国有企业培训管理存在问题的原因分析

（1）企业管理制度

体制性问题在我国当前国有经济体系中存在不少。这些问题将影响到国有企业的发展，制约人力资源培训工作的开展和有效发挥。国有经济体制问题造成国有企业人力资源培训工作滞后，主要是我国还处于经济缓慢发展的阶段，国有企业在产权改革上正处于完善期，一些在产权上的问题还没有出现较为满意的解决方案，同时国有资产管理方面问题有待处理。

（2）管理基础和方法有待提高

科学合理的管理制度是企业培训的前提。曾湘泉教授曾指出，中国企业没有管理平台及管理的基础设施，这点与发达国家企业相差巨大。我国大部分国有企业在人事改革上还不够完善，这就导致这些企业在人力资源管理制度上存在很多弊端。此外，专业管理人才的缺失及企业对应的管理机构的缺乏都导致了国有企业的管理基础比较薄弱。

（3）培训方法有待提高

人力资源的培训需要建立符合企业要求、员工特性的培训体系。要在培训内容、技术、方法和手段上多下功夫，有效地提升员工的培训积极性，开设一些有创新性和落地性的培训课程。但在这方面企业存在先天不足。20世纪80年代，现代人力资源培训才开始传入中国，而我国国有企业的改革也是近几年才开始，国有企业的招聘及培训体系尚未成熟，缺乏一些对培训和招聘比较精通的专业人才，职业生涯规划和人力资源管理体系更是没有高素质的人才。

三、国有企业人力资源招聘与培训管理体系的完善

在企业发展的过程中，它所赖以生存的市场也同时发生变化。为了应对这些变化，实现下一年的人力资源计划，企业对员工会有相应的要求。当前，其社会化和市场化程度日益加深，对人员补充方面的作用突出。企业的发展可能会受到招聘人员综合素质不足和没有实践经验的不利影响。企业在招聘工作中面临的最大挑战是找到适合人才、提高招聘的人才质量，降低员工流失率。因此，在选拔人员时需要从企业发展角度看待应聘者，同时考虑员工的长久发展和灵活的人员流动。

（一）国有企业人力资源招聘体系的完善

1.健全和规范企业招聘管理制度

要保证企业人力资源招聘工作顺利开展，这就需要人力资源管理部门明确地知晓招聘的目的、招聘的流程、招聘的要求、招聘的方式、招聘的细则等。招聘工作不可缺少的是需求分析、信息发布、甄选识别应聘者、录用和办理正式入职手续，以下对其简要分析。

首先，在需求分析部分，要根据企业各个部门及岗位所处的环境以及岗位任职要求将招聘岗位进行划分。

其次，在正式开启招聘工作之后，对于有空缺的岗位要及时和部门的负责人进行沟通协调，要求该部门委派一名人员作为专业的招聘考官参与招聘工作，邀请相关部门和研发部门领导参与员工招聘，强化部门在招聘中的角色。

最后，在员工正式录用阶段，需要上报企业管理层，由企业高层管理者给出最终决策意见。一般情况下，高层管理者对企业的发展战略较为了解，由他们决定是否录用更具科

学性。

2.完善人力资源规划与招聘策略

企业的人力资源招聘应该具有低成本、高效率、实用性高、能够为企业创造效益等特点。所以，企业在具备的招聘甄选工作中要完善招聘策略，要多利用现代化的互联网渠道，在宣传上要提高就业信息的曝光度，提升更多人对企业就业信息的关注程度。特别是在面对不同层级的人员招聘，要采取不同方式提高企业的招聘效率：在校园招聘中，企业可以使用校园宣传，通过宣讲会的方式进行集中面试，提高招聘效率和招聘质量；在社会高级人才招聘上，可以采取竞争甄选的方式，这样能够实现企业招聘的低成本高效益。

3. 全面提升招聘工作人员的综合素质

招聘工作主要是由一线招聘人员来参与负责的，所以要想保证招聘工作的质量就要对参与招聘工作的人员进行必要的培训。通过培训，招聘人员才更清楚地知道企业需要什么样的人，需要什么类型的人，应聘者的能力和素质和岗位的要求是否匹配，对于内部人员主动进行应聘的人员，以此为基础通过面试加以录用。这样才能提高招聘的效率和质量。

以此为基础，对公司选择的人员，进行相应的个人素质、修养及知识层次的培训，达使其到全面发展的要求。

（二）国有企业人力资源招聘体系的完善

1.加大培训经费的投入，营造良好培训环境

企业应该认真落实国家关于职工教育培训经费提取标准的规定，严格按照职工工资总额的1.5%计提培训经费，保证培训的经费来源。此外，企业应该运用各种途径和方式向职工宣传企业的人才培训制度、职业准入制度及评优奖励制度，在广大职工中营造良好的教育培训环境，形成尊重知识、尊重人才的浓厚氛围。

2.设置培训机构，组建内部培训队伍

国有企业应该成立专门的员工培训机构，负责安排企业员工的培训。培训机构在人力资源部门的管理下运作，组织企业员工进行定期或不定期的培训。内部培训师队伍是企业发展强有力的支持，不仅促进了企业员工知识的共享，而且能够增强企业员工培训的可持续性。企业的人力资源部门根据需要制订内部培训师的学历、职称等任职条件，从企业内部员工中选拔。通过试讲的方式，由专门的评审委员会评选出合适的内部培训师，聘任为不同等级的培训师并发放证书。在内部培训师的选择上，应该注重来源的多元化，并给予一定的物质奖励。可以说，建设一支高水平的内部培训师对于提高企业人才队伍的质量和促进人力资源开发培训都起着不可估量的作用。

3.构建完善的员工培训体系

首先，建立企业的培训文化。培训的真正效果体现在员工能够在工作中反复运用学习

的行为，这就要求员工的上级领导不断督促和提醒员工，将培训所学习到的知识运用到工作中，使得每一个员工肩负企业培训的责任。

其次，建立培训需求评估系统。分析企业的培训需求是制定培训工作规划的重中之重，培训工作规划是关于是否进行员工培训、如何进行培训的计划。企业培训的管理者在分析和确定培训的时候需要从企业层面、工作层面和员工个人层面三个方面进行。在企业层面，主要是寻找企业存在的问题及其产生的原因和解决问题的有效办法；在工作层面，主要是分析工作的具体内容、工作标准、完成工作所需要的知识和技能、如何提高工作绩效等，工作层面的分析是设置培训课程的重要资料，需要有丰富工作经验的员工参与其中；在员工个人层面，主要是分析员工个人与工作需要之间的差距，从而确定培训的人选和培训的内容。

再次，建立培训课程更新体系。事物都是不断变化发展的，企业的发展也是日新月异，培训是为了提升员工的工作水平和能力以更好地为企业服务，因而企业的培训课程也需求及时更新，适应企业的发展。企业应该根据自身的特点建立全方面、立体化的培训课程体系，分别从教育发展培训、管理技能培训、职能部门培训等几个方面设立培训课程体系，并不定期地更新课程体系和培训内容。

最后，建立一支高素质的讲师培训队伍，加强对培训工作的运营管理。成功的企业培训离不开强有力的培训队伍，通过选择优秀的培训师，对其进行必要的考核与培训，以及配套的评估与反馈都是必不可少的重要工作。只有完善对培训讲师队伍的管理才能保证培训师资力量的可持续发展。此外，人力资源部门作为培训工作的组织管理者，必须完善对培训管理的工作流程，从而加强对培训工作的有效管理。

4.重视高端人才的培养

企业的高端人才对于企业长远发展、维持长久的市场竞争力起着不可或缺的作用，因而企业应当注重对这些高级智能人才的培养。通过思维引导，注重培养他们的思维能力、判断能力和创新能力，进而提高创造力。

第七章　企业人力资源战略性培训

第一节　企业战略性人力资源培训的理论依托

一、资源基础理论

（一）资源基础理论的内涵

资源基础理论的基本思想是将所进行研究的对象看成资源的集合体，并将研究对象的各项资源内部化处理，从而找到保证研究对象在竞争中处于优势地位和不断成长壮大的主要资源，在此基础上合理分配已有资源，从而达到保证研究对象在竞争中处于优势地位和长远发展的理论。资源基础理论已经发展成为当今企业进行战略规划和资源配置的主要理论依据，也在管理学和经济学的理论中占有重要席位，实用性很强。资源基础理论为企业制定合理的战略规划以在市场竞争中保持优势地位和持续成长提供了一个可行的依据，将资源分配的主动权赋予了企业本身，是现在十分流行的战略管理方法。其优点主要在于能够将企业的所有资源内化，帮助企业迅速找到优势资源，从而合理制定发展战略；其缺点主要在于对企业外部环境的考虑相对不足。

（二）资源基础理论下的战略人力资源管理优势

通过利用资源基础理论，企业可以与战略人力资源管理相结合，进而将人力资源管理实现系统化，这可以将人力资源管理的优势发挥到最大。企业要想在市场上获得竞争优势就必须科学进行战略人力资源管理。①

① 王丹．资源基础视角下战略人力资源管理理论综述 [J]．人才资源开发，2017（12）：223-224.

与传统环境资源基础理论下的战略人力资源管理不同，资源基础理论下的战略人力资源管理更注重个体的差异性，采用结构化管理研究方法研究各个不同的管理模块组成的人力资源管理系统，不容易被模仿复制，这就很好地保持了企业的独特竞争优势。资源基础理论强调人力资源管理对企业整体战略目标制定的影响，企业应根据人才的个体差异，制定相对应的人力资源管理策略，如为企业的核心员工提供丰厚的薪酬和优质的福利待遇，由此可以保证企业核心人员的稳定性，防止优秀人才的流失，也能吸引人才的加入。

二、人力资本理论

（一）人力资本理论的内涵

人力资本理论认为，个体的受教育水平与个体工作效率呈正相关，给予各个教育程度的个体分级别的工资待遇，反映了个人教育投资要付出的成本补偿，而个人收入增加与分配差距的缩小是由于人们教育水平的提高，是人力资本投资的结果。不同地区、不同时期已经有大量研究证明，得到高层次教育的人可以获得更丰厚的收入，失业可能性减小，且可以得到更好的工作。

西奥多·舒尔茨（Theodore W. Schultz）是人力资本研究的开拓者，他首先清晰地提出了自己的论断。先前的论断指出发展经济有赖物资和工人数目的增长，但舒尔茨认为人的学问、本领的进步更有利于经济发展。舒尔茨的观点包含以下几点：第一，人力资本是经过教育和培训投资构成的资本；第二，人力资本存量确实是影响收入的关键变量，与个人收入呈正相关，即相比于土地，人的能力更是作用于贫穷与富有；[①]第三，人力资本在获取回报时应该与其他资本相同。

丹尼森（Denison）指出，有教养的人拥有更多的经济核算的本领，这类才能是社会发展的源泉。他的主要论断是分析人力资本变量的影响。[②]丹尼森从1929—1959年的美国经济增长中，判断其中的23%源于教育发展的研究结论，[③]以此把教育看作经济进步的主要缘由。

贝克尔（Beckel）在《人力资本》一书中叙述了人力资本投资的形式、回报，提出人力资本是由人力投资产生的资本，是否进行人力资本投资，内部投资回报率起决定性作用。他以效用最大化为起点，研究人力资本问题，由人力资本判断其普及性，建立了存在于收入和人力资本的关联，得出人力资本投资的研究方法。[④]

① 舒尔茨，著．吴珠华，译．论人力资本投资 [M]. 北京：北京经济学院出版社，1990.
② 李振铎，井春尧．人力资本理论的形成与发展 [J]. 税务与经济，2004（6）：33—35.
③ 卢鹤，柴文佳．人力资笔者献综述 [J]. 企业导报，2011（10）：197—198.
④ 贝克尔．人类行为的经济分析 [M]. 上海：上海人民出版社，1995.

另外，罗默（Roemer）、卢卡（Luca）等都从不同角度上拓展了人力资本理论。尤其在20世纪80年代后，新经济增长理论蓬勃兴起，其以数学为基础，创建以人力资本为主旨的模型，将其作为内生的变化变量。从人力资本的角度来看，它揭露了经济增长的根本原因。新经济增长模型从关注正常技术和人力资源，转变为重视特别技能，继而令人力资本的研究比起以往更加具体和方便计量，这在某种程度上发扬了人力资本理论，也令人们能正确认识人力资本在经济增长中的作用。①

（二）人力资本理论对人力资源管理的启示

人力资本理论表明，可以通过人力资源管理实践进行人力资本的投资，将培训提升到战略的高度，将培训看作一种投资行为，而不仅仅是成本。结合其他措施，如科学合理的绩效考核，完善的激励机制，也可以通过工作丰富化等手段来激发员工的技能，提升素质，使人力资源真正转化为人力资本，使战略性人力资源管理实践成为扩充和增强人力资本的有效手段，为组织的发展增值，提高组织的利润和效益。

三、一般系统理论

（一）一般系统理论的内涵

一般系统理论作为系统理论集群中第一阶段的典型理论，是指由个人以及与之相关联的环境因素组成的系统，同时认为系统构成的各个部分之间相互联结，并形成一个具有秩序的稳定模式。社会工作中的一般系统理论观点是20世纪40—50年代在管理学和心理学中发展起来的，由冯·贝塔朗菲（L.von Bertalanffy，1971）进行了全面阐述。这一生物学理论主张所有的机体都是系统，各个系统由不同的亚系统组成并相应地是更大系统的一部分。因此，人也是系统的一部分，主要由流通系统和细胞构成，它们由原子构成，而相应地，原子由更小的质子、粒子构成。②

这一理论被应用于团体、家庭和社会等社会系统及生物系统，关注在一定的界限之内的有关整体和部分之间的交换关系及融合状况，系统而又全面地对问题做出考察和研究。

1983年，格里夫（Grief）和林奇（Lynch）提出了关于一般系统理论的处理、系统运作方式及我们如何改变它们的一整套概念。这套概念系统的重点在于解释系统如何运作以及我们如何改变它们：输入（input）——是指能量跨过边界进入系统内部；转化（throughput）——能量在系统中如何被吸收利用，又可以称为转化；输出（output）——透过系统边界，能量从系统中穿越出来对所在环境产生影响；反馈环路（feedback

① 孙婧．人力资本、人力资本结构对地区经济增长的影响[J]．商业时代，2013（36）：117—118.
② 傅芳萍．系统理论在我国社区工作中的应用[J]．学理论，2013（10）：98-99，127.

loops）——信息和能量传递至输出所影响的系统或环境之中，以显示输出的结果；熵/混乱（entropy）——系统利用自身的能量维持运行的趋势，如果没有得到外界能量输入，系统将会耗尽能量，最后消亡。①

（二）一般系统理论对人力资源管理的启示

一般系统理论将人力资源管理放在组织整体体系下来看，在企业整体运营的组合系统中，人力资源管理被当作是其中的一个分支系统，支持企业整体系统的运作。其中，有效的管理才能包括才能获取、使用、维持和剔除。有效的管理行为包括行为控制和配合等，以有效的管理行为配合企业整体系统的运行，帮助企业对人力资源所包含的才能价值进行最大限度的开发。在系统的运作和管理中，人力资源管理的作用突出，通过人力资源管理具体活动，对人才进行甄选、培养和使用，获取和使用人力资源的才能和能力，帮助企业提升效益。

第二节　战略性人力资源培训计划的制订

培训计划是以企业战略为起点，在系统、全面的培训需求分析前提之下对培训具体内容和安排做出的预先系统设定。制订培训计划就是将培训需求分析的结果和培训目标细化，制订出切实可行的操作方案，合理地安排课程内容、讲师、培训方式、教材资料、场地和时间等，使之能够具体地执行，促进培训发挥最大价值。

一、战略性人力资源培训计划制订的内容

培训计划制订是一个系统性工程，要从企业实际情况出发，根据企业战略，考虑企业发展不同时期的目标要求和人才能力素质要求，根据企业的资源禀赋和员工能力水平，结合企业未来人才需求和培养的预先性，在培训需求分析的基础上，在企业的资源和结构框架之内，制定出系统性和科学合理的培训活动方案，实施培训项目。具体包括以下几个方面：确定培训目标、制定培训内容、选择培训方式、设计课程、确认时间、培训计划的调整方式，等等。

① 季钦．系统视角下社会工作实习督导模式的探讨 [J]. 社会工作下半月（理论），2010（2）：15–17.

（一）确定培训的目标和预期成果

培训目标主要是确定培训想要达到什么效果，在培训需求分析的前提下，明确培训需求，确定培训目标。培训目标是选择培训方式和制定课程内容的重要依据，也是培训之后进行效果评估最重要的标准。同时，在明确的培训目标的指引下，有助于培训师和受训者集中精力，有目的性地参与和完成培训，将培训导向成功。培训目标要与企业战略和目标绩效相配合，循序渐进地、有步骤地推进培训目标的制定和完成。①

（二）确定培训内容

培训内容的确定与受训人员的特点和需求是相互匹配、相互联系的，要充分分析和考虑受训人员的情况，包括技能情况、学习能力、绩效现状等，根据培训对象的特点和需求分析得出存在差距的原因，选择培训内容，同时确定通过培训想要培训对象在此过程中要达成的理想效果是怎样的。在企业战略发展的要求下，培训内容的设计尽可能符合员工需求，以员工需求的内容、感兴趣的方式、对工作的实用性来确定培训内容，设计培训课程。相关负责人和管理人员要对培训内容进行考察审核，以保证培训内容的正确性和实用性。

（三）培训方式的确定

依据培训内容和受训人员的类型决定选择何种教学方式最能使受训人员感兴趣和接受，最能发挥培训的成效和价值性。培训方式是受训者最直接接触和直观感受到的，因此培训方式最直接地影响到受训者对培训的喜好程度，也有助于受训者做好受训的准备，积极投入培训当中。培训方式通过分析受训人员情况和确定培训内容后进行选择。

在选择培训方式时，综合考虑企业发展战略、人员素质状况和成本等因素，选择合适的培训方式，以发挥培训的价值，达到支持战略实现的目的。在新的战略背景和发展形势下，培训方式应灵活多样，灵活地选择和应用，要根据不同的培训目标和培训课程准确选择最为适合的方法。在传统的讲师讲课之外，结合具体情况，采取案例研究法、行动学习法、网上学习方法等与实践结合更为密切的方法，不断推广新兴网上学习平台的应用，使培训方式切合不同受训者的需要，提高受训者的主动性和自主学习能力，培养员工的创新思维和工作中解决问题的能力，实现企业战略发展对员工多方面的素质要求。

（四）确定培训讲师

培训讲师是配合企业分析战略目标要求，安排适合企业战略发展需要的培训项目，具

---

① 仲洁．新时期企业人力资源培训创新模式研究 [J]. 劳动保障世界，2019（33）：7，9.

体实施培训项目的人员，他们的授课水平直接影响到培训的成效，进而对企业战略具有重要影响。培训讲师是依据企业战略需求，参照培训内容和培训方式确定的。培训讲师有内部培训讲师和外部培训讲师，内部培训讲师通常是从企业内部选出的精通企业业务和技术的专职或辅助培训师，通常是资深的管理者和技术专家。内部培训师利用内部培训的机会和优势，根据战略目标的分解和预期效果，结合各部门、各层次人员的实际情况，有针对性地制订实施各项培训计划，一方面他们熟悉企业运行情况，另一方面他们通过培训传递企业文化、学习氛围和价值观，将企业战略始终融入培训活动当中，提高战略的有效执行和战略的实现。外部讲师源于专门的培训机构或权威学者，具备高超的培训方法和丰富的培训经验，在培训方法的选择和培训课程的设计上更专业、更具实用性和针对性。企业应按照企业战略的发展要求，选择合适的外部培训机构，从专业角度对中高层管理人员等进行培训和提升。

（五）培训时间、地点的确定

培训时间的安排应得当。一方面，依据绩效差距情况，避免过早或过晚的培训安排。如果培训太超前，根据学习的记忆曲线，可能影响培训成果的记忆和应用。如果培训太滞后，则不利于绩效的及时调整提高，跟不上企业战略发展的要求，就会失去培训开展的价值性。另一方面，在具体培训项目的时间安排上，要尽量不影响正常的工作，减少员工因参加培训而造成的机会成本。

（六）培训预算管理

培训预算是一段时间内用于组织培训活动的全部费用。培训预算必须依据企业总体战略和培训战略目标来制定，并且严格执行，各项培训活动切实在预算控制之内运行，加强培训预算的控制和约束作用。培训预算有利于资源和资金的有效充分利用，又将培训管理活动的工作定量化，是培训计划实施和控制的重要依据和衡量标准。

由主管培训的人力资源部门根据培训目标和培训内容仔细计算此次培训周期内培训经费及管理费用，要清楚地陈述组织对培训部门的投资会获得多大的收益，以证明费用的有效性和合理性，以此来获得高层领导的支持。注意参考上一培训周期中资金预算的使用情况，为本周期培训预算的制定和执行提供依据。确定出预算后，可在此基础上留一些弹性的调节空间，以应对培训进展过程中的变化和问题。培训预算包括直接培训费用和间接培训费用，直接培训费用包括培训项目实施费用和方案管理费用，其中培训项目实施费用是培训经费的主要费用组成，是指每个具体培训活动详细的成本，如场地成本、器材费用、资料费、讲师工资等费用。间接培训费用包括受训者的工资、受训人员参加培训的机会成本和在岗位培训中的生产力浪费。预算方案确定之后，要加强对预算执行跟踪和控制，负责人要及时掌握和反映预算实施情况，同时结合实际情况和培训进展，制定相关的应变方案，遇到特殊情况时，对预算进行调整和修订，以达到理想的目标，配合企业战略的实现。

培训组织与后勤保障工作中，要明确培训的负责人，这有利于培训工作在负责人的协调和统筹安排下顺利开展，使培训教师和受训人员在遇到问题时，能帮助他们及时解决问题，保证培训活动高水平、高效率地完成。

二、不同类型人力资源的培训与开发（以制造业为例）

（一）中高层管理者的培训与开发

培训目标和重点：使中高层管理者的管理知识、管理理念、管理手段与时俱进，以新的管理模式带领企业开拓新的发展空间，提升他们的战略规划和战略执行能力，带动企业上下形成学习和竞争的氛围，以此保证企业的经营业绩不断提升，促进战略目标的实现。培训侧重宏观和战略方面，提升其经营理念、企业集团化发展、战略规划和战略决策能力、投资决策能力、管理水平。

培训方式和培训周期：对中高层管理者的培训是一项长期的工程，根据中高层管理者的工作性质，对他们的培训有以下几种方式。

1.以年度为周期组建中高层管理者培训班

这是最主要的培训方式，将中高层管理者组织起来，以培训班的形式，系统学习各种新的管理知识。对高层管理者的培训内容包括战略规划和企业经营、企业组织管理、资本运营、战略管理、运筹管理、企业文化建设、系统思维和创新能力，等等。适用于中层管理者的培训内容突出经营管理基本理论与实际应用的培训及业务方面的培训，提高他们的业务攻关能力，提升计划组织协作能力、沟通技巧、执行能力等，学会贯彻和执行高层管理者的战略目标。[①]其中创新能力的培训目的是打破中高层管理者一些旧有的固定的管理模式，通过培训，激发他们打破成规、开拓新思路，使其在创造性地进行管理工作的同时，能够带动整个企业形成创新的氛围和行动。培训讲师应选择合适的专业的培训机构和培训讲师，这样有助于打破固有思维，有利于新理念流入和创新思维的产生。在具体的培训方式上，采用课堂学习、案例研究、行动学习等方法相结合，使培训更贴近实际，也便于培训结束后培训成果的应用和转化。

2.不定期的短期适应性培训

短期适应性培训主要是在国家或上级集团单位出台新的政策法规时，组织相关的中高

① 梁伟．浅谈我国企业人力资源培训与开发管理[J].中外企业家，2019（31）：85-86.

层管理者一起学习与讨论新方针政策，讨论与确定如何将新的政策落实到实践中。

3.进修学习的方式

进修学习是企业与高校合作，分期选拔部分中高层管理者去高校接受专业的MBA培训课程。

（二）高端技术人才的培训与开发

培训目标：使高端技术人才学习前沿技术，提升技术研发能力，保持技术创新能力，能够在实际工作中攻克技术难题，不断创新，发明更多的专利，保持企业的核心技术，维持技术方面的竞争优势。

高端技术人才的培训重点和培训方式如下。

1.技术专题研讨会

组织高端技术人才参加技术专题研讨会或是专业技术交流会，学习行业内最近的技术发展动态和新理论。让高端技术人才随时关注行业内相关技术的新动态和发展趋势，了解前沿技术，掌握前沿技术。同时通过技术交流会，激发他们在技术方面的新灵感、新思路、新方法，也有利于提升他们的创新能力。

2.课堂学习

课堂学习包括技术讲座、技术专家授课、专业技术培训，等等。在当前的经济发展背景下，技术迅速发展，产品和服务更新换代速度快，专业知识和技术不断完善。作为企业重要的战略性人力资源，必须及时学习更新的技术和知识。通过这样一些培训方式，提升高端技术人才对新知识和技术、新设备的学习和应用。

3.与高校合作深造学习

企业不断攻克技术难题、保持持续的创新能力和核心竞争力是极其重要的。高校是技术研发和技术创新的重要来源，通过与高校合作，与高校一起研究和解决专业技术课题，并将部分高端技术人才送入高校学习深造，加强对他们技术研发能力的培训和技术难题解决能力的培训与开发。

4.网络学习

E-learning是一种网络学习的新方式，通过网络建立学习平台，配备完备的学习库资源。对于高端技术人才来说，扎实掌握专业知识是进行技术研发和技术创新的重要基础。根据高端技术人才的工作性质特点，可以采用网络培训方式来进行专业知识的培训与学习。企业根据战略发展的需要，结合当前最近技术发展情况，开发出相应的专业知识和前沿知识的课程内容，放到网络平台上供员工选择和学习，受训人员可以自主灵活地选择培训课程和培训时间进行学习。这种新兴的网络学习方式，增加了员工接受培训的机会，提高了培训的灵活度，灵活选择时间和培训内容的方式大大提高了员工学习的积极性，提高了培训效果。

（三）高级技能人才的培训与开发

培训目标：通过培训，使高级技能人才掌握行业和产业内最新发展动态，提升其创新能力，以及技能等级和水平，促进企业装备制造水平不断升级优化，促进企业经营业绩的提升。

1.课堂学习

通过课堂教授、专家授课和技术讲座等方式，对高端技能人才进行新知识、新技能、新工艺、新操作的培训与开发，使他们掌握和更新技能和工艺方法。在实际工作中，高技能人才的操作对象是制造设备，设备的正常高效运转是企业获得效益的重要保障，熟悉和学习制造设备的发展动态方面的理论知识，了解设备的运行特点，为实际操作做好理论基础，才能使高级技能人员将专业技能转化为实际设备的操作，为企业创造价值。

2.专业技能研讨会和交流会

通过这种方式，对高端技能人员进行技能创新能力的激发和学习，促使他们在技能方面不断创新和突破。

3.现场操作

高级技能人员掌握了技能方面和设备运行方面的理论知识和基础，应用于实际操作才能真正创造价值，通过聘请专业技能领域或设备操作方面的专家到企业进行现场操作的培训，使企业的高级技能人才在实际工作中进一步提升操作技能，提高生产效率。

（四）后备管理人才的培训与开发

培训目标：充分挖掘后备管理人才的潜能，提高后备管理人才的综合素质和管理能力，为企业的发展提供充足的人才储备。

对后备管理人才的培训采用以年度为周期组建培训班工作机构，由企业的人力资源部门负责，班主任具体操作，运用常态化的方式长期管理和运行。培训内容包括各种管理知识、管理策略和管理模式。

在培训师的选择上，由于企业战略发展的需要，基于公司目前管理层的水平，培训讲师由内外部培训讲师结合，二者互补，组成完备的培训师资。在内部挑选在某一领域内理论知识、技术水平和工作经验丰富的管理者或自身技术专家作为内部培训师，比如各部门的经理和核心技术专家。在培训之前要让其进行相关授课方法的学习，提高他们的开发课程能力和讲授能力，同时选择合适的外部培训讲师。培训师与企业管理层共同根据战略发展要求和实际绩效状况，确定培训课程，由企业人力资源部门协调安排培训的具体时间和地点。

在具体的操作方面，明确规定企业人力资源部门和班主任的工作职责。

总公司人力资源部：①编制培训方案、培训通知报相关领导审批，培训报名工作；②听取班主任的工作汇报，监控培训班的日常运作，保证培训班有序地开展；③组织员工素质测评；④培训过程中相关培训费用的审批；⑤其他相关工作。

班主任的职责：①统筹安排开学典礼、毕业典礼等相关活动的组织工作；②负责观察学员的日常表现，完成学员考勤、作业完成情况的汇总统计，并及时向相关领导汇报；③负责与培训教师的沟通，完成培训课程满意度调查；④负责培训费用的报销；⑤其他相关工作。

第三节　战略性人力资源培训计划的实施

一、战略性人力资源培训与开发的实施与控制

培训实施阶段是培训系统的主要部分，根据培训需求分析确定的培训目标和培训方案，推进培训活动的开展，并进行实时监控和监督，对培训实施进程中出现的意外状况和问题及时纠正和解决，保证培训活动顺利开展下去。培训活动顺利实施，对培训计划的落地和培训目标的实现具有决定性的影响。

按照制订好的培训计划和流程，安排好培训场地，准备好培训设备，下发培训时间通知等事宜，开始具体实施培训。每一次培训要明确学习重点，做好培训效果预期，在培训中做好记录，在学习过程中注意收集问题和意见，以此完善培训安排，优化培训计划，做好与各方面人员的协调工作，促使培训活动顺利开展。

在培训进行的过程中，企业要做好以下的管理工作和控制工作。

（一）培训工作的分配事宜

培训活动的开展和实施涉及多方面的事务和安排，需要将工作进行统筹安排。安排好相关具体细分工作的负责人，解决培训中的突发状况和问题。在工作的具体分配中，根据下列要求详细安排：具体细分工作分配到个人，事事有人管；做好时间规划安排，制定明确的工作标准；对可能发生的意外情况做出准备，不拖延进度。

培训项目的主要负责部门为企业人力资源部门，由人力资源部部长统筹安排，由人力资源部门培训主管负责培训细节的落实。公司大型培训项目实行培训班工作机构，确定培

训班的班主任，配合培训讲师负责培训中具体学习活动的开展，配合人力资源部门完成好培训。

（二）培训出勤制度管理

企业制定相应的规章规定与出勤制度，考察员工在培训中的态度和表现，制定《培训纪律管理办法》，保证培训的参与度和出勤率，并将受训人员的培训表现和积极性与奖惩措施挂钩，以此来促使员工认真完成培训，并为之后的考核和培训评估提供信息根据。

（三）培训实施过程中的纠偏工作

做好培训过程的监控和纠偏工作，及时与学员和培训师做好沟通工作，共同保障培训活动顺利进行。配合相关的激励制度和措施激发员工对待培训的积极态度和主动行为，配合培训讲师完成培训项目，避免培训流于形式。在培训过程中，可能会出现一些问题，比如受训人员反映对培训讲师不满意或者发现培训内容设置不合理等情况，这时候就要及时进行调整，与培训讲师沟通，或者调整培训课程内容，以保证培训项目始终以战略目标为中心，保证培训项目的有效性。①

二、战略性人力资源培训与开发的培训效果评估

培训效果是指员工个人和企业通过培训最后得到的价值和收益。培训效果评估是全面收集有关培训活动各项信息，然后对信息进行分析，评价培训的效果和培训目标的达成度，归纳经验和不足，对之后的培训提供改善建议，找到新的培训需求并为未来的培训活动做参考，推动培训工作不断深入。培训效果评估是检验培训对战略支持作用的重要手段，评估时要分析员工在接受完培训后其工作行为或素质有没有改进，这些改进是不是参与培训的结果，这些改进是否能有效地支持企业战略目标的落地。培训效果评估是培训流程的最后步骤之一，很多企业培训活动效果不佳的原因之一就是缺少了对培训效果的评估这一环节的实施，使员工个人和企业都看不到培训的有效性和价值，难以引起员工和企业对培训的重视和参加培训活动的积极性，导致形成恶性循环。

通过对培训效果的分析和评估，获得培训的效果信息，与预期的培训目标进行比较判断，以此来评判此培训项目的可行性和实用性，决定此项目是否应该继续推进。及时发现该培训项目的不足之处并适时调整，评估结果也为未来的培训活动和培训完善提供了建议和方向性指导。对企业来说，通过对培训活动信息的收集，进行一些定量分析或投资收益分析，一方面体现出培训的价值，反映出培训对企业的必要性和重要性，另一方面也为管

① 张雷．构建提升企业竞争优势的人力资源培训开发体系 [J]. 人力资源，2019（14）：108.

理者提供决策方面的数据信息支持，让高层管理者认可培训，重视培训，从而带动整个组织对培训的重视，推动形成良好的培训和学习的氛围，进一步投资和推进培训，形成良性循环。

应该让员工清楚地意识到，培训评估的目的是改进培训，提升培训为员工带来的绩效和组织效益，而不是为了给员工参加培训或考察绩效施加压力，这样才能使员工积极地参加培训活动，以积极的态度对待和配合培训效果评估。

美国人力资源管理专家唐·柯克帕特里克（Donald L. Kirkpatrick）提出四级评估模型，按评估的深度和难易程度从低到高分为四个递进的层次，分别是反应层、学习层、行为层和结果层。

反应层评估主要用来评估受训者对培训课程、讲课老师、培训安排等的喜好程度，关注的是受训者对培训项目及其有效性的知觉。反应层评估用于培训活动完成之后，收集培训对象的直接感受和反应信息，包括培训效果和有效性，采取的方式主要是问卷调查。反应层评估考察的是受训人员对于培训项目的基本感受，因为受训人员的积极反应决定了受训者对待培训的积极动机和主动的学习态度，这是培训内容成为提高受训者知识或技能的基础。反应层的评估可以提供量化的反馈性信息，可以对培训内容、培训课程设置、培训方式等方面的评估和改进提供有价值的参考。

学习层评估是评估受训者通过学习对原理、事实、理论和具体实践操作的理解和学习程度。可采用笔试、实际操作和实际工作场景再现等方法来收集受训者在培训后在理论或技能的学习上的信息数据。学习层评估是行为层评估和结果层评估的基础，只有在知识、态度、理念等方面有所收获和改变，才会产生行为和结果上的变化。

行为层评估是用来明确受训者从培训项目中学习的知识和技能在实际工作操作和行为上的转移和改进程度。组织培训是想增加人力资源的价值，进而提高组织效益，因此受训者将培训中掌握的知识、技能、态度等学习成果应用于实际工作，实现学习成果的迁移，也是评估培训效果的重要标准。行为层评估较之前个两层次的反应层和学习层评估难以实施，原因在于由学习成果到工作行为的转化需要一定的条件，需要有机会应用学习成果，而且从培训结束到工作行为的迁移需要一定的时间跨度，具有一定的滞后性。要注意行为层评估的评估时间、评估频率及评估的方式，一般在培训后一个月进行，同时需要在半年、一年的时间点上进行跟踪测评。评估的行为要素包括工作态度、操作实践的规范、工作效率和解决问题的能力，等等。要评估判断受训者的行为是否有所改变，工作绩效是否得以改进，同时要判断这种改进是不是因为受训者接受培训的结果。

结果层评估是从组织整体效益的维度来检验培训效果，评价培训能否给企业的经营效益带来实际的提高，从企业整体这个高度和范围内，获得培训的效果信息。结果层评估是最重要也是最困难的培训。评估指标有产值、工作效率、质量合格率、事故率、员工流动率、客户维持度、获利率。

三、战略性人力资源培训与开发的培训成果转化

培训的直接目的是将培训所学的知识、行为、技能等应用于工作，促进工作绩效的提高和支持组织战略的实现，但是培训成果的维持和推广受多种因素的影响，仅靠培训活动无法完全实现，培训活动会产生认知学习结果，但如果缺乏在实际工作中应用培训内容的机会，就难以转化为行为的改进和绩效的提升，这就需要通过一定的培训成果转化机制，发挥培训的实际价值和应用性，为企业的战略服务。培训成果转化是指在培训对象接受完培训后，将培训中所学的知识、技能、行为和态度等持续地转移于工作中，有效地改进工作，将培训成果转化为实际工作绩效结果。

培训要想获得良好的效果，前提是受训者具备较强的学习动机和自身对完成培训具备充分的信心与能力。管理者的支持、沟通和一定的激励机制能够强化受训者的学习动机。培训中所学内容应用于实际工作，转化为绩效，需要直接领导和同事的帮助、培训内容的应用机会和培训成果迁移的氛围。

培训开始前，管理者通过与战略性人力资源沟通，给予其充分鼓励与支持。一是管理者本身要认识到培训的必要性和重要意义，对战略性人力资源参加培训持积极态度，鼓励与支持战略性人力资源参加培训；二是管理者通过与相关受训者进行沟通，使受训者明确自己的工作要求和工作目标，使他们明白培训的目的是提高绩效，以此产生培训需求，让受训者明确培训的必要性；三是给予受训者提供尽可能多的有关培训方面的信息，使员工明白培训的目的是提高绩效而不是找出他们的问题并予以惩罚，打消受训者对培训的一些顾虑。

建立对员工培训成果转化的激励机制，将物质激励和精神激励相结合。将培训后给他们个人或工作带来的收益告诉他们，比如物质方面的激励是将他们的培训成果与工作报酬相结合，精神激励是对受训者的培训成果给予精神上的奖励，给予晋升机会和肯定。[①]同时将培训与他们的职业生涯发展相联系，根据职业生涯规划组织相应的培训，通过培训获得胜任素质的提升，在职位方面获得晋升和发展，这也降低了战略性人力资源的流失，降低了培训的风险性。

培训项目结束后，战略性人力资源将培训成果应用于工作并产生工作绩效和达成培训目标，需要一定的转化氛围，管理者和同事的支持以及应用机会。受训者自身要有应用培训成果的意识，承担起自我技能改进的责任，回到工作岗位上，要积极主动地寻找应用机会，制定相关行动方案，尽可能多地应用新知识和新技能，改进工作方式和方法，并保持

① 蔡守龙．论激励机制在人力资源管理中的重要性 [J]. 中小企业管理与科技（中旬刊），2019（11）：15−16.

与培训讲师的沟通，在遇到问题时，及时解决，强化并维持学习成果。管理者要鼓励受训者对培训成果的应用，给予新技能的应用机会，安排从事相应的应用新技能和新知识的机会，在信息和时间上予以支持，同时与受训者沟通，共同制订行动计划，及时监督和评价受训人员行动计划的实施情况，将评价结果及时告知培训对象，提供建议，帮助培训对象完成培训成果的实际应用。此外，培训效果的体现需要一定的时间，受训者自身和管理者要给予时间上的支持，对于应用培训成果的战略性人力资源给予肯定和奖励，避免急于求成而使受训者回归之前的工作方式，导致培训流于形式。

第八章　企业核心人才管理

第一节　企业核心人才的界定

所谓核心人才，就是在企业发展过程中通过其高超的专业素养和优秀的职业经理人操守，为企业作出或者正在作出卓越贡献的员工，或者说是因为他们的存在而弥补了企业发展过程中的某些空缺或者不足的员工。核心人才不仅具有企业人才的特点，还具有其特殊性。核心人才具有比其他员工更强的竞争性，必须建立有利于人才彼此进行合作的创造性方式。彼德·德鲁克指出，核心人才不能被有效管理，除非他们比组织内的任何其他人更知道他们的特殊性，否则他们根本没用。在企业中，往往是20%的人才创造了80%的效益。

一、企业核心人才界定的理论依据

核心人才是企业的核心竞争力之源，其对企业发展的重要性已受到企业普遍重视。但是，目前人力资源开发理论对核心人才的定性描述较多，对核心人才的判断标准、评价尺度以及核心人才在企业人力资源中的数量、结构等具体问题研究较少，企业人才在管理实践中的成功经验也较少。目前具有代表性的核心人才开发理论，主要是美国著名人力资源管理专家斯科特·A.斯耐尔提出的人力资源地图。人力资源地图通过对现实企业管理实践的观察，基于交易成本经济学、人力资本理论及战略人力资源管理理论的综合分析，认为企业的人力资产对其获取持续竞争优势的作用是不一样的，可用其价值性和稀缺性两个特征，作为可选择的人力资源投资和管理政策的决定因素。通过对企业人员能力的特征分析，把企业的战略与相对应的人力资源投资和管理政策联系在一起，据此制定对各类人员的投资和管理政策。[①]

根据人力资源地图，可以将核心人才定义为：在较长时间工作实践基础上，形成了核心能力的人才。根据此定义，是否为核心人才与其在企业中的职位高低并无必然的联系。不能说企业内的所有高层管理者都是核心人才，所有基层人员都不是核心人才。

企业核心人才对企业具有最高价值，他们直接与企业核心能力相连，其工作绩效对企业业绩有直接和重大的影响；同时，核心人才在企业中工作多年，占据企业重要位置，对企业各方面有深入的了解，认同企业文化，掌握着企业独特知识和技能。针对核心人才的这种特殊性，该模型认为企业应当充分利用各种资源对核心人才进行重点培训和针对性开发。只有这样，才能真正提高企业的核心竞争力。

二、企业核心人才界定的方法

从企业面临的现实环境和实际需求来看，任何企业都应客观地认识到，力图留住全部人才既不可能也无必要。正确的人才开发思路应是将主要精力和企业资源用到那些为企业创造巨大价值的核心人才身上，将核心人才及其智力资源的保留和激活作为人才开发与管理的首要任务。

换言之，企业应该建立以核心人才为中心的人才资源开发与管理模式。为了科学地确定企业核心人才，必须首先从企业的发展战略和主营业务出发，准确识别企业的核心业务能力。业务是企业的生命线，企业要想成为具有竞争力和持续发展力的企业，必须建立和拥有自己的核心业务竞争力。建立以核心人才为中心的人才开发模式要求企业首先要识别已经具有或应当建立的企业核心能力，应当以目标市场中的优秀企业和主要竞争对手为参照，从企业的发展战略和主营业务出发，运用价值分析的方法，以创造客户价值和赢得客户满意为主要标准，确定在企业的价值创造过程中哪些活动起了关键性作用，进而分析对于这些活动来说，主要需要哪些技术专长与管理技能，哪些属于关键性的技术专长与管理技能。在此基础上，对照竞争对手，分析目前企业在哪些关键性的技术专长与管理技能方面具有更大的优势或潜质，最终确定企业已经具有或者应当建立的核心能力。

在识别了企业的核心能力之后，企业人力资源管理部门应与具体业务部门紧密配合，从核心能力的角度更加细致地对现有人才队伍进行定性、定量评估，进一步确定企业的核心人才，对企业员工进行合理分层。

企业核心人才的确定，应根据岗位评价和个人能力评估的结果。对于岗位的评价，主要应从岗位的复杂性、责任大小、控制范围、所需知识和能力等方面进行，由此获得某个岗位的相对工作价值；对于个人能力的评估，应侧重于对其实际工作能力和遵从企

① 孙建．论企业核心人才的界定与管理 [J]. 中小企业管理与科技，2021（3）：76.

业价值观的评估，主要依据以前的工作业绩或绩效评估的结果，同时参考曾作出的贡献、学历、职称、资历等因素。只有那些岗位评价和个人评价分数都较高的人才，才能称为核心人才。与此并行不悖的是对企业员工进行合理分层。如果根据对企业价值创造和核心能力的贡献，结合岗位评价与个人评估的结果，将核心人才组成的群体称为“核心层”的话，根据80/20原理，其余的80%人才资源可以依次划分为骨干层（占40%）、潜力层（占20%）、提高层（占10%）和淘汰层（占10%）。骨干层是指能够协助核心层共同为企业创造价值的人才；提高层是指个人能力与目前的岗位要求具有一定差距的人才；淘汰层是在岗位评价与个人能力评估方面“双低”的人员。

总之，企业核心能力是企业长期培育和不断维护的结果，建立以核心人才为中心的人力资源开发模式和打造核心人才队伍也将是一个渐进的过程。但是，只有将建立、巩固和强化企业的核心能力作为企业人才资源开发的出发点，只有建立起以核心人才为中心的人才资源开发模式，才能使企业人才管理的各项活动始终与企业发展的战略方向保持一致，也才能够最终使企业在持续发展过程中始终得到人才资源的有力支撑。

第二节　企业核心人才的构成与特征

一、企业核心人才的构成

核心人才是企业发展的重要支柱，核心人才队伍的建设是企业集团人力资源管理的核心。核心人才包括企业的高级管理人员、技术研发人员、关键的市场营销人员等。基于集团的发展战略制定核心人才队伍建设规划，打造核心人才队伍，培育员工的核心专长与技能，支撑企业核心竞争力的形成；形成战略绩效目标，将绩效目标层层分解，向下推行实施，并设计具有指导性的核心人才引进、培育、开发、激励策略。

（一）高级管理人员

企业高级管理人员是指公司的经理、副经理、财务负责人、上市公司董事会秘书和公司章程规定的其他人员。一般而言，他们负起公司例行公务的种种责任，也拥有来自董事会或主要股东所授予之特定的执行权力。有部分企业为强化他们的职权等，会另外授予他们执行董事的职衔。而如果他们本身就是合伙人或股东，执行董事也是他们另一个重要的职称。虽然他们要负起例行公务的责任，然而其主要职务则是行政管理或重大公司政策的执行等。

（二）技术研发人员

1.技术研发人员的地位

毫无疑问，以创新力为主导的自主研发是企业的重要战略工具之一。在激烈的竞争及复杂的经济危机面前，这种工具更显得尤为重要。产品开发和应用研究两部门的人员组成了一个企业的技术研发团队，该团队是一个企业实现创新和升级的核心力量。

产品开发人员要依据顾客需求、市场的需要，利用自主产权技术水平和现有技术成果相结合，深度探索开发，不断创新，设计适合新兴市场的产品，推动企业的发展。应用研究员工的职责则是，把开发完成的成熟产品和服务作为自身的基础环节，通过资源的整合和产品的升级提升这些成果的市场利用效率，推出新的价值，从而促进企业效益的整体提升。两种类型的员工并非互不干涉，反而是频繁地交叉协作。一个员工在单一项目中可能根据不同阶段做不同的专项，也可能在不同项目里承担多重角色。

提供新产品、新技术、新服务、开发新软件、搭建新平台毫无疑问是企业技术研发人员的核心职责所在。一家中小型的高科技企业，摆在面前的核心战略目标就是激发研发人员的工作激情，最大限度提供他们发挥创造力的空间，让他们的心血和汗水转化为实际工作效率和成果。

一是成本高，个体差异性大。技术研发人员实质上是中小型高科技企业无法固态掌握的资源形式，这种资源有着非常强的不确定性，而技术研发人员稳定与否、创新能力高低却直接决定企业的创新能力、竞争能力是否强劲。技术研发人员的专业知识技能水平有很强的专业性、实践性，不是从书本上就可以直接掌握的静态知识，相反，需要扎实的理论基础以及长期工作中的不断学习领悟。可以说，研发人员的能力提升是个人和公司共同努力、互相成就的结果。于是，一旦出现企业的研发人员离职、跳槽，就意味着企业在人力资源培养成本上的巨大浪费，伴随而来的还有更严重的核心技术缺失、商业机密泄露问题。

二是创新力强，追求自由环境。研发人员的工作并不适合朝九晚五、严丝合缝的管理，其创造力往往和企业提供宽松自由有弹性的空间能力呈正相关关系。再者说，创新研发是典型的智力劳动，工作流程和方式往往处在随机调整之中。因此，拥有一个独立自主的研发环境往往是技术研发人员所期望的重要内容之一。在封闭和滞后的管教模式里，研发人员必然会有消极怠工甚至是反抗抵触的情绪。

三是升级换代快，需要不断进步。21世纪以来，世界科技水平发展迅速，知识资源升级迭代迅速，这就对研发人员提出了更高的要求和更多的机会。一方面，旧的、已熟练掌握的知识，容易面临社会的淘汰；另一方面，研发人员则拥有了通过某一项创新技术而扬名立万、实现个人价值的机会。因此，企业必须在新技术、新理念的培育方面加大力度，注重与时俱进，促使研发人员不断学习并更新知识储备，以人力资源的投入换取更高的社会资本。

四是绩效考核难，考核周期长。新技术从研发到试运行再到正式投放市场，是一个长期的过程，研发成果变现离不开各类资源的有效整合。可以想象，在一个新技术从研发到推广的过程里，难免出现投入大于盈利的状态。以短期的目标考核研发人员是不公平的，对技术研发人员考的核周期很难有一个定性标准。另外，成果的产生过程涉及算法设计、前端编程、运维测试等各个环节，成果从来不是哪一个人的，而是团队共同协作的结果和智慧结晶。我们不能孤立地对哪一个个体的具体作用进行量化分析。因此，也容易导致团队中出现个别人员出工不出力的滥竽充数现象，使得考核难度进一步加大。

2.技术研发人员的特征

（1）技术研发人员的工作特征

技术研发人员的核心特征就是其掌握了某一领域或方向的知识和技能。他们能依靠自身的知识、技能和灵感研制高价值的新产品，提高公司产品和服务的质量，这与生产一线的制造工人及行政管理员工有着本质上的不同。

研发人员的工作时间大部分用在了思考上，这是一种无形的劳动。于是管理人员常用的监督、巡查的管理方式对其将丧失意义。毕竟，一个听话的规规矩矩的员工并不一定是一个合格的研发人员，反之亦然。所以，常规的监督方法将不具备可操作性。

工作的环境和条件是研发人员自由意志的体现。研发人员习惯于根据自己的实际研发工作进展实时调整既定目标、控制总体进程。

（2）技术研发人员的性格特征

技术研发人员习惯于自发主动地开展研发工作，死板的工作、监督制度对其效用不大。技术研发人员将新技术、新理念奉为主旨，善于处理挑战性工作，享受在运用新技术、新手段攻克某个难题时产生的成就感。[①]他们高度重视自己所从事的专业领域，对该领域知识、技术更新十分敏感，在学习提升方面往往有较强的自觉学习能力，能主动参加新技术的培训交流，重视自身的专业素养的提升以便于保证在该行业内的持久竞争力。

技术研发人员的忠诚度是具有分布性的，一方面是对企业的忠诚，但是另一方面他们则更忠诚于技术。当出现更适合他们职业的感觉和发展前景追求的机会时，企业间的跳槽、人才流动则不可避免。

① 方卉．企业核心人才队伍建设的路径思考 [J]. 企业改革与管理，2020（20）：17.

3.技术研发人员的需求

（1）物质的需求

目前技术研发人员薪酬的水平只是比普通员工略高，通过薪酬激励促进研发人员创造价值的空间依然很大。衡量一个公司物质激励的有效性的重要标准就是技术研发人员对物质需求的满意程度。作为技术研发人员，全身心投入技术研发的他们，往往只有物质的满足，才能促进技术研发工作更加专注。

（2）教育的需求

技术研发人员热爱挑战，对新技术有着特殊的执着与热情。他们不满足于自身的知识储备，而是习惯于在不断实践中提升自我的能力。企业在安排任务时要注重这一点，要适当地让他们的工作具有挑战性，鼓励他们主动学习，积极主动提供培训交流机会，通过这种手段不断促使他们保持创新的能力，在本行业的专业领域保持较高的水准。

（3）成长的需求

公司的发展前景和个人的职级晋升对技术研发人员来说是同等重要的。企业在满足薪酬待遇的同时要保证公司技术岗位的人才向上流动性，以岗位激励提升技术研发人员的工作积极性。公司要注重对技术研发人员的职业生涯规划，将性格、能力、工作动机等多方面的因素综合起来设计一条针对性的职业发展道路。

（4）成就的需求

技术人员喜爱挑战性工作，企业在布置相关研发工作时要注重满足其对新知识、新技能的渴望与攻坚克难的成就感。有调查研究表明，作为激励因素之一的工作本身，其激励的效果有着举足轻重的地位。

（5）公平的需求

无论从职业特点还是人员性格本身来说，对研发人员而言，公平都是至关重要的，一个项目的落地完成必须有公平的奖励。虽然受限于研发工作的复杂、独特，一个以团队协作方式实现的成果难以分开考量每个人的作用大小，但企业依旧需要探索出集科学、公正、客观于一体的绩效管理体系，真正使得研发人员多劳多得、薪酬与心血相统一。

（三）市场营销人员

市场营销人员对企业至关重要，能直接影响企业的盈利质量，因此必须具备较强的综合能力，具体有以下五个方面。

1.公关能力

第一，沟通表达能力。市场营销人员要想做好销售工作，良好的沟通能力是十分必要的。市场营销人员要有良好的语言表达能力，善于运用真诚而巧妙的言辞，获得顾客的信任与支持。

第二，人际交往能力。人际交往能力的强弱是衡量其是否适合营销工作的标准。因为市场营销的工作实质是公关过程，公共关系中的最高表现形式即为人际关系。

第三，形象礼仪。市场营销人员要有良好的仪表形象，在着装风格上要考虑年龄、时令、档次、配饰意义等因素。市场营销人员着装打扮要得体，整洁干净，在和顾客交往的过程中要以尊重为本、重视自己的形象和注重行为规范。

2.信息收集处理能力

当前市场竞争日益激烈，单纯的市场调查和旧有手段的信息搜索已经不能适应海量市场信息瞬息变化的情况。市场营销人员应该具备较强的信息收集和整理能力，要做市场活动中的有心人，将收集到的市场信息及时反馈给公司。

3.开拓创新能力

市场中最吸引顾客的往往是新产品、新广告、新观念和新技术。它们之所以有魅力，主要在于其“新”。市场营销人员在具体的营销工作中必须不断创新，才可以吸引到更多的顾客，获得更大的营销效果。

4.应变能力

市场营销人员在工作中要与形形色色的人打交道。在这种复杂易变的人际交往环境下，只用一种模式和姿态对待顾客是很难取得成功的。这就要求市场营销人员必须具有灵活机动的应变能力，在坚持原则的同时，化复杂为简单，取得营销活动的成功。

5.思考和总结能力

市场营销人员在开展业务过程中，通常会使用不同的手段和方法来达到销售目的。优秀的市场营销人员会对自己的特点和优势进行思考，不断总结提升，最终形成自己的营销风格。只有具备良好的思考和总结能力，市场营销人员才会对自身有清醒了解，从而扬长避短，选择适合自己的营销风格。

二、企业核心人才的特征

（一）具有相应的专业特长和较高的个人素质

核心人才大多受过系统专业教育，具有较高学历，掌握一定的专业知识和技能。这是由工作的复杂性所决定的，核心人才必须有相应的专业特长才能匹配自身的核心能力。核心人才的专业特长不仅能帮助其获取物质或精神上的酬劳和奖励，更能为企业贡献较高的价值。

由于受教育水平较高的缘故，核心人才大多具有较高的个人素质，主要表现在知识和智能素质方面，如开阔的视野、宽泛的知识层面及其他方面的能力素养。面对竞争激烈、优胜劣汰、机遇与威胁并存、利益与风险并存、希望与失望并存的现代企业，他们还具有竞争、合作、应变、创新的意识，有坚强的意志，有较强的自信心和承受风险的能力。

另外，为了和自己所从事的专业发展保持一致性，并能在工作中有所成就，他们需要经常更新知识。而现代企业的技术密集型、知识密集型同样要求他们不断学习新的知识，及时掌握新的技能。因此，核心人才的学习能力一般都很强。

同时，与体力劳动者简单、机械的重复性劳动相反，核心人才从事的大多为创造性劳动。因此，他们在长期探索实践中，形成了思维富于创造性的能力。创造性是核心人才最本质的特征。

价值观念方面，追求自我价值的实现、高度重视成就。这是知识管理专家玛汉·坦姆仆对核心人才经过大量研究后得出的结论。核心人才热衷于具有挑战性的工作，勇于承担工作中的重担，把这些看作实现自我价值的方式。他们更渴望看到工作的成果，认为成果的质量才是工作效率和能力的证明。追求成就、取得成就本身就是对他们最好的激励方式，而物质激励手段则显得并不十分重要。

（二）在心理需求方面，需要自主的工作环境

核心人才所从事的大多为科技创新活动，从事的是创造性工作，不同于体力劳动，也不同于行政性和操作性的白领工作，而是依靠自己的知识天赋和灵感，运用创造性思维和自身所掌握的专业知识，应对各种可能发生的情况，推动技术的进步和产品的创新。因此，核心人才更倾向于拥有宽松、宽容、自主的工作环境和组织气氛，不希望有太多的外力监督控制。他们更注重工作中的自我引导和自我管理，要求授权赋能。这种自主性也表现在工作场所、工作时间方面的灵活性要求，以及宽松的组织氛围和企业文化上。工作方式多采用团队形式。

随着现代科技不断向深度和广度发展，科技研究工作越来越呈现出复杂化和综合化特征。许多知识创新和科研性成果的形成通常非一人所能为，而需要各方面专业人员的相互配合与协作，跨团队、跨职能的合作也更加频繁，甚至出现了虚拟工作团队。团队组织发挥着越来越大的作用，因此需要每一个团队成员的真诚合作。

（三）劳动过程难以监控，劳动成果难以衡量

核心人才的工作是思维性活动，其过程往往是无形的，没有明确的流程和步骤，呈现出很大的随意性和主观支配性。甚至工作场所也与传统的固定生产车间、办公室环境迥然不同，灵感和创意可能发生在工作外任意的时间和场合，固定的劳动规则并不存在。因而，对其劳动过程的监控既没有意义也不可能。同时，核心人才的工作成果常常以某种思想、创意、技术发明、管理创新的形式出现，因而往往不具有立竿见影的效果，不能直接测量。另外，在创新不断加快和难度不断加大的情况下，创新活动很难一个人单独完成。

因此，创新成果多是团队智慧和努力的结晶，很难进行分割。核心人才工作的成果不像一般劳动者工作所获得的成果一样容易量化。这些都给衡量核心人才个人绩效和给予合理薪酬带来了很大困难。

（四）较强的流动意愿和性格特征比较内向

核心人才更多地信守于自己的职业，而非对企业做出承诺，组织忠诚度较低，且凭借他们所掌握的专业知识和技能，有能力找到新工作。一旦现有的工作没有足够的吸引力，或缺乏充分的个人成长机会和发展空间，他们出于对自己职业感觉和发展前景的强烈追求，就会很容易地想到寻求新的职业机会。因此，如何留住核心人才是管理者头疼的一个问题。

企业核心人才性格内向者比较多。由于长期从事技术性工作，独立思考，因此他们一般不善言谈，不善与人交往，不愿轻易表露内心的想法。所以企业要给他们以充分表达内心思想的机会，并设计一个信息沟通系统，为核心人才营造一个良好的心理环境。

企业核心人才的特点决定了其管理更应趋向于宽松和人性化，强调核心人才的自主管理，同时在激励机制、考核机制、企业文化建设等方面充分考虑核心人才的特点，以更好地激励他们，从而为企业提高创新能力作出贡献。

第三节　企业核心人才能力的评价

对企业核心人才能力进行评价的目的是提高核心人才与关键岗位的匹配度。通过一系列科学评价手段，准确了解核心人才的现有能力水平及发展潜力，避免在人才利用过程中产生主观误差，为相关的人事决策提供依据。

一、确立核心人才能力评价的原则

为了能够达到企业核心人才能力评价的目的，需要在核心人才能力评价的过程中遵循以下原则。

（一）客观性原则

遵循客观性原则有利于评价主体取得共识。核心人才能力评价是“人”评价“人”的工作。在评价过程中，无论评价的方法多么完善，总会出现一些主观判断上的错误，甚至产生偏见。为了使评价结果达到最大程度的真实、可靠、合理及有效，并且为人们所接受，必须坚持客观原则。

（二）实践性原则

遵循实践性原则有利于评价主体从工作过程和实效来评价核心人才的能力，并着眼于结果。实践性原则主要强调核心人才是否把自己的能力用在为实现组织的目标积极履行职责、承担应尽的义务并有所作为、有所贡献上。依据此原则进行评价可以发现组织是否最大限度地发挥了核心人才的自主性和创造性，是否通过协作引导大家积极参与组织活动，并顺利实现组织目标。

（三）系统性原则

遵循系统性原则有利于建立系统性、整体性、层次性的评价指标体系。对于核心人才能力的评价不能局限于单方面，要跳出局部看整体，抛开片面看全面，以一个系统整体的角度综合评价核心人才。

（四）简易性原则

遵循简易性原则有利于建立能够相互区分、互不相容的指标体系，不仅使各个指标能独立地提供评价信息，而且指标信息便于收集，量化的方法简便易行，便于操作处理。

二、企业核心人才能力的评价类型

企业核心人才能力的评价类型有多种划分，不同的划分有不同的标准体系，不同的标准体系有不同的目的和用途。研究了解这些划分，则可根据评价目的构建相应的评价指标体系。

企业核心人才能力评价类型的划分有五种方法。一是按照人力资源管理的目的和用途划分为招聘选拔性评价、岗位配置性评价、考核鉴定性评价、培训开发性评价。二是按照频率划分为日常评价、期中评价、期末评价。三是按照评价结果划分为分数评价、评语评价、等级评价。四是按照评价技术与手段划分为定性评价、定量评价及定性与定量相结合的评价。五是按照评价主体划分为自我评价、专家评价、组织评价等。[①]在企业中，经常是几种评价综合应用。

① 罗陈，戴欣欣．科技类创业企业核心人才激励研究 [J]. 中国管理信息化，2017（7）：66.

三、企业核心人才能力的评价方法

企业核心人才能力评价方法的选取主要依据评价的目的和类型。目前企业界对人才能力的评价方法主要有能力量表法、德尔菲法、模糊评价法和层次分析法。

能力量表法包括一般能力量表和特殊能力量表。特殊能力量表最常见的是创新能力量表。这些量表的编制虽然具有一定的科学性，但很好地保证与企业的实际情况相符合。

德尔菲法也叫专家调查法，应用比较广泛，是邀请专家对各指标的权值进行估值。德尔菲法本质上是一种反馈匿名函询法。其大致流程：在对所要预测的问题征得专家的意见之后，进行整理、归纳、统计，再匿名反馈给各专家，再次征求意见，再集中，再反馈，直至得到一致的意见。这种方法比较便捷，但是受专家先验知识的影响，主观性强。

模糊评价法是一种多因素评价方法。以意念动态作为实际背景，选择适当的模糊数学手段，用定性与定量相结合的方法，对各因素进行评价。该方法具有一定的科学性，但也需要先验信息，而且包含处理不精确或不确定原始数据的机制。

层次分析法是一种定性定量相结合的多准则决策方案评价方法，可将人的主观判断用数量形式表达和处理的方法。在一般情况下，决策者自己可使用层次分析法进行决策，解决了长期难以解决的决策者与决策分析者相分离且难以沟通的问题，大大提高了决策者的有效性和操作性。

第四节　企业核心人才的管理策略

一、优化人才配置

所谓优化配置，简单来说是让合适的人在合适的岗位上有效工作。为求得人与事的优化组合，人员配备应遵循因事择人、因才使用、动态平衡的原则，做到用当其长，发挥最佳才能；用当其位，放在最佳位置；用当其时，珍惜最佳时期。一方面，根据岗位的要求，选择具备相应的知识与能力的人员到合适的岗位，以使工作卓有成效地完成；另一方面，要根据人的不同特点来安排工作，以使人的潜能得到充分发挥。简言之，人才资源配置力图同时使工作的效率、人才资源开发、个人满意度这三个变量都得到最大限度匹配。这就要求分析人才的职业经历、个性特点、年龄结构、身体状况、文化层次等，进行合理调整组合，发挥协同效应，实现最佳匹配。

（一）人才与企业的匹配

企业通过提高与人才资源的匹配度，有效地挖掘潜力，提高人才资源使用效率。人才与企业匹配模型的要点包括以下方面。

第一，匹配的焦点是价值观一致。价值观是企业对人才要求的理想态度和行为标准。例如，诚实、正直、成就感、关注顾客等。

第二，匹配内容还包括新工作职责、工作多样性、未来的工作。企业希望任用那些可能完成新职责的人，以减少雇用额外员工的费用；企业也期望雇用能够从事多样性工作的新员工。对未来的工作，企业和个人需要思考长远的匹配、调换和晋升过程。

第三，考察人才与企业匹配对员工工作态度的影响。人才与企业的匹配还会影响人才的工作态度，一般体现在满意度、缺勤率、离职率等方面。研究表明，人才与企业的匹配会影响人才的组织认同、组织公民行为和离职意向。

（二）完善配置机制

科学配置人才资源，给予其合理报酬，为其提供深造机会和从其他方面关心他们，是企业管理的重要职能。如何做好人员配置是一项长期、复杂、有计划的系统工程。公司不同发展阶段的变化、时间推移的影响，让人才胜任工作的情况也会发生相应的变化。人才配置的职能在于知人善任，在于培养人，使适当的人从事适当的工作。人才配置应晋升最优秀的人才，给予他们发展机会，同时淘汰表现差的干部。[①]因此，人员配置一般有人员的晋升、淘汰与轮换三种重要的机制，三者并行，可帮助提高企业人才队伍的整体能力素质水平。但是，如果一个环节出现问题做得不好，将会影响全局。

第一，晋升。对职位要求进行审核；发掘合适人选，加强竞争，使选择更公平；根据考评情况，决定最后人选。

第二，淘汰。根据绩效、工作态度，进行全方位分析，决定淘汰名单，衡量淘汰执行情况。

第三，轮换。明确轮换岗位要求；对人才条件及个人发展需要进行分析；讨论、决定人才轮换名单；定期检查人才轮换执行情况。

第四，后备。对关键职位要求进行分析，确定岗位后备名单；对后备人才提出发展方向；定期对后备人才进行追踪、评审。

二、挖掘高潜能人才

在过去，组织结构、战略，甚至市场都相对静止，人们几乎在一个组织中度过了全部

① 赵冰．我国中小企业核心人才管理问题研究 [J]. 现代商业，2020（2）：45-46.

的职业生涯，并最终被推向领导角色。现在企业要获得成功，不仅要求企业中所有员工有适应不同环境的能力，而且要有极强的主动性。企业相当重视人才的挖掘与培养，老板们非常乐意在那些有能力引领企业迈向未来的人才身上投入更多关注与精力。

（一）潜能人才界定

对高潜能人才的界定，不同企业的定义或有不同，有些甚至没有正式区分高潜能人才和普通员工。研究显示，企业往往采用以下标准选出最优秀的3%~5%的人才：在各种场合和环境中的表现，总是显著优于同事；在取得优异表现的同时，他们的行为也堪称典范，体现了公司文化和价值观；他们显示出在公司职业道路上成长、发展并取得成功的卓越能力，且比他们的同事成长得更快、更强。

高潜能人才的界定以“潜能模型”作为指导，它包括三个紧密相关的组成部分。一是能力：做事有始有终，思路清晰，逻辑严密；敢于承担责任，具有很强的领导才能。二是上进心：敢于表现，渴望进步，富有感染力；能争取“天降大任”的报酬。三是承诺：有一种信仰和情感引导员工，能够始终和企业站在一起，并为之奉献。

（二）高潜能人才的特质

发现未来的潜力人才需要回答两个问题：这样的人才能运营什么级别的部门（公司）；这些人是否具有能使他们在未来角色中成功的复合素质。高潜质人才需要有三个重要特质。

第一个特质是自信和自我意识。他们能否挑战更高的目标？他们是否了解自己的强项和弱项？他们通过建立新项目来挑战自己，尽管阻碍很多，但是能在挑战中获得成长。

第二个特质是能够客观地评价他人的强项和弱项。领导人才应该避免快速判断他人并迅速做出反应。要想善于挑选合适的人选为其工作，就要做到并不急于对他人做出判断。相反，要花时间来判断他人的强项和弱项，以及如何与自己和团队进行互补。

第三个特质是情绪韧性，能够通过公平的方式来应对高压的环境。每天长时间工作，但是确保自己不在新环境里产生挫败感，这里的关键是能够平衡和坚持。高潜质的人才最起码需要三个特质中的两个来使自己持续、积极地获得绩效。

具有高水平的三个重要个性特质的高潜质人才能够将这些特质整合为自己的人格。比如，自信不是在接受挑战时展现出来，而是在面临艰难决策时通过直觉显示出来的自信态度。随着时间的增长，人才对自己更加了解，能够更好地整合自己的判断和行为。尽管周围环境的节奏越来越快，压力越来越大，但他们更加客观，在艰难情况下表现出良好的适应性。

（三）高潜能人才取决于内在素质

作为企业的一员，你所做的一切都无可挑剔，创造了价值，早早取得了良好的成绩；面对日益复杂的诸多挑战，掌握了新的知识和技能；恪守公司的文化和价值观；自信溢于言表，也赢得了他人的尊敬；或许，还经常一周工作50小时，并且获得了极高的评价。

尽管如此，你未必就能被列为高潜能人才。因为真正让高潜能人才拥有的与众不同的特质，它们看不见、摸不着，也不会出现在领导能力清单或绩效评估表格中。这些特质能起到画龙点睛的作用，帮助你取得并保持令人欣羡的高潜能人才地位。

第一，追求卓越。高潜力人才不仅成就高，而且有追求成功的渴望。尽管他们已经做得不错，甚至可以说相当好，但是对他们来说都还不够好——远远不够。他们非常愿意加倍努力，也明白在前进的道路上或许不得不牺牲个人生活。这并不表示他们会违背自己的价值观，但是远大的抱负或许会促使他们做出一些艰难的选择。

第二，敏捷的学习能力。我们往往认为高潜能人才都是不知疲倦的好学者，其实持续学习的大有人在，但很多人缺乏行动力，或不以结果为导向。高潜力人才都拥有“敏捷学习”的能力。敏捷的学习能力是对组织有效的行为，具备敏捷学习能力的人才更有可能获得成功并适应变化，这需要人才在以下这些方面具有适应性。人才敏捷，能够很好地了解自我，反应积极，并对周围的压力具有弹性。结果敏捷，能够在恶劣的环境下取得结果并且促使他人做出相似的行为。心智敏捷，能够想出新的点子，轻松解释复杂和模棱两可的概念。通过敏捷的学习能力，渴望建立和体验新的案例，不断发展自己。他们会不断寻找各种新思想、新观念，并有能力去理解和吸收，还能将学到的新知识转化为高效的行动，为客户和公司创造价值。

第三，进取精神。高潜能人才总是在找寻开辟新途径的好方法。他们是积极的开拓者，因而为了取得进步，他们会跨出自己的职业舒适区，接受挑战。这种变动可能前途未卜，比如接手一个棘手的国际岗位，或者奔赴另一个需要全新技能的部门。高潜能人才渴求成功，但对于冒险却很兴奋，认为机会大过风险。

第四，敏锐的感知力。追求卓越、富有进取精神，再加上渴望找到新方法，这完全可能带来职场灾难。高潜能人才可能因各种原因而失败。

举例来说，一种失败原因是他们可能一时冲动接受一个看似不错的机遇，结果发现那是一个注定会失败（而非努力就能成功）的任务，或者对于长期职业发展没有好处。另一种失败原因是试图取悦他人。高潜能人才会避免与上司公开发生分歧，或者不愿给同事以坦率的、可能让对方失望的反馈意见。成功的高潜能人才具有更好的判断力，更看重高质量的结果。

除了判断力，高潜能人才具备“敏锐的感知力”，这让他们能够有效地规避风险。他们把握时机的意识很好，能够迅速看清形势，还能敏锐地发现机遇。尽管高潜能人才的进取精神或许会导致他们做出愚蠢的决策，但敏锐的感知力有助于他们判断何时出击、何时收手，这让他们能在合适的时间出现在合适的地方。

（四）如何成为高潜能人才

1.高潜能人才需要具备的要素

（1）表现优异且踏实可靠

实现业绩目标很重要，但这还不够。如果你的表现并不出色，或者你的成绩是以牺牲他人为代价的，那你永远进不了高潜能人才名单。胜任是高潜能的基础。除此之外，你还要证明自己踏实可靠。这意味着赢得同事的信任和信心，从而对更多的利益相关者产生影响力。

（2）掌握新兴专业知识

职业生涯初期，要获得关注，就必须具备职位所要求的专业知识与技术。随着资历的提升，还需要不断拓展自己的知识领域。之前你只管一名职员或一个小型团队，接着就会管理规模更大的团队，担任更高的职位（如加入公司总部），这时你就要在正式职权有限的情况下施展影响力。例如，担任高层职位时，技术能力的价值便不如战略思维和激励技巧等能力。到了一定的阶段，你会发现自己还要学会“放手”，而不是一味“加码”。因为你不能指望自己既是最优秀的工程师，又是最优秀的设计团队领导。

（3）注意自己的行为

虽然你的业绩能为你在职业生涯早期赢得关注并获得晋升，但你的行为才是让你保持高潜能人才地位的关键。杰出的技能始终很重要，但随着职位的提升，人们期待你在接触面更广的角色上表现卓越，这时杰出的技能就只是一个基本条件。要成为令人欣羡的高潜能人才，你必须完成从“胜任/从属”到“楷模/导师”的转变。

2.高潜能人才的成长和阻碍因素

（1）成长因素

多视角，代表了跨领域思考的能力，能够从不同的角度去看待问题，能够更深层次地去思考问题而不是简单地就事论事，对于未来的企业领军人物，跨领域思考的能力尤其重要。好奇心，代表了自我学习的能力，渴望通过不断学习来加强自我的发展。同理心，代表了社会洞察力及人际理解力，能够较早地了解并鼓励这种能力非常重要，能够聆听对方，并且准确理解他人，尤其在意见相左的情况下这样做，能够更好地得到他人的支持和反馈。成熟度，即情感的成熟度。个人发展，尤其是在领导力上的发展是一个痛苦的历程，这个过程会充斥着挫折、失败和被批评，因而优秀的领导者必须能够保持韧性、控制自己的情绪、具有良好的恢复力并坚持不懈。

（2）阻碍因素

高潜质人才的特质不仅体现在领导力模型中，而且难以授习。不过，你还是可以提高自己发展这些特质的成功率。

第一步便是了解自己哪些方面存在不足。例如，如果你发现自己总是被各种事情搞得措手不及，那可能是因为你的感知力不够敏锐。有些人适应环境的能力就是比别人强，但是你也可以学着采取一些简单的措施来提升自己的敏锐度。这些措施包括细心地倾听别人的话语，观察他们在你说话时的反应，以及更新自己的关系网络，让自己能够更好地适应公司准备拓展的新业务和新市场。

第二步是改变。学习，却不改变自身行为，就是浪费机遇。培养积极性或进取精神不是件容易的事，但是通过反省，你能变得更积极主动或愿意多承担一点风险。这些都表明你很有必要在自省上面投入一些时间和精力。你也必须认识到从教练或导师那里征求建议的价值，并弄清楚什么时候应该不再寻求导师的帮助，而开始自己独立思考和行动。

进入高潜能人才名单可以带来重要的发展机遇，获得这一地位的回报非常可观。当然，要记住：业绩永远重要；随着职位的提升，你的行为变得越来越重要。

三、培养核心人才

企业要培养核心人才，必须建立核心人才培育机制，使人才成为提升企业核心竞争力最重要的手段。核心人才队伍培养不是一朝一夕之事，是一个长期、系统的工程，需要一套完善的机制来保证。麦当劳要求员工脚踏实地从头做起，建立了较完备的快速晋升制度、工资调整制度和预先培养接替者制度等机制，把一个普通毕业生培养成为成熟的管理者。

（一）核心人才培养四要素

核心人才的培养要注意以下四个要素。

1.多元培育

核心人才是企业的骨干力量，必须注重才华的专业性和能力综合性兼具。因此，多元化培育方式能提高核心人才的综合能力。高等院校、科研院所、企业都是多元培育核心人才的主体。多元培育的方式有内部导师制、内部岗位轮换、内部技能比武及送出去的方式（如出国深造、高校进修、短期封闭训练等）。

2.完善计划

根据企业经营所需，对核心人才的培育要建立详细的培育计划。列明培育的重点、方向、内容、对象、培育方式、激励方式、效果评估，确保核心人才的培养有章可循。

3.资源投入

企业核心人才队伍建设培养是企业投资回报率最高的项目，需要企业持续投入。因此，有必要建立相关制度保障机制，确保资源投入的持续性。

4.体系保障

要使企业核心人才能力不断提升，人才队伍保持梯级发展，必须建立培养体系。要建立四大机制：核心人才评价机制、培养机制、激励机制、使用机制。使企业内部形成核心人才你追我赶，形成百花齐放，互帮、互学、互励的良好正向局面。

（二）核心人才培养步骤

企业核心人才的培养，必须有丰富的培养方法和手段，确保培养出人才、出成果、出经验、出手册。要做好核心人才培养“三步曲”。

第一步：明确目标。核心人才培养工作要落到实处，必须构建明确的培养目标，才能使得人才培养有方向、有重点、有规划。

第二步：多方式。培养核心人才须采取多角度、全方位的培养策略。他不同于新员工进到企业时的入职培训。培养核心人才的手段多种多样，既有个性化的培养，也有多元化的培养，要相互结合起来做。①个性化培养。核心人才与普通员工培训的主要区别在于个性化和多样化，个性化的培养是针对个别核心人才的特征、能力、岗位要求采用个性化的方式、建立个人职业发展计划。比如，企业把高技能人才定位为企业发展的“核动力”。因此，对高技能人才的培养把采用“实践+锻炼”作为个性化培育重点。公司在生产实践中形成了“绝技+荣誉”“导师+徒弟”“项目+人才”的“捆绑式”培养模式，通过技术比武、岗位练兵、导师带徒等各项活动有机结合，形成了“技能优先、发展优先”的良好氛围，培养技术核心人才。②多元化培养。建立核心人才培养多元模式，如岗位轮换、导师制、阶梯式、开放式等培养方法，不断培养与提高核心人才的素质。

第三步：重激励。核心人才的培养，目的是为企业创造核心价值，更要使核心人才能持续为企业服务。必须系统构建核心人才激励体系，以最大限度留住核心人才。核心人才的激励不能用普通的激励方式，必须采用非常规的激励手段，如事业激励、名誉激励、股权激励等方式。同时，企业在加大对核心人才的激励力度的同时，必须建立严格的考核评价制度，使核心人才能上能下，形成人才活力。

（三）激励核心人才

过去，薪酬工作的重心围绕着金钱的激励展开，包括基本薪资、短期和长期的浮动报酬、一些健康保障费用和安全保障费用，如健康保险、人身保险、储蓄和养老计划、利润共享计划。随着非现金激励价值的增强，加上人力市场的竞争越来越激烈，企业越来越普遍地在给员工的“整体激励”包中加入非现金激励因素。

1.实现整体激励

一个精心设计的激励计划需要最先着力于形成一个完整的激励策略。这个策略与组织的商业策略和人才战略相关，目的就是支撑它们。同等重要的是，激励计划还需要让员工对企业的敬业度达到最高。此外，在对激励计划的调整中，需要谨慎控制和充分沟通，确保大家充分理解调整的理由和调整所隐含的意义。

最近以来，整体激励的实践进一步演变成了“雇佣价值定理”（EVP）。EVP通常包含一组更广泛的元素，这些元素描述了雇佣关系的特点，并用来吸引求职者以及聘用、激励和保留员工。

“整体激励”的概念已经超越了这些有形因素，它还包含无形的因素，这些因素更难被看到、难以触摸，但它对员工的敬业度和满意度有非常真实的影响，有助于吸引和保留关键员工。激励的操作定义是“组织所提供的、员工认为对自己有价值的任何东西”。因此，本着激励核心人才的精神，企业必须注意利用所有可用方式来你所能提供的和想传递的信息尽可能地展现出来。

2.促使员工具有高敬业度

无论是在经济繁荣时期或经济萧条时期，保留核心人才都是一件非常重要的事情。因为他们对于企业成功和保持竞争优势都很重要。很多企业都会最先到薪酬中寻找答案。尽管更高薪水的诱惑可能会让员工离开企业的决心更坚定，但通常来讲，对工资的不满并不是导致员工考虑跳槽的原因。为了留住和激励人才，企业应该致力于增强员工的敬业度，并完善相关体系，为员工的成功提供更好的支持。

敬业度是指员工和企业之间的心理契约（比如，他们向朋友和家人介绍企业的意愿，他们是否以在企业中工作为骄傲，以及他们继续留在企业中作为其中一分子的意向），但同时它还包括员工的自发努力——他们为企业付出额外努力的意愿。由于企业需要花更少的钱做更多的事，并争取更大效益，开发利用员工自发努力就更必不可少。在快速变化的环境下，人员的职责和作用都在持续不断变化，企业必然要依靠员工的自觉行动，且其行动方式要和企业的文化、目标、价值观相一致。

针对能够促进员工产生高敬业度的工作特点，不难发现尽管在行业之间、企业之间有一些不同之处，但在高敬业度的工作环境方面仍然表现出一些共同点。

第一，清晰且有前途的愿景。只有确保员工清楚企业愿景的实际含义，才能有效执行。但同等重要的是，从内驱力的角度将员工和企业蓝图联系起来。在他们的工作中，大多数员工都在寻找机会发挥作用，超越自己，创造不同。创造这种目标感是变革型领导的本质，也是促使员工具有高敬业度的关键。

第二，对管理层的信心。坚信企业愿景对培养员工的高敬业度的重要性。同样，确保员工相信高层有能力把控好方向、落实执行战略目标是关键的。现今的员工认识到，他们的长期雇佣、职业发展和晋升都有赖于企业的健康和稳定。除非他们确信企业管理运营良好并很有希望获得成功，否则不要期望他们将自己的前途和企业绑定在一起。

第三，关注品质和客户。向员工证明企业以客户为中心、注重提供高品质的产品和服务，并且乐于引进新观念改善薪酬，这对建立员工的信心是关键的，员工会对企业的愿景和未来市场地位树立信心。对于直接为客户提供服务的员工，最让他们失望的莫过于企业不了解客户的需要。

第四，尊重和认同。员工敬业度意味着和员工采取一种新的雇佣协议。企业耗资创造条件让工作更有意义，并奖励员工。作为回报，员工在他们的工作上倾注自发的努力，产出优秀的绩效。企业需要与员工达成互惠的约定而不是仅仅把员工当作生产资料，如此员工才能对企业目标产生个人兴趣。企业把员工作为个体并给予基本的尊重是非常重要的。

第五，发展机会。员工越来越多地意识到，他们有责任管理自己的职业生涯，而且他们的未来有赖于自身技能的不断提升。如果员工不提升他们的能力和素质，无论是在当前服务的企业还是在其他地方，他们都将面临职业竞争力打折的风险。所以，成长和发展的机会是预测员工敬业度的最稳定的指标之一。

第六，薪资和福利。当今企业的经营收益越来越差，员工也被要求少花钱多办事。在高工作负荷的环境下，员工通常会对薪资收益变得很敏感。员工深刻认识到自己所做的贡献，他们倾向于向企业施压，要求平衡付出和收益。在这种情况下，有一点比以往任何时候都更重要，那就是企业需要让员工了解到，薪酬系统能够充分地考虑到他们的努力成果。澄清薪资系统对内和对外的公平性对于建立员工信心是很重要的，他们会相信自己对企业的付出和投入获得了合理的回报。

3.应用长期激励留住核心人才

为了吸引和留住核心人才，企业必须了解他们的需求，提供适当的激励组合来保证这些绩优人员受到企业的重视并使其对企业忠诚。在这个过程中，给关键人才提供适当的经济激励是必不可少的组成部分。如果设计合理，长期激励能在促进留任和提升核心人员对所处企业的兴趣方面发挥重大作用。

第一，未来的前景。明确有形的报酬，如薪资和福利，经常可以吸引高绩效员工加入企业。一些无形的报酬，却往往能促使优秀员工敬业并在企业内留任，如企业高管的才干以及通过诸如密切关注员工福利、不断增加晋升机会和提升企业文化来激发员工的忠诚度。

核心人才与其他员工这两个群体在被什么吸引和激励方面存在一些有意思的差异。①与其他员工相比，核心人才对工作环境更加认同，特别是称赞企业的绩效管理实践、企业开放程度及与管理者的双向沟通。②相反，核心人才比其他人对企业的竞争力、创新和应对市场变化的行动能力方面有更多的批判和质疑。③和其他员工一样，核心人才期望有强有力的领导，以及可充分利用的职业发展机会。除此之外，核心人才还需要参与到企业的愿景、价值和战略中来，这样他们才能被完全吸引。确保这些员工认同（并被引导）企业的价值，对于保持他们长期处于忠诚状态是非常重要的。④处于离职风险中的核心员工可能有一系列原因让他们失望和挫败，其中包括缺乏赞扬、奖励及管理者在区分重点、快速行动、设定明确目标上的无能。除了晋升和奖赏机会，核心员工还需要得到针对企业发展重心和战略进行的清晰的沟通。

有离职风险的员工普遍存在对奖励的不满意，不仅仅局限于核心人才。当然，这也为长期激励作用的研讨提供了重要的背景信息。处于最高留任风险中的核心人才对激励机制的认同显著低于其他高绩效员工（如那些没有打算离开当前企业的员工）。

第二，长期激励的类型和作用。长期激励为人们提供了一个机会来认识在较长的时间段内由特定的绩效所带来的经济效益。长期激励已经在美国盛行了数十年，但是最初的长期激励主要关注高级管理者。这些激励计划设计的目的在于，让员工的绩效和报酬与长期商业目标和最终的商业结果相对应。设计的另一个重要的出发点是，这些报酬计划可以被用于促进高级管理者和其他核心员工的留任。随着长期激励计划的演变，它们不再被仅仅用于高层管理人员，也提供给比较低层级的高绩效员工和核心员工。在互联网时代，越来越多的企业，特别是在技术产业领域，提供股票期权作为对广大员工的长期激励。它将员工和股东的利益结合在一起，并在竞争激烈的人才市场中提高了企业吸引和留任稀缺人才的能力。然而近些年，面向更广泛群体的期权计划的趋势在很大程度上被颠覆，因为激励方式开始向各有所好的方向转变。由于当前企业在期权兑现时会耗费一大笔财务费用，股票期权的授予资格也在不断收窄。

不同的企业采用不同的长期激励方式来达到各种目的。基本的长期激励类别有股票期权、限制股股份和长期绩效计划。

一是股票期权。股票期权是一种奖励，它让员工可以有权利在指定时期内以预先设定的价格定额购买股票。而预设的价格最常用的是授予期权买卖特权时的股票价格。为了确保着眼于长期，期权一般经过3~4年才可兑现。股票期权的价值取决于企业股票在期权期限内的价格评估，这个期限一般是10年。股票期权的价值体现为股票市场价与预设价的差值。

企业长期以来都用股票期权来激励为股东创造价值的员工，他们的贡献将驱使企业的股票价格上升。股票期权对年轻快速成长型的企业尤其有效，同时在股票市场的上升期也是一个有效的激励工具。但它们可能对成熟型企业吸引、留任核心绩效人才的价值不会很明显，尤其在股票市场动荡期。

二是限制股股份。限制股股份是一种奖励，它授予员工真正的股份（或代表股份的物质），这些股份在一定的期限内是受到限制的。股份接受者在企业中的工作年限必须满足授予期限才能获得股份奖励。当限制期结束，一般是3~5年，股份接受者可以获得全部股份。即使那些股份是受限制的，股份接受者通常也拥有投票和分红的权利。

限制股股份主要被用于留任，通常不会带来预测性的绩效条款。然而，限制股股份越来越多地被用作一种针对企业底层高绩效员工的激励机制。它提供了一种平等的激励，表达了企业对这些员工的努力和成就的认同。这相应地鼓励了员工继续为企业服务。

近年来，随着企业对期权的依赖下降，限制股股份应用得越来越多。它不像期权，即使接受者仍然留在企业也可能会变得一文不值，限制股股份永远是“赚钱的”。即使股份价值下跌，他们仍然可以有一定的货币价值，除非这个企业破产。

三是绩长期效计划。绩效计划也是一种激励手段，它根据特定的企业目标在规定的绩效周期内的实现程度而定，这个周期一般是3年或更长时间。大部分企业每年都使用绩效计划作为新的年度奖励周期，这种计划参与者支付股份、股份单元或者现金，激励的水平通常与企业或业务单元相对于既定目标的绩效相挂钩。

绩效计划的目的是激励管理者和其他高绩效并对企业（业务单元）的成功有关键作用的人。绩效的高低是根据员工的成就水平和绩效标准相比较得到的。绩效标准包括业务上的测量（如销售额或收益的增长）到财务上的测量（如投资回报、毛收益）。绩效计划的关注点在于长期商业目标的实现。

由于绩效计划按照企业长期目标的实现状况来确定实际给予参与者的激励等级，因此在推进“按业绩付酬”方面相当有效。有两点对于绩效计划的成功是关键的：绩效计划的核心在于获得这些奖励的员工要清楚地理解面临的目标是什么，以及必须达到什么样的成就水平；员工必须明确他们在实现既定目标中的作用。在绩效计划的衡量指标和如何根据指标产生绩效之间，绩效计划的参与者要有一个清晰的视角。

如果沟通得当，绩效计划将有效地将绩效和薪水联系起来。如果沟通不力，绩效计划可能会让参与者迷惑，心烦意乱，因而阻碍他们关注企业的核心商业目标。

驾驭绩效的关键在于识别核心人才。从更具引导力的视角，针对真正对企业至关重要的人所具备的特点，采用基于研究的素质测评和模型构建，将是一种有用的方法。可以把测评看作另一种奖励核心人才的方式。很明显，不是每个企业都能提供，当然也不是每个人都能获得这样的机会，对他的技能和发展需要进行一次专业的测评。进展顺利的话，它往往会被那些参与测评者视为一份礼物。在这个过程中，会生成一些揭示本质的信息，这需要以专业的方式来处理，尤其在涉及反馈时，会相当敏感。然而，有大量的应用服务适用于各种各样的需要和经费条件。

测评信息是一种途径，它帮助那些被邀请参加的员工（“帮助他们”）选择最佳的方式来为企业（“帮助你”）作出更大的贡献。如果企业致力于为核心绩效的员工提供这类机会，那么可以加强使用测评频率，并视之为员工全部奖励的一部分。他们获得了深刻领悟的机会，通过这些领悟，他们提高了自我意识，更加关注自己的发展成果，否则，这些领悟将在不经意间消失。

第五节 企业人力资源质量评价方法

一、国内外人力资源质量评价方法概述

国内外人力资源质量评价的方法大致包括人力资源会计、人力资源关键指标、人力资源效用指数、人力资源指数、投入产出分析、人力资源调查问卷、人力资源声誉、人力资源审计、人力资源案例研究、人力资源成本控制、人力资源竞争基准、人力资源目标管理、人力资源利润中心、人力资源管理总效应与智能资产回收率14种方法。下面对以上方法做简要介绍。

（一）人力资源会计

人力资源会计是将员工视为企业资产并给出员工的价值，其采用标准的会计原理去评价员工价值的变化。人力资源会计的内容可以界定为：①有关人力资源投资、开发、运用的预测与决策理论；②有关人力资源成本预算分析与规划的理论；③有关岗位责任分配及控制的理论；④有关人力行为科学的理论；⑤有关代理人理论。目前，对员工价值的计算采用未来收入（工资、福利、资金等）的贴现方式，对人员的分配和激励政策的制定采用成本收益分析方法。人力资源会计对于反映企业人力资本增值有一定的作用，但对于人力资源管理产生的隐性价值则无法计量。

（二）人力资源关键指标

人力资源关键指标是用一些测评组织绩效的关键量化指标来说明人力资源部门的工作情况。这些关键指标包括就业、平等就业机会、培训、雇员评估与开发、生涯发展、工资管理、福利、工作环境与安全、劳动关系及总效用等。每项关键指标均需给出可量化的若干指标，如培训可采用每种岗位上雇员完成培训人数的比例及每个雇员的培训时间等来衡量。在人力资源工作与组织绩效的关联性显示方面，人力资源关键指标能显示二者有较高的相关度。但随着企业人力资源管理功能的转变，以及不同国家、不同企业自身的实际情

况，在关键指标的设计、指标权重的确定方面存在很大的不确定性，需要根据实际情况进行调整。

（三）人力资源效用指数

人力资源效用指数是一种试图用一个衡量人力资源工作效用的综合指数，来反映企业人力资源工作状况及贡献度的评估方法。人力资源效用指数是使用人力资源系统的大量数据来评估选才、招聘、培训和留用等方面的人力资源工作，但由于过分庞杂，加上指数与组织绩效之间的相关性仍不明确，有不少研究者并不看重它。

（四）人力资源指数

人力资源指数（HRI）的概念最早由利克特提出，后来由美国的舒斯特教授开发而成，由报酬制度、信息沟通、组织效率等15个因素综合而成。人力资源指数不仅说明企业人力资源绩效，而且反映企业的环境状况，包含内容较为广泛，通过在美国、日本、中国、墨西哥许多企业使用HRI进行调查后，建立了地区标准和国际标准。在衡量人力资源管理效果时，一些方法往往注重一些客观的数据，如生产率、投资收益率、缺勤率、员工抱怨率等。因为这些方面的变化可能比人力资源管理条件的变化滞后，所以增加关于员工的激励和满意度的测量和评估是重要的。此外，由于组织中双向沟通渠道的开辟，人力资源指数对诊断组织中的特殊问题和组织发展也是有效的。

（五）投入产出分析

将投入产出分析方法运用于人力资源管理评估，计算人力资源成本与其效益之比，具有较高可信度。一般而言，人力资源项目的成本是可以计量的，但问题是对项目收益的确认，尤其是在确认无形收益时，则较为困难。投入产出分析在评估人力资源单一项目时，还是有效的，但是在评估整个人力资源工作时则显得力不从心。人力资产不同于其他资产之处，在于人力资产为企业带来的经济利益是智力因素，而且必须与其他资产相结合才能实现，所以就存在两个问题：一是人力资源的成本支出能给企业带来的经济利益难以从总体利益中区分开来；二是如果不从给企业带来的经济利益角度来衡量人力资源的成本效益，就需要对人力资源的价值进行单独计量，那么，将最具一般性（一般等价物）的货币用来计量人力资源中最具个性化的智力因素，其难度和相符合程度也是可想而知的。

（六）人力资源调查问卷

这种评估方法将员工态度与组织绩效相联系来实现对企业人力资源工作的评价。一般而言，员工态度与组织绩效之间呈正相关，已有一些研究表明：或者是好的组织气氛提高企业业绩，或者是成功企业的环境产生了良好的气氛。

（七）人力资源声誉

有些专家认为，人力资源工作的效用判断，可以通过员工的主观感觉来对企业人力资源工作进行评估。员工的反映及企业人力资源工作的声誉对人力资源管理评估是比较重要的，但这种评价与组织绩效之间的相关度并不高。

（八）人力资源审计

人力资源审计是传统审计的延伸，它通过采用、收集、汇总和分析较长时期内的深度数据来评价人力资源管理绩效。这种系统方法取代了过去的日常报告，经过调查、分析、比较、审计为人力资源工作提供基准，以便人们发现问题、采取措施进而提高效用。在人力资源审计中，可综合使用访谈、调查和观察等方法。

（九）人力资源案例研究

案例研究近年来被引入人力资源管理评估实践中，成为一种成本低的评估方法。通过对人力资源工作绩效的调查分析，与人力资源部门的顾客、计划制订者进行访谈，研究一些人力资源项目、政策的成功之处并将其报告给选定的听众。

（十）人力资源成本控制

虽然大多数管理者意识到工资和福利的总成本，但是他们没有认识到人力资源工作的改变会带来巨大开销。评估人力资源绩效的一种方法是测算人力资源成本并将其与标准成本比较。普通的人力资源成本包括每一名雇员的培训成本、福利成本占总薪资成本的比重以及薪酬成本等。这种人力资源成本控制方法是对传统成本控制的拓展，在典型的成本控制表中可包括雇佣、培训与开发、薪酬、福利、公平雇佣、劳动关系、安全与健康、人力资源整体成本。但这种成本控制中，没有考虑成本与绩效的关系，对成本的测算仅仅反映了人力资源管理工作绩效的一个方面，缺乏对人力资源管理工作评价的系统考虑。

（十一）人力资源竞争基准

竞争基准方法也在人力资源部门中得到运用并被作为评估人力资源工作的方法。首先将人力资源工作的关键产出列出来，然后再将此与同行业中的佼佼者进行比较，从而进行评估。这种方法只注意到产出，而忽视了投入，与人力资源成本方法存在同样的体系问题。另外，对同行业佼佼者在人力资源管理方面的相关数据的获得有一定的难度。

（十二）人力资源目标管理

运用目标管理的基本原理，根据组织目标要求，确立一系列目标来评价人力资源工作。在这种方法中，关键是目标合理、可评估、有时效性、富有挑战性且又合乎实际、能被所有参与者理解，同时，目标又必须是达到高水平管理所要求的。当然，这些目标应尽可能可以量化，且必须与组织绩效相联系。这种方法的难点在于合理目标的确定。

（十三）人力资源利润中心

利润中心评估方法是当代管理理论和实践将人力资源部门视为能够带来收益的投资场所的体现。人力资源部门作为利润中心运作时，可对自己所提供的服务和计划项目收取费用，典型的人力资源服务项目有培训与开发项目、福利管理、招聘、安全与健康项目、调遣项目、薪资管理项目和避免工会纠纷等。这种方法仅能体现在成本收益中，无法涵盖人力资源管理部门的工作所产生的无形收益。

（十四）人力资源管理总效应与智能资产回收率

人力资源管理价值理论认为，一个企业人力资源管理系统的成效可以用该人力资源管理系统所产生的总效应，即按该人力资源管理系统为企业发展总目标服务时作出的贡献——其有效性及该人力资源管理系统的效率的综合结果来衡量。人力资源管理价值理论提出的衡量企业人力资源管理活动方法，虽然能从整体上反映企业人力资源管理的状况，但无法反映企业人力资源管理具体环节存在的问题，对于改进人力资源管理活动不能起到直接的指导作用。

二、我国建立现代企业人力资源质量评价体系的原则

就我国而言，在建立企业人力资源评价指标体系时，应注意以下几点原则。

（一）发展和实际相结合

在指标种类的设计上要体现发展的要求，而在指标权重的设计上要体现实际状况。由于我国的人力资源管理与开发工作较为滞后，与世界发达国家存在很大的差距，因此，在评价指标种类的设计上，应结合未来企业发展对人力资源管理的要求，而在指标权重设计上体现我国人力资源管理的实际状况①，并且随着企业人力资源管理状况的不断改进，应相应调整各个指标的权重。

---

①一方面，把我国在人力资源管理方面薄弱环节的指标权重加大；另一方面，体现发展要求的指标权重要小一些，但不能舍弃，要用这些指标给人们指出未来的发展方向。

（二）独立性与关联性相结合

在指标体系设计中，从系统论角度出发，既要有反映系统各个要素（人力资源管理活动的各个环节）的指标，又要有反映系统各个要素相互协调作用的指标。这种结合能比较全面地反映企业人力资源管理的绩效和存在的问题。

（三）主观性与客观性相结合

为了全面客观地反映企业人力资源管理活动的状况，必须将定性方法与定量方法相结合，因此，在指标设计上，应把员工评价、员工满意度与客观的指标相结合。这样可以避免主观因素干扰，同时能反映员工对人力资源管理工作的满意度以及不同利益主体的评判情况，反映企业人力资源管理在组织不同层面上的绩效状况，更有利于问题的发现，使解决问题的方法更有针对性。

（四）时间和空间的纵横结合

人力资源管理活动的特殊性，使得客观显现的数据指标与人力资源管理活动条件的变化之间存在时间上的不一致，并且处于不同层次的人员对于人力资源管理活动条件变化的反应时间也不尽相同。为了全面反映人力资源管理活动绩效，在指标体系中，应把反映人力资源管理活动的指标在时间和空间上进行相互补充和融合。

（五）整体能效与发展目标相结合

体现企业人力资源管理系统对外功能的指标即人力资源管理活动的整体能效，应与企业的发展目标有较高的关联度。企业人力资源管理系统作为企业组织系统的一个子系统，应为组织目标的实现服务，因此，对人力资源管理工作的评价应与组织的绩效密切相关。这样也可以更加直接地反映企业人力资源管理的贡献度，较为适合中国企业的管理者和人力资源工作人员的需要。

第九章　事业单位员工岗位管理

第一节　员工职业发展规划

一、员工职业发展规划内容

员工职业发展规划是指从组织角度对员工从事的职业和职业发展过程所进行的一系列计划、组织、领导和控制活动，以实现组织目标和个人发展的有效结合。

职业发展规划的主体是组织和个人，主要内容包括职业选择、职业发展目标的确立、专业发展路径的设计等方面。

（一）员工职业发展规划与个人职业发展规划

员工职业发展规划区别于通常的个人职业发展规划，员工职业发展规划是站在组织的视角为实现员工和组织的共同发展而进行的规划，两者区别如表9-1所示。

表9-1　基于组织的员工职业发展规划与个人职业发展规划

基于组织的员工职业发展规划	个人职业发展规划
1. 确定组织未来的人员需要 2. 安排职业阶梯 3. 评估每个员工的潜能与培训需要 4. 在严密检查的基础上，为组织建立一个职业发展规划体系	1. 确认个人的能力与兴趣 2. 计划生活与工作目标 3. 评估组织内外可供选择的路径 4. 随着职业与生命阶段的变化，关注自身在兴趣和目标方面的变化

（二）员工职业发展规划的目标

员工职业发展规划的目标是组织和个人的共同发展。由于事业单位涉及的行业较多，体制各不相同，因此员工职业发展规划所达到的组织发展目的也各不相同。

二、职业发展阶段选择

（一）职业人才匹配理论

波士顿大学柏修斯教授的职业人才匹配理论认为职业选择具有两大应该注意的要素：一是要注意自身发展与限制的要素配合，对自身固有的特质如兴趣爱好、擅长的才能等要有充分认识；二是要在开展工作中不断对自己各个方面进行完善提高，通过完善自己各方面擅长领域，修补自己的短板，从而提高自己在工作岗位的胜任能力，同时应该结合不同工作环境和不同岗位薪酬给自己制定一个合适的工作定位，从而使自己的能力发挥与工作定位相适应。职业人才匹配理论也同时指出，每个人选择的职业和自己个性应该达到基本一致为最好，通过个人主观个性和职业发展方向趋同能够更好地发挥个人才干，充分利用人才，也是企业人力资源管理优化的方式，所以建立职业发展的人才匹配方案是发展企业人力资源管理的有效手段，也是充分运用企业人力资源调配的体现。

结合柏修斯的职业人才匹配理论，员工在选择职业和发展规划方面可以分为三个阶段：首先是基于员工本身的特质，譬如性格、身体素质、兴趣爱好进行分析评价；其次是进行职业匹配，也就是评估员工和该职业之间的相关联性，譬如员工的专业技能是否满足职业需要，员工的性格特点是否能在工作中能得到相应加成等；最后就是职业和人才的匹配，基于上面两点的分析和评估关联性，在专业人士的指导下，选择一个适合员工发展的职业或岗位，从而使职业和人才相匹配，满足个人职业发展的需求。

（二）性格匹配理论

性格匹配理论是由美国心理学教授约翰·霍兰德（John Holland）最先提出的，该理论认为员工的个性会紧密联系并且影响着开展的实际工作，性格匹配理论将个人的心性分类、兴趣爱好和工作职业选择之间建立关联。其中将职业人性格划分为研究性、社会性、现实性、企业型、常规性和艺术性六种，同时将该六种类型的性格分类逐一投射到现实中与之能够对应的职业环境中去。只有充分激励员工的发展必须确保员工的个性和目前所处的工作环境相匹配，才能够更好地发展员工和企业。

一般在职业选择的过程中，人们也往往倾向于寻找一个和自身性格特质相符合的工作，这种选择大多数也是基于个人潜意识的喜好；但如果要更加精准精确地选择职业则，可以运用性格匹配理论来综合分析员工性格特点，适合从事哪些工种，这样的匹配契合度更高，对于匹配后从事该工作的离职率更低，也能更好地发挥员工的特长。

（三）职业锚理论

根据职业锚理论，每个人的价值观、自身素养、工作能力及工作发展动向都与职业锚有关系。从每个人的教育成长经历到工作阅历，职业锚均对其有着深远影响；职业锚也是人们有效构造职业规划、优化前进方向的重要参考。根据职业锚理论关于个人定位的部分，职业锚是由个人对自身感知什么是自己需要的工作前景、自身的能力定位和匹配以及自身的价值观体现和工作态度组成。职业锚包含有以下两个主要特点：第一，职业锚在个人是形成于每个人早期的教育阶段，然后在后期的实际工作中逐步形成自我的定位和稳定化；第二，职业锚所涵盖的职业分布一般是指个人最有意向参与的职业，也是觉得这份职业最具有归属感。结合职业锚的理论，可将职业划分为五大类型：第一是技术型人才，该类型人才注重自己行业的专业性，并乐于从事以技术为主导的工作；第二是创业型人才，该类型人才喜欢冒险，具有探索精神，有强烈的欲望想开拓创业，一般风险意识较为薄弱；第三是安全型人才，该类型人才主要重视工作给自身带来的安全感，对工作的收入和前景并不是很看重，一般偏向于保守和固执；第四是管理型人才，该类型人才具有很强的组织能力和管理能力，能在众人面前起到带头作用，能在管理层的岗位发挥自己的特长，在企业中多数发展为领导层或策略层；第五是自主型人才，该类型人才具有很强的掌控意识，控制欲和自我意识比较强，喜欢独立决策我行我素，具有很强的独立解决问题的能力和学习能力，但一般加入大团体反而不容易有杰出贡献。

于20世纪90年代初期，施恩教授通过研究又对职业锚理论进行深化，增加了生活型人才、服务型人才和安全稳定型人才三个方向的分类，最终形成由技术型、创业型、安全型、管理型、自主型、生活型、服务型和安全稳定型共八大类的职业锚方向，通过更加细化的职业定位分类，分析出不同类型职业人的自我定位和工作发展的细化特征。职业锚理论通过以上八大类职业锚分类，揭示职业人的自我认知，并且在职业生涯发展探索中，结合每个人的价值观、职场技能、成长需求等发展需要来固化每个人属于哪个职业锚方向，确立好职业锚方向后有所侧重地发展自我技能和提升个人工作能力和解决问题的能力，使个人性格和工作达到一个完美的匹配效果，便于职业人完善优化自己的职业生涯规划。

第二节 人员晋升设计

一、内部晋升的定义

内部晋升的含义是为了满足组织经营发展所需，确保组织的各项活动正常进行，根据公司的人力资源发展规划要求，通过人力资源各种选拔评价的工具，从组织内选拔提升合适人才的活动。换句话说，公司内现有的符合条件的较低岗位员工从现有的层级被提拔到较高级别岗位的一个过程。员工晋升是组织其他各项活动能够顺利展开的基础和前提条件。组织内部为了提高工作效率，首先必须进行劳动分工，这样在组织内根据专业就可以划出很多职系，职位系列可以划分为若干职位，不同的职位又形成了不同职位层级，最后构成了岗位晋升的标准与要求。组织通过综合评估拟晋升员工的资质从而衡量其能否被晋升到较高岗位上。

二、事业单位工作人员晋升机制的主要原则

（一）核心机制设计——完善晋升管理体制，为员工创造更多更广的发展空间

完善的晋升机制能够为员工提供较多的发展空间，是组织事业发展的基石，员工只有得到适当的发展了，才能创造更好的绩效。

1. 科学设计职位体系，明确职位要求

根据“胜任力模型”理论，人力资源管理的首要工作是明确各岗位需要什么样的能力素质和要求，也就是设计岗位体系、明确岗位要求，当然，这也是晋升管理的前提。

在这一点上，我们首先要根据单位的工作职能特点、具体的工作内容、基本的工作量评估，进行岗位设计，并且明确各岗位的基本工作要求、知识技能要求、专业要求甚至考核指标。这里有两个基本内容和要求。

一是进行职位体系设计。即要设哪些岗位，每个岗位设多少人，这要根据工作内容和工作量来统筹考虑，目标是保证各岗位人员工作强度和工作量基本平衡。举例来讲，近期市法制部门强化执法监督工作，要求有执法职能的部门设置执法监督岗位，那么，单位就需要根据本部门执法工作的特点进行相应的设置：工商、税务等部门执法工作发生频

繁，执法任务多、执法队伍大，在这样的单位，要设置专职的执法监督岗位，甚至要设置执法监督部门；而一些以业务管理为主的部门，执法人员和执法任务相对较少、执法案件偏少的单位，执法监督工作显然更少，就可以考虑在有相关法律工作职能的部门设置兼职岗位。

二是发布《岗位说明书》。顾名思义，《岗位说明书》是对岗位职能和要求的说明，主体应包括两部分：一是主要岗位职责，对该岗位的主要工作职责进行明确，列举该岗位主要工作职能，应详细描述工作内容、主要流程、应交付产品、协作关系等，要涵盖该岗位全部工作；二是知识技能要求，要明确该岗位人员所需的知识技能要求及专业要求。这里注意要对技能要求进行尽量量化的描述，一是为晋升的科学公正奠定基础，二是可以引导员工的努力方向。

根据以上内容，可以对该岗位的工作分三个方面进行评估：一是工作量评估，根据业务内容发生的频次，每次用时，评估该岗位工作的工作量；二是工作难度评估，根据工作内容与其他部门或其他单位协作关系、业务范围等确定工作难度系数；三是工作效果评估标准，即明确通过哪些指标评估该项工作完成的程度，如何进行绩效评分等。

通过工作量的评估可以确定应分配编制；通过难度系数的评估可以确定胜任该岗位的任职资格及条件，逐步建立双向选择机制，同时为职工个人指标确定及其分值确定奠定基础；效果评估标准则可作为一个绩效考核周期结束时职工工作完成的质量及效果，确定绩效等级。

《岗位说明书》的制定应建立在上下充分沟通的基础上，由人力资源部门牵头，与各用人部门充分沟通，确定《岗位说明书》的具体内容。

2. 科学设计晋升条件，从源头上实现“人岗相适”

在设置晋升条件时，一定要根据《岗位说明书》，根据岗位职责、知识技能要求等，明确要选拔什么样的人，设计什么样的条件能够把这样的人选拔出来。以电子业务部部长为例，其职责主要是负责本单位电子业务渠道的部署、产品的研发及管理、推广等工作。很显然，这个岗位在能力素质上有两个基本要求：一是熟悉主要业务，电子业务的根本还是在“业务”；二是要有一定的信息化工作背景，电子业务的另一个重点是“电子”，如何利用信息化手段完成业务管理、实现风险控制同样重要。基于以上判断，在进行晋升条件设置时，“熟悉本单位主要业务工作，有三年以上的相关工作经验”“有项目管理经验，至少主持完成两项本单位主要业务项目”应该为基本条件。

3. 科学设计晋升程序，保障晋升工作效果

晋升程序的设计要与所要选拔的岗位相适应，根据需要考查的技能进行程序设置。仍以选拔电子业务部部长为例，由于主要考查其项目组织能力、业务管理技能等，竞争上岗宜以业绩评审的方式组织：业务部门、信息技术部门的有关人员及电子业务部门的上级、

下级作为主要评审组，对竞岗人员的项目业绩进行评审，进而完成选拔。而在选拔信访岗位时，应主要考查其对业务掌握的全面性和应变能力，宜通过笔试考查业务素质，以情景类题目的面试考查其对突发事件的应变处理能力。

（二）补充机制设计——保障核心机制的效果

1. 完善薪酬管理体制，发挥激励作用

薪酬体制是对晋升机制的有效补充，薪酬机制跟不上，会极大地影响晋升制度的作用发挥，甚至使其失效。

（1）建立绩效工资管理制度，“以绩效定薪酬”

薪酬制度基本的要求是“以绩效定薪酬”，因完成的工作强度、工作量而有所不同。绩效工资制度的设计要遵循以下两个原则。

一是要确实体现贡献大小及政策导向，特别是在多条晋升通道并存时，要体现政策引导作用。以管理岗位为主的事业单位，如果专业技术人员的岗位技能要求高、业务知识要求高、预期岗位创造的贡献大，此类岗位的薪酬待遇应高于管理岗位，类似于金融机构的风险官属于专业技术人员，其收入水平是高于行长的。同时，薪酬体系应体现导向作用，如有日常业务管理职能的单位，可以适当设计一线岗位津贴，使一线工作人员能够安心工作，以不断提升业务服务水平。

二是差距要适当。绩效工资要体现差距，但是在事业单位的管理机制下，还是要把握差距适当的原则。差距过小，起不到应有的激励作用；差距过大，则可能起到反作用。比如，国家规定了信访岗位要有岗位津贴，这就体现了对信访岗位的政策倾斜。津贴过少，岗位人员会认为与其日常承担的压力不匹配，影响工作积极性。而津贴过多，可能有两方面的负面影响：一方面可能员工对该岗位趋之若鹜，影响工作稳定性；另一方面员工可能觊觎该岗位的待遇但不愿承担该岗位工作的责任，进而产生矛盾心理，产生不配合信访工作的情况。

（2）打破传统观念，提升技术人员的薪酬待遇

传统观念上，“长”的待遇要比一般工作人员高。但实际上，由于“长”属于管理岗位，需要的是综合能力，而技术人员可能是创造业绩比较高的岗位，是研发性、业务性岗位，需要很高的专业技能。按照“按劳取酬”的原则，专业技术人员的待遇水平应得到提升，甚至高于管理岗位。正如前面讲到的，金融机构里风险官的收入水平是高于行长的。唯有如此，才能真正激发专业技术人员的工作积极性，不断钻研业务、研究新产品，促进单位主要业务的发展，进而提升单位整体工作绩效。

2. 加强绩效管理，使员工持续发展

绩效管理制度是晋升制度的有益补充，科学的绩效管理制度能够对晋升制度起到保障

作用。

（1）设计科学的绩效考核体系，科学评价工作人员晋升后的工作效果

晋升是选拔合适的人员到更高的岗位上，那么晋升人员到新晋岗位后是否能够完成工作任务？是否适合新的岗位呢？这就需要绩效考核体系发挥作用。通过设计合适的考核指标并明确指标的评价标准，用量化的指标来衡量是最好的方法。

（2）加强晋升后的绩效管理，督促晋升人员持续创造好的工作绩效

这一点与上一点是对应的。通过绩效考核能够了解员工是否能够胜任新晋的岗位，能够看到其不足之处。此时应进行绩效管理，通过与晋升人员共同分析绩效情况，了解出现问题的原因并有针对性地进行新技能培训，帮助其完成岗位过渡，适应岗位。当然，这也是督促晋升人员不断提升自己的外在动力。如果晋升后没有考核和管理，干好干坏都无所谓，晋升人员就会失去继续提升的动力。

三、以管理岗位为主的事业单位工作人员晋升机制设计

以上对晋升机制的完善提了几点建议，下面以某事业单位为例设计晋升管理机制。

首先回顾一下单位的情况。甲单位为其他事业单位，主要从事社会保障事业，有一定的经济管理和服务职能，在岗位设置上定位为专业技术岗位和管理岗位并重的事业单位，两类岗位所占总量分别为50%和49%，另有1%的工勤技能岗位。该单位人员总量为200人。其职数分布情况如表9-2所示。

表9-2　某单位职数分布情况

项目 人数		岗位设置所占比例	人数
人数总量		100%	200
专业技术人员（50%，100人）	高级	10.5%	21
	中级	17.5%	35
	初级	22.0%	44
管理人员（50%，100人）	局级	0.5%	1
	副局级	1.5%	3
	正处级	3.0%	6
	副处级	4.0%	8
	正科级	7.5%	15
	副科级	10.0%	20

续表

项目 人数		岗位设置所占比例	人数
管理人员 （8%，16人）	科员	18.0%	36
	办事员	5.0%	10

下面以此为基础进行晋升机制设计。

（一）核心机制——晋升制度设计

1. 职位晋升的通道

职位体系设计工作是一项系统工程，方法不复杂，在前面的完善建议中也有说明，主要是要充分结合单位的实际工作内容和队伍现状，要点是要运用“胜任力模型”的方法，明确每个岗位到底要做些什么，要完成这些工作究竟需要哪些具体的技能和能力。

具体的岗位设计这里不做赘述，重点对晋升通道及相关的程序进行设计。该事业单位人员总量为200人，专业技术岗位和管理岗位职数基本上各占50个，而其中正副处级岗位共14个，正副科级岗位共35个，高级专业技术岗位21个，中级专业技术岗位35个，其余100余岗位级别较低。如果只是按一般规定设置管理岗位和专业技术岗位两个晋升通道，那么，单位的各级别人数分布是一个非常典型的金字塔型结构，这样的结构显然不是一个组织级别层次最稳定的结构：底层人员过多，发展空间小，极易造成情绪波动。特别是在高级别岗位已经聘任完成的情况下，低级别岗位的员工是看不到发展空间的。这样的机制无疑会使单位死气沉沉，员工普遍没有工作热情，更谈不上提升工作绩效。

而较为合理的结构应该是橄榄型，中坚力量多并且稳定在中间位置，有上升空间，部分较差人员分布在底部，也会形成无形的压力。

基于以上判断，笔者认为可以增加岗位序列通道，增设后的通道设置如下。

一是管理岗位。按照职数批复方案设置，管理能力突出的人员在这条通道上得到晋升和发展。此类岗位的发展方向为科室、处室负责人甚至领导班子成员，要能够统筹一个部门的全面工作，重点强调组织协调能力、综合分析能力等。级别设置为办事员、科员、副科、正科、副处、正处、副局、正局，其中办事员、科员为入门级低岗位。以上按照事业单位相关规定设置。

二是专业技术岗位。按照职数批复方案设置，专业技术能力特别突出、有较多的业绩成果的人员在这条通道上得到晋升和发展。此类岗位的发展方向为项目带头人，不担任行政职务，但要对重点业务和项目负总责，重点强调专业能力、研发能力和项目统筹能力等。级别设置为正高、副高、中级、初级，其中初级为入门级低岗位。以上按照事业单位相关规定设置。

三是岗位序列。此通道属于单位为了提升员工工作绩效而开发的不受职数限制的晋升通道。根据单位工作职责划定若干业务条线，并在各条线上划分级别，既未担任管理职务又未聘任专业技术岗位的人员可在其所在序列上逐级晋升。我们暂且按照五级科员设计。

根据以上岗位工作内容和性质，三条晋升通道为管理岗位、专业技术岗位、岗位序列。以上三条通道的全面打通基本能够满足各类型特点员工的发展需求：有管理特长、综合能力强的在管理岗位通道上逐级发展；专业技术能力突出、业务研发技能强、有项目组织能力的偏技术型人才在专业技术岗位通道上逐级发展；其余的虽没有很突出的管理能力和技术能力，但是能在本岗上作出突出贡献的，也能在岗位序列上逐级晋升。

2.晋升制度的设计

按照以上三条通道的设置原则和目的，下面进行具体设计。

（1）管理岗位序列晋升机制

管理岗位序列主要分布在处、科级岗位上。由于主要关注管理能力、综合能力，管理岗位的选拔宜采取竞争上岗的方式进行。

在条件设置方面，运用“胜任力模型”的成果，明确岗位职责及技能要求，同时要结合事业单位相关管理规定，主要考虑两方面因素（仍以电子业务部部长、正处级为例）。一是基本条件，主要是要具有较高的思想政治素质、政治立场坚定，自觉执行党的路线、方针、政策，同党保持高度一致，大局观、事业心强，身体健康；在副处级岗位上工作三年以上，各年度考核结果为合格以上（这是事业单位管理人员竞争上岗的基本要求，全市统一规定）。

二是具体条件，主要考虑与该岗位相关的竞岗要求，也就是对“胜任力模型”的具体运用：熟悉主要业务，成功组织完成至少两项业务项目。这一点对应在“胜任力”要求的熟悉业务方面，对于处级领导干部，有组织完成业务项目的经验能够证明其在业务方面的“胜任力”。熟悉互联网运行机制，有计算机学习或工作背景，参与完成两项以上的信息化系统建设项目。这一点对应在“胜任力”要求的熟悉信息化建设方面，有计算机学习背景，有参与完成两项以上的信息化系统建设项目的经验能够证明其在电子业务方面的“胜任力”。

以上基本条件主要考虑对事业单位管理岗位竞争上岗时必须满足的一般条件，具体条件则重点考虑岗位工作职责和技能要求，保证竞岗人员晋升后能够胜任岗位工作，尽量避免“彼得效应”的出现。

在程序设计上，可以采取述职竞岗的方式，通过竞争选拔出优秀人才。由于已经有比较明确并且可量化的任职条件设计，在竞争上岗选拔环节，采取打分制，根据“胜任力”

要求设计打分表，由参与评审的人员打分，进而产生竞岗结果。

（2）专业技术岗位序列晋升机制

专业技术岗位序列分布在专业技术岗位上。由于主要关注专业技术能力和业绩成果，专业技术岗位的选拔宜采取业绩评审的方式进行。

在条件设置上，结合事业单位相关管理规定，主要考虑两方面因素（以业务管理处标准管理岗、副高级为例）。

一是基本条件，除了要具备管理岗位人员应具备的思想政治素质等基本条件，还要具备副高级以上专业技术职称资格，近五年内各年度考核结果为合格以上。

二是考虑与该岗位相关的技能要求：熟悉主要业务政策和流程操作要求；有一定的项目组织能力，成功组织完成至少两项业务项目；具有较强的业务研发能力，至少有两项转化为本单位工作实际的调研成果；有一定的系统设计能力，具有业务系统需求编制工作经验，能够将业务流程转化为系统实现需求。

以上基本条件主要考虑对事业单位专业技术岗位竞争上岗时必须满足的一般条件，具体条件则重点考虑岗位工作职责和技能要求，由于是专业技术岗位，重点考察其研发能力和实践能力、项目组织能力。

在程序设计上，宜采取业绩评审的方式进行，竞岗人员对照竞岗条件介绍自己的业绩成果、项目成果、工作经历等，业务处室、信息技术部门、营业部等与该部门业务往来频繁的部门相关人员参与评审，保证评选出的人员符合岗位工作要求，在未来的岗位上能够与相关部门形成良好的合作、互动关系。

当然，对于计算机、风险管理等专业性较强的岗位竞争上岗，还可以考虑增加专家评审环节，通过外部专家与竞岗人员的互动面谈增加对竞岗人员的技能了解。

设计要点与管理岗位的晋升类似，要强调两个要点：一是在条件设计环节围绕“胜任力模型”，务求设计出的岗位要求与竞岗的岗位要求一致；二是在业绩评审环节，参考“胜任力模型”明确评审要素和打分要求。

（3）岗位序列晋升机制

岗位序列主要分布在处、科员级岗位上。这类岗位关注的是能够安于本岗工作、能够完成工作任务，但在管理能力、专业技术能力上都不太突出的人员。

在条件设置上，主要考虑两方面因素（以咨询岗、二级科员为例）。

一是基本条件，首先要具备合格的思想政治素质等，还要符合近五年年度考核合格以上的要求。

二是考虑与该岗位相关的竞岗要求：有三年以上业务经办岗位工作经验，能够熟练处理前台各类业务；有一年以上咨询工作经验，能够妥善处理营业大厅各类事件；有一定的分析能力，能够收集客户意见并加以组织整理；有一定的组织协调能力，能够合理调配窗口资源；有一定的计算机使用能力，能够协助客户在自助设备上办理业务等。

以上基本条件主要考虑对事业单位工作人员的一般要求，具体条件则重点考虑岗位工作职责和技能要求，具备胜任岗位的基本技能和知识。

在程序设计上，由于此类岗位序列的晋升相对于管理岗位和专业技术岗位的条件要低，是对员工能够胜任原级别的岗位工作、圆满完成了岗位工作任务、在岗位上发挥了表率作用的鼓励，在程序上，可以考虑采取笔试、现场实操、民主测评等相结合的方式组织竞争上岗，注重现场实操的考核。同时，由于该序列属于员工较低岗位，最低的五级科员可以采取测评合格直接聘任的方式。

同样，设计要点与管理岗位的晋升类似，要强调两个要点：一是在条件设计环节围绕“胜任力模型”，务求设计出的岗位要求与竞岗的岗位要求一致；二是在选拔环节，参考“胜任力模型”明确评审要素和打分要求。

（二）补充机制设计——薪酬和绩效考核机制设计

1.薪酬机制设计

薪酬机制是保障晋升机制有效发挥作用的重要补充。我们在设计具体实施方案时要结合单位实际情况。但由于事业单位工作人员的基本工资、津贴补贴和基础性绩效工资都已设定明确的标准，因此，只有奖励性绩效工资是单位能够自主支配的部分。

对于三类岗位的定位，应遵循以下三个原则。

一是薪酬体系体现各岗位的贡献情况。专业技术人员，特别是高级别的专业技术人员，对单位的整体业务发展、风险防控、资金收支等重大事项负责，承担重大责任，也对单位的业务发展作出卓越贡献，定位最高，在薪酬设计上，最高级别的正高二级收入要高于行政领导；管理岗位人员，承担单位的管理职责，在统筹业务发展方向、队伍管理等方面承担主要领导责任，定位也是相对较高的；岗位序列，是偏操作性岗位，保证其能够有正常晋升预期。

二是差距适当原则。由于级别档次划分比较细，各档次之间的级别差距应该适当，过小起不到激励作用，过大则可能产生新的矛盾。

三是一般薪酬与特别激励相结合。这里体现的是基本薪酬，对于作出特别贡献的、对单位发展起到积极作用的，可以给予特别奖励。在奖励性绩效工资中拿出一部分份额，按照不同的奖项进行相应的奖励，如年度评选的先进集体、先进个人给予一部分奖金激励；对于在系统建设、业务发展方面有重大创新等为单位业务发展做出重大贡献的，可进行较高额度的专项奖励等。

当然，在实际兑现时还要与两个因素挂钩。

一是要与业绩考核挂钩，完成工作任务的全额兑现，未完成的按比例扣发，体现绩效工资与绩效的对应关系。

二是要与工资总额挂钩，根据总体额度确定系数。假如按以上薪点表，200人薪点总额为32万元，全年实际可发放一般奖励性绩效工资总额为500万元，则实际可发放系数约为1.3。那么以办事员为例，假如其考核结果为满分，则每月应发奖励性绩效工资为1000×1.3，即1300元。当然，假如其绩效考核结果为95分，则每月应发奖励性绩效工资为1000×1.3×0.95，即1235元。

2.绩效考核机制设计

绩效考核是晋升机制的又一重要补充。绩效考核的工具和测评方法很多，包括360度测评法、KPI指标法，等等，其核心是对员工的工作绩效进行科学评价，进而通过反馈、培训等措施帮助员工不断提升绩效。由于绩效考核的体系比较复杂，这里不再做深入研究，只是提出几点绩效考核的要点，供各单位参考。

一是要有明确的绩效考核办法，员工能够充分了解并认同单位的考核体系、本岗位绩效考核的指标及评价方法，以便考核制度能够有效推行。

二是要根据单位的重点工作任务确定各部门、各岗位绩效考核指标，体现绩效考核的导向作用，通过考核推动业务发展。

三是要重视绩效管理及培训工作，绩效管理是一个闭环体系，考核只是其中的一个环节。考核目的是帮助单位和员工诊断存在的问题和不足，并且逐步改善。在绩效管理工作中一定要重视反馈环节，并且针对不足安排适当的培训，使绩效考核真正发挥推动作用。

四是要充分运用考核结果，发挥考核的作用。对于考核成绩好的，可以考虑在一次性奖励、级别晋升等方面适当运用；对于考核成绩差的，在薪酬待遇上要有所体现，屡次考核不合格的，也要在岗位上进行调整。

五是要特别重视对于新晋升人员的考核工作。由于“彼得效应”的存在，在原来的岗位上工作突出，不一定能够胜任新岗位的工作。一定要重视对新晋升人员的绩效考核，通过细化考核指标、加大考核频次、强化考核反馈和培训等方式尽快使组织和个人认清其在新岗位上的业绩情况，帮助其尽快适应、胜任新岗位工作。对于确实不能胜任的，组织上需要考虑适当调整其岗位，以确保晋升制度的有效落实。

第三节　员工调动与离退管理

一、员工调动

员工调动，是指员工在组织中的横向流动。一般情况下，员工调动并不意味着晋升或降职，但有些调动可能与员工个人的职业发展有一定联系，如可能是组织特意安排的，目的是使员工进一步具备晋升的资格和条件；也可能是对员工的一种变相降职处理。调动可以由组织提出，也可以由员工自己提出。工作轮换也是组织内部员工调动的一种特殊形式，特别是跨国的员工调动，已成为跨国公司越来越重要的一种内部员工调动形式。

（一）员工调动需要满足的条件

通常事业单位员工的调动需要满足以下条件。

第一条：本单位人员调动主要分为直接调动和遴选调动。

直接调动的人员条件包括但不限于以下四个方面：第一，被调人员是正式在编在岗人员；第二，身体健康，能够吃苦耐劳；第三，政治素质好，工作能力强，事业心责任感强，现实表现优秀，遵纪守法，作风正派；第四，具有与拟调入职位要求相当的工作经历、工作能力和任职资格，借调到专业性较强的工作岗位的人员需有相关学历或职称。

遴选调动的人员可参照公招的相关要求进行，坚持“凡进必考、择优录用”的原则。

第二条：因工作需要内部调动工作人员时，必须具备以下条件。

第一，本部门（单位）编制内工作人员缺额，不能保证工作任务完成的。

第二，因承接重要工作、重大工程、重点项目、阶段性工作或上级部门安排部署的重要任务，本部门（单位）工作人员不足的。

第三，因专项工作设立机构，暂时无法解决人员编制的。

第三条：出现下列情况之一的，不得办理人员调动手续。

第一，试用期（见习期）、最低服务年限未满的工作人员。

第二，特殊岗位、专业技术人员调动后对工作可能造成影响的。

第三，涉嫌违纪违法正在接受专门机关审查，尚未做出结论的。

第四，受处分期间的、正在接受审计机关审计的。

第五，近三年年度考核有基本称职（基本合格）、不称职（不合格）或不定等次的。

第六，与借调单位领导有回避关系的人员。

第七，法律法规规定的其他情形。

（二）人员调动手续办理

第一条：工作人员的调动需要根据需求来制订调动计划，具体要求如下。

第一，工作人员调动必须在单位规定编制、职位（岗位）空缺的情况下进行。

第二，各级单位如有调动需求，需在每季度最末一个月中旬上报下一个季度工作人员调动计划，报上级人力资源和社会保障局汇总后，拟订工作人员调动计划。如遇特殊情况及急难险重工作需求，经分管人事工作的副区长和区长同意的除外。

第三，凡在编制范围内同意调出工作人员后，该单位出现的空缺原则上不再补充同类人员。

第二条：工作人员的短期调动，以完成相应工作为限，一般不得超过一年；期满后返回原单位，由原单位妥善安排工作。如因工作需要，确需延长工作时间的，应提前一周按干部管理权限向上级组织部、人社局提出书面申请，重新办理工作调动手续。

第三条：工作人员调动审批程序。由用人部门（单位）提出书面申请，说明单位编制及职位、岗位空缺情况、本人调动申请、选调方案、调动期限、拟调职位的要求及任职资格条件（性别、年龄、文化程度、专业、特长等），按干部管理权限报区委组织部或区人社局审批。由组织人事部门研究调任人选，并统一发文调动。

第四条：出现下列情况之一的，用人部门（单位）应及时解除相关人员的调动关系。

第一，借调期满，未办理续借手续的。

第二，原定的调动期未满，工作任务有变动或工作任务提前完成，不再需要继续借调的。

第三，因原单位工作需要，被调动的人员无法继续从事用人部门（单位）工作的。

第四，被调动的工作人员因个人原因提出结束调动关系，并得到用人部门（单位）同意的。

第五，被调动的人员违反用人部门（单位）劳动、工作纪律，致使无法正常开展工作的。

第六，被调动的人员因其他原因不适合继续借调的。

第五条：被调动人员应严格遵守国家公务员行为规范和用人部门（单位）各项规章制度，自觉服从该部门（单位）的管理和领导，认真完成工作任务。

第一，被调动的人员在调动期内由用人部门（单位）负责管理，参加用人部门（单位）的相关活动（有特殊规定的除外），享受用人部门（单位）工作人员同等的政治教育、业务培训等待遇。

第二，调动期间，被调动人员与原单位的人事关系不变。借调期限在6个月以上的，应及时将党组织关系转到借调部门（单位）。原单位应按规定做好被调动人员的薪酬福利、职称晋升等管理工作。

第三，被调动的人员在用人部门（单位）工作不足6个月的，在原单位参加年度考核。用人单位应对期间的工作表现给出鉴定，向原单位反馈；在用人部门（单位）工作超过6个月的，由用人部门（单位）进行年度考核并提出评定等意见，向原单位反馈。

第四，调动期间，如遇原单位竞争上岗、岗位调整等情况，原单位应将被调动人员与在编在岗干部（职工）同等对待，做好该员工定员、定岗、定级工作，保证公开、公平对待借调人员。

第五，被调动人员在调动期间，违反有关规定、玩忽职守、贻误工作、不服从领导，以致造成不良影响的，随时予以退回，并视情节给予相应处分。

第六，被调动人员借调期满，因工作需要，符合提拔（重用）或调动等相关条件的，按相关规定办理。

第六条：人员调动手续办理工作纪律。

第一，人事调动工作由组织人事部门集中统一管理，统一审批。未经组织人事部门审批不得随意调动。

第二，各部门（单位）要严格按照本制度，根据实际工作需要借调其他部门的工作人员，切实加强对被调动人员的管理。

第三，有关部门（单位）接到人事调动通知后，应及时通知被调动的人员按规定时间报到。

第四，已调到各部门（单位）但没有办理正式调动手续的人员，确因工作需要借调的人员，按本制度规定的程序及时补办调动手续。

第五，未按规定程序办理人员调动的，要追究借出、借入部门（单位）的主要领导责任。

第六，在办理人员调动过程中，必须依法办事、公道正派、公开透明，严格遵守组织人事工作纪律。

第七，调动工作中存在应当回避情形的，按照有关规定执行。

二、职工辞职管理

（一）加强职工辞职的商业秘密管理

职工在日常工作中有可能接触、掌握企业的商业秘密，如客户信息、投资项目信息、战略计划，等等。许多实例表明，这些掌握着企业商业秘密的职工辞职后，通常会将这些商业秘密作为重新就业的砝码，将它们泄露给其他企业。应对此种状况的方法有三种。第一，运用法律手段——签订保密合同来维护企业的利益。企业与职工签订劳动合同时可附签保守企业商业秘密专项协议与竞业禁止协议，通过这种方式来约束职工辞职后的泄密行为。当然，作为等价交换，当职工履行这些协议时，企业应当支付给职工一定的经济补偿。第二，建立严格的信息监控制度，例如，要求业务人员定期将掌握的客户资料上交，并及时收集入档。第三，加强日常办公中的商业秘密管理工作，如电脑不设USB接口和软驱等。

（二）做好职工辞职面谈工作

通过诚恳的辞职面谈，企业可以了解职工辞职的真正原因及他们对企业的建议，以便企业今后的优化与改进。对辞职面谈时间的选择，企业可根据具体情况灵活掌握。若是出于挽留目的，可在辞职手续办理前进行；若为了解真实辞职原因，可在职工辞职后进行。辞职面谈时应注意：第一，面谈前先列好面谈提纲，明确面谈目的；第二，面谈地点应选择在不会被打扰的地方；第三，安排足够的时间供辞职职工畅所欲言；第四，面谈过程中要做好面谈记录。

（三）注重辞职流程管理

按照规范的流程进行辞职管理十分必要，规范的操作可以尽量减少人员流动给企业带来的损失，同时可以规避相关人事纠纷与法律风险。企业可按照以下流程进行职工辞职管理：第一，职工填写辞职申请表；第二，辞职面谈（可灵活安排进行）；第三，用人部门主管及相关人员依次审批辞职申请；第四，业务交接、办公用品及公司财产的移交（在专门人员监督下进行）；第五，人员退休；第六，结算薪资福利；第七，职工离开企业（辞职生效）；第八，资料存档及整合辞职原因。

（四）定期做好职工辞职统计分析

企业应定期对辞职职工资料和数据及时进行整理和统计分析，并找出一定阶段内影响本企业职工辞职的“关键因素”，从而建立相应的预防预警机制，为降低企业今后的职工辞职率作出贡献。

三、员工退休管理

（一）事业单位退休人员的特点

在建设社会主义道路上，广大离退休人员曾经作出巨大贡献，但随着年龄增长，很多事业单位的工作人员已经退休，而中国每年事业单位都会有大量退休人员，这个群体普遍有着较高的政治素养和民主意识，以及丰富的工作经验和生活阅历。随着年龄增大，面对退休后的生活，部分人员会存在一定心理落差，还对单位安排存在不解等情绪，虽然在思想上依然乐观，愿意参与到多种社会活动中，但随着生活环境的改变，多数人对新事物、新现象难以接受，甚至有的人出现“离退休干部综合征”。通过良好地开展退休人员管理工作可让他们调节好自身情绪，找到生活乐趣，同样可以为社会的安定贡献力量。

（二）解决好事业单位退休人员管理问题的措施

1.积极转变管理观念

说到管理，企业通常会认为对退休职工的管理工作是以自身管理人员为主导的一项社会义务。如果仅仅将退休职工管理工作当成一种社会义务，就忽视了实行管理工作的内容是人，而人通常会具有一定社会属性，他们需要情感上的表达。事业单位在对退休职工实行管理工作时，一定要转变管理观念。事业单位对退休职工不仅是管理义务，还有帮扶义务、教育义务、引导义务、监察义务。在事业单位对退休职工实行管理时，要以退休职工的需要为工作主导，要注重精神文化和物质活动相结合，为退休职工创造丰富的晚年精神世界。只有解决了退休职工的心理问题，才算是找到了解决问题的根源，才能从根本上解决退休职工的管理问题。

2.注重职工健康问题

退休职工通常已到高龄，他们的精力已经不再旺盛，身体也一日不如一日。在对退休职工进行管理工作时，要特别注意关心退休职工的身体健康问题。如果事业单位在对退休职工进行管理工作时，能够构建体检制度，就可以在一定程度上避免疾病的发生，对疾病做到早发现、早治疗。这样不仅能够减轻企业的压力，还能够让退休职工拥有一个幸福的老年生活。老年人的思想趋于保守，喜欢待在家里。事业单位在进行管理工作时，可以针对老年人的心理特征来制定个性化的措施，比如说在合适的时间组织郊游，集体的出游能够避免不必要的花费，减少子女的经济负担，还能够减轻子女的养老压力。对老年人来说，集体的出游能够让他们见到许久不见的同事，对于他们孤单寂寥的心理来说也是一种很好的抚慰，能够大幅提升老年人的幸福水平，让他们在老年生活中也能享受到来自单位的温馨。

3.创新管理活动平台

退休人员的居住地往往不在同一个地方，甚至离单位很远，对异地退休人员实行管理工作时有较大的难度。企业需要创新管理活动平台，让管理活动和网络结合起来。在重要节假日，可以委派专门的管理人员对退休人员进行慰问服务，了解退休职工的生活状况及健康问题，及时做好一定的预防措施。同时，利用网络的视频功能，能够使退休人员在家庭中与管理人员取得联系，让管理人员能够全方位、多角度地了解退休职工的心理情况与健康问题，使管理人员能够有针对性地对退休人员提供个性化的管理服务。总而言之，事业单位对退休职工提供一定的管理工作是非常有必要的，这不仅是社会对事业单位提出的要求，也是事业单位为保证自身活力、在激烈的社会竞争中发展壮大的必要条件之一。虽然在对退休职工实行管理义务时，可能会遇到许多问题，但是，如果事业单位能够针对这些问题提出合理的解决方式，对内能够不断提高单位自身的能力，对外也能够树立一个负责任的单位形象，为以后的发展奠定基础。

第十章　事业单位员工绩效与薪酬管理

绩效考核与薪酬管理是当代人力资源管理中既相互独立又相互联系的两个重要部分。本章围绕绩效考核的方法与运用、薪酬管理及员工福利展开论述。

第一节　绩效考核的方法与运用

一、绩效考核概述

定期对组织中的人员进行绩效考核是保证组织顺利运转的关键，让组织中的成员理解和支持绩效考核，不仅有利于激发和提高组织成员的工作热情，而且有助于实现组织的长远目标。

（一）绩效的特征

绩效（Performance）最早源于经济方面的定义，主要以可计算的利润来表达，此后逐渐拓展为组织对资源的有效、高效及安全运用，与组织运营及组织功能发挥的有效性相关。从经济学层面解释，绩效既包含有效率（Efficiency）的意思，又可以指产出（Output）或结果（Outcome），但其内涵已超越以往简单的效率、产出等概念，即绩效不仅仅描述一项工作任务完成的状态（通常使用数量指标表示），更为重要的是要表明该项工作任务的完成是否达到预先设定的期望与目标，产生的结果是否令人满意等。

绩效的特征主要表现在以下三个方面。

1.多因性

多因性指员工的绩效受多种因素的影响，并不是由单一因素决定。影响工作绩效的四种主要因素，即技能S（Skill）、激励M（Motivation）、环境E（Environment）和机会O（Opportunity），其中前两者是主观方面的影响因素，后两者则是客观方面的影响因素。

技能指通过练习获得的能够完成一定任务的动作系统。技能按其熟练程度可分为初级技能和技巧性技能。一般来说，影响员工技能的因素有天赋、智力、经验、教育、培训等。

激励作为影响员工工作绩效的主观因素，通过改变员工的工作积极性来发挥作用。为了使激励手段能够真正发挥作用，组织应根据员工的需要、个性等因素选择适当的激励手段和方式。

环境是相对于某一事物而言，指围绕着某一事物（通常称其为主体）并对该事物产生某些影响的所有外界事物（通常称其为客体），即环境是指相对并关于某项中心事物的周围事物。影响工作绩效的环境因素可分为组织内部的环境因素和组织外部的环境因素两类。内部环境一般包括工作场所的布局与室内条件、工作任务的性质及工作设计、组织文化和氛围、领导的管理风格与监督方式、组织结构与政策、工资福利水平等。外部环境包括社会政治、经济状况，市场的竞争强度，劳动力的供需状况等。

机会指的是具有时间性的有利情况。其表现为一种偶然性，俗称“运气”。与前三种因素相比，机会是一种偶然性因素。一个好的管理者应当善于为员工创造各种机会。

2.多维性

绩效是多维的，没有单一的绩效测量。工作结果、行为或能力均属于绩效的范畴。例如一名法官的绩效除了审判工作的数量、质量，出勤情况、与同事的合作及遵守纪律等都是绩效的表现。

3.变动性

变动性指员工的绩效并非一成不变，在主、客观条件发生变化的情况下，绩效也会发生变动。绩效差的员工可能通过努力使绩效得到提升，绩效好的员工可能因为激励不足使其绩效变差。员工绩效是多因素共同作用的结果，而员工所拥有的外部环境和主观因素会随着时间的推移而不断发生变化，因此员工的绩效必然是一个动态的变化过程。

（二）事业单位人员绩效考核的特征

事业单位人员绩效考核指国家行政机关及事业单位按照法定管理权限，根据一定的原则、程序、内容和标准，对所属公共人力资源的品德、知识、能力、态度、业绩等进行系统、全面、客观的评价，并将结果作为公共人力资源奖惩、报酬确定、职务升降、培训安排及工作任用依据的管理活动。

绩效考核最先运用于企业，然后逐渐被公共管理部门借鉴，可以说两者的工作原理一致。然而，由于事业单位和私营部门存在本质差异，与私营部门的员工绩效考核相比，事业单位人员的绩效考核具有以下几个特征。

1.考核的法定性

考核的法定性指对事业单位员工的考核须以国家公职人员管理的相关法律法规为依据，由法定考核主体依法定程序进行考核。

2.考核标准的多样性

私营部门以追求利润为目标，绩效考核通常将效率、效益作为衡量员工工作业绩的主要标准，因此在企业的绩效考核中往往将投资回报率、经济附加值等指标作为其绩效考核指标。但这类指标在事业单位员工的绩效考核中不适用，因为公共管理和服务的宗旨与私营组织的目标有着本质区别。私营部门的主要目标是追求经济利益最大化，事业单位的根本宗旨是维护公共秩序，促进公共利益，承担着政治统治、经济效益、社会公正、道德教化等多重责任，由此导致事业单位员工绩效考核标准的非财务性和多样性。不能简单以行政效率和成本—收益比率来衡量员工的绩效，通常是根据考核对象的工作内容各有侧重，从政治效果、经济效果、文化效果、社会效果等多角度进行综合衡量，保障经济、效率、效能、公平的有机统一。

（三）事业单位人员绩效考核的作用

绩效考核制度秦时称为“考绩”，汉时称为“考课”。纵观历史，历代王朝都十分重视考核制度，因为不经考核便无法衡量官吏政绩的优劣，也无法确定奖惩、升降，更无法激励官员勤政、廉政，保证统治者政权的稳定，因此考核在古代人事管理制度中具有十分重要的意义。

现代意义上的事业单位绩效考核在不同国家虽有不同的称谓，如考绩、鉴定、绩效评价等，却有共同的地位。作为人力资源管理的重要组成部分，绩效考核为人力资源管理的主要环节提供确切的基础信息。可以说，事业单位没有绩效考核就没有科学有效的人力资源管理。具体来说，绩效考核在事业单位的人力资源管理中具有以下五点作用。

第一，绩效考核为公职人员的录用提供依据。要实现组织人与事的科学结合，必须“识事”和“知人”。职位分析和职位评价是“识事”的基本活动，考核则是“知人”的主要活动。只有“知人”才能“善任”，绩效考核能够对每个人的各方面情况进行全面考察，了解每个人的能力、专长、态度，从而将其安置在合适的职位上，实现人岗匹配。

第二，绩效考核是公职人员调动和升降的依据。每一项职务都有特定知识和技能要求，每一位劳动者的优点和不足又各有不同，用人要扬长避短。在一位公职人员绩效优秀而且大有潜力时，可以给予晋升，既发挥其才能，又增强组织的竞争力；一位公职人员业绩不良，可能是因为他的素质和能力同现在的岗位要求不符，应调整其岗位或进行培训以提高其能力。以功绩主义为导向的现代国家公职人员制度要求对公职人员的奖惩、职务升降、任免、培训、工资增减等必须以其工作能力和工作业绩作为标准和依据，而不是依据其与领导关系的亲密度、情感等非理性因素。通过绩效考核经常对公职人员的工作表现和业绩进行检查并及时进行沟通反馈，既能及时发现人员任用是否合理，又为适度的奖惩和保证公平待遇提供依据。而奖惩和待遇正是影响事业单位效率的敏感问题，因此，考核有利于形成高效的工作气氛。

第三，绩效考核有利于提高公共组织效能。绩效考核要求上下级对考核标准和考核结果进行充分沟通，有助于组织成员之间信息的传递和感情的融合沟通了可以促进员工之间的相互了解和协作，建立共同愿景，增强组织的凝聚力和竞争力。绩效考核系统通过设定与组织目标一致的考核指标，将组织的战略和价值观转化为具体的行动方案。最终，事业单位通过提高公职人员的个人绩效来提高组织的整体绩效，从而实现公共组织效能的提升。

第四，绩效考核有利于员工能力的开发。员工能力开发是绩效考核的核心目的之一。绩效考核的过程能够让事业单位了解公职人员工作中存在的问题，如知识、能力方面的不足，从而通过有针对性的培训加以弥补。绩效管理还可以发掘员工的潜力，为人事调整和员工的职业发展提供依据，达到把合适的人放到合适的岗位上的目的。

第五，绩效考核有助于公共服务质量的提升。一方面，考核制度有利于推动每位公职人员改进工作，忠于职守，尽职尽责，提高工作效率；另一方面，在考核过程中进行民主评议，特别是下级对上级的民主评议，能充分发挥民主监督与公开监督的威力，促使领导转变作风，克服官僚主义，防止各种错误的发生，从而提高工作效率。上述两方面的变化必然有助于公职人员依法恰当地行使公共权力、提高公共物品或公共服务供给的质量。

二、绩效考核的常用方法

（一）目标管理法

目标管理法（Management ByO bjectives，MBO）作为目前较为流行的考核方法，是一种综合性的绩效管理方法，而非单纯的绩效考核技术手段。衡量一位公职人员是否合格，关键看他对组织目标的贡献如何。目标管理法是对管理人员和专业人员进行绩效考核的首选方法。

1.目标管理法的优缺点

目标管理法的优点：①通过共同制定目标与绩效反馈拉近员工与管理者的距离，创造了较好的工作氛围；②对员工有激励作用，因为员工的目标是本人参与设定的，员工非常了解组织对他的期望，工作积极性得到极大提升；③改善授权方式，有利于促进员工的自我发展。

总之，目标管理法是一种适用面较广、有利于提升整体绩效的考核方法。但也有一定的局限性：①该法要求相对稳定的外部环境，才能使个人能够实现预先设定的目标，在动态变化剧烈的环境条件下，它可能失去作用；②在目标管理法下，员工过分关注自己的目标，而不考虑组织中其他人的目标，可能对效率产生影响；③考核重结果轻过程；④一些管理者对“放权”存在抵触情绪。

2.目标管理法的实施步骤

（1）确定工作职责范围

明晰的工作职责范围是目标设立的前提。确定工作职责的常用方法是员工和上级各自列出员工的主要职责，双方把所列清单放在一起进行比较并达成一致，最终产生双方同意的员工工作目标清单。

（2）确定具体的目标值

目标为员工与主管提供了计划和衡量业绩的依据。员工以书面形式设定目标清单，既包括定性目标，也包含定量目标，并体现出责任、承诺、义务、优先顺序及实现日期。在目标值的确定中，应注意以下几点。首先，员工的个人绩效目标应当依据组织的战略目标及本部门的分目标来设定，要使个人目标与这两大目标尽可能一致。其次，确定目标时必须从员工的能力素质和以往的业绩出发，切忌主观随意。最后，目标一般要符合以下要求：数量在5～6个为宜，不宜过多，且应有针对性；是可比较和衡量的；是结果导向型的。

（3）审阅确定目标

设定目标后，员工将其送交上级主管进行审阅，这时主管要协助下级对目标进行考量并最终确定指导方针。讨论完毕即可生成上下同意的目标。

（4）实施目标

本阶段是目标管理的推进阶段。目标管理法强调，执行者在目标实施的过程中拥有充分的自主权。当然，该阶段上级应当进行有效监控，而非放任自流。在执行中如出现不可抗拒的因素，上下级之间应进行充分的沟通，及时调整目标。

（5）总结报告

在目标管理预定时间的期末，执行者要提交一份目标完成情况报告，包括所取得的主要成绩、存在的问题、对实际结果与预期结果之间偏差的陈述等。可制作专门的目标管理表格供员工自我评价用。

（6）考核及后续措施

运用目标管理方法考核，关键要看员工的目标完成情况，找出达成目标的原因和没有达到目标的原因，为下一次制定目标奠定基础。此外，还要召开定期绩效考评会议反馈信息，制订计划来帮助员工改进下一阶段的工作。这本质上构成了一种循环。

（二）平衡计分卡法

平衡计分卡（Balanced Score Card，BSC）是美国哈佛大学卡普兰和诺顿教授于20世纪90年代发明的。《哈佛商业评论》将平衡计分卡评为20世纪最具影响力的管理概念之一，它也被誉为75年来最伟大的管理工具之一。

传统的绩效测评往往主要测评财务指标。然而财务指标是滞后的指标，只能说明过去的行动取得了哪些结果，至于驱动业务的一些关键因素的变化（如“有没有改善，朝着战略目标迈进了多少步”等）依然无从得知。平衡计分卡在财务指标基础上引入了客户内部流程和学习与成长三个方面的指标，这些新指标衡量的是组织良好业绩的驱动力。它的出现打破财务指标一统天下、绩效测评指标失衡的局面。结果与驱动因素、内部与外部、长期与短期、定性与定量等多种平衡，为组织的绩效测评管理提供了立体、前瞻性的测评依据。

将平衡计分卡用于员工绩效考核指标的制定有利于将员工个人绩效同组织的战略目标相结合，为实现组织战略目标和达到个人绩效目标提供激励机制。

事业单位平衡计分卡的核心思想主要表现在以下三点。第一，关注事业单位的战略执行。平衡计分卡从价值观、使命、愿景与战略出发，从服务对象、财务、内部流程、学习与成长四个方面对事业单位进行全方位的定量化绩效考核，不仅将战略落实为具体的行动，而且避免了事业单位为考核而考核、考核与战略脱钩、考核虽好但发展不快等问题。第二，平衡理念。平衡计分卡使事业单位在行使权力的过程中注意平衡内部因素（流程与员工创新）与外部因素（纳税人与服务对象）、财务指标与非财务指标、驱动指标（流程管理与学习成长）与滞后指标（服务对象与财务指标），既注重短期绩效又保证长期核心能力培育，避免了过去单纯的关键绩效考核指标体系的缺陷。平衡计分卡从整体上对事业单位进行评价，既有整体思想，又有局部概念。第三，服务对象导向。在事业单位平衡计分卡中，服务对象角度被置于平衡计分卡的最上端。事业单位在履行自身职责的过程中，应当意识到服务对象到底是谁，充分考虑他们的满意度。平衡计分卡理论可以指导我们在体系设计中把组织的战略目标转化为一套相关的绩效指标，从不同的角度进行评价，并根据战略的要求给予各指标不同的权重，实现对公职人员的综合评价。

（三）关键绩效指标法

关键绩效指标法（Key Performance Index，KPI）指运用关键绩效指标进行绩效考评的方法。“关键”一词指组织在某一阶段战略上要解决的最主要问题，绩效管理体系针对这些问题的解决设计的指标即关键绩效指标（KPI）。KPI来自对组织总体战略目标的分解，体现最能影响组织价值创造的关键驱动因素。

KPI法符合一个重要的管理原理——“二八原理”。在一个企业的价值创造过程中存在“20/80”规律，即企业80%的价值是由20%的骨干人员创造的，所以抓住这20%的关键行为进行分析和衡量就能抓住业绩考核的关键。因此，设立关键绩效指标的价值在于使经营管理者将精力集中在对绩效有最大驱动力的经营行为上，及时诊断出生产经营活动中的问题并采取有效措施提升绩效水平。

确定关键绩效指标的重要原则为SMART原则，SMART是5个英文单词首字母的组合。其中，S为Specific（具体的），指关键绩效指标要切中特定的工作目标，是适度细化的；M即Measurable（可衡量的），指关键绩效指标应该是数量化的，对于难以量化的指标也应尽可能使其行为化，使得验证这些绩效指标的数据或信息可以获得；A即Attainable（可实现的），指上级和员工一起制定的绩效目标在员工努力的情况下可以实现，不可过高或过低，过高会给员工带来挫折感，过低则削弱员工的成就感；R即Realistic（现实的），指关键绩效指标切切实实可被观察，而非想象；T即Time-Bound（有时限的），指完成关键绩效指标的时间有限制。

设定关键绩效指标一般要经过如下几个步骤。

1.分解组织战略目标，分析并建立各子目标与主要业务流程的联系

通常情况下，组织的总体战略目标均可以分解为几项主要的支持性子目标，而这些支持性的更为具体的子目标本身需要企业某些主要业务流程的支持才能在一定程度上达成。因此在本环节需要完成以下工作：第一，组织高层领导确立组织的总体战略目标；第二，由组织中层将战略目标分解为主要的支持性子目标；第三，在组织的主要业务流程与支持性子目标之间建立关联。

2.确立各支持性业务流程目标

在确认各战略子目标的支持性业务流程后，需要进一步确认各业务流程在支持战略子目标达成的前提下流程本身的总目标，并进一步确认流程总目标在不同维度上的详细分解内容。

3.确认各业务流程与各职能部门的联系

本环节建立流程与工作职能之间的关联，从而在更微观的部门层面建立流程、职能与指标之间的关联，为组织总体战略目标和部门绩效指标建立联系。

4.部门级KPI指标的提取

本环节在上述环节建立起来的流程重点、部门职责之间的联系中提取部门级KPI指标。第一，明确工作产出。因为关键绩效指标体现在绩效促进组织目标增值的部门，所以KPI是根据对组织目标起增值作用的工作产出来设定的。确定工作产出的基本方法是服务

对象关系图。第二，确定每一项工作产出的绩效指标。确定工作产出后，需要确定从什么角度、从哪些方面评价各项工作产出。通常，关键绩效指标主要有四种类型：数量、质量、成本和时限。

5.设定评价标准

在设定绩效指标时，一般需要考虑两类标准：基本标准与卓越标准。基本标准指被考核者被要求达到的水平，是被考核者通过努力能达到的水平。且对一定的职位而言，基本标准主要用于判断被考核者的绩效能否满足基本要求。考核结果主要用于决定一些非激励性的人事待遇，如基本的绩效工资等。卓越标准指对被考核者未做要求但是可以实现的绩效水平。由于没有参照系，它不像基本标准那样可以进行穷尽描述。卓越标准考核的结果可以决定一些激励性的人事待遇，如额外的奖金、分红、晋升等。

（四）行为锚定等级评定法

行为锚定等级评定法是一种将量化评价技术和关键事件描述法结合在一起的工作绩效评价技术，它根据关键事件法中记录的关键行为设计考核量表，将一些与绩效密切相关的关键行为与量表上的评分标准一一对应，即“锚定”。

考核时，考核者结合评分量表给员工打分。使用行为锚定等级评定法，需要花费较多时间设计评分表，其使用也比较复杂。但是该方法也有其他方法难以比拟的优点：第一，由于给定的关键事件能为考核者提供直接的判断依据，考核结果比较明确、客观；第二，由关键事件构成的“行为锚”是由被考核对象与上级共同制定的，因而在评价时容易取得共识，从而获得合理的评价结果；第三，该方法具有良好的沟通效果，减少了考评中考核理由不明确而引起的纠纷，减少了对考核结果的争议；第四，公职人员可以对照“行为锚”上的关键事件考查自己的行为，有利于考核反馈和工作改进，进而提高绩效。

在锚定评分表中有从最劣到最佳典型绩效的具体行为说明，不但能使被考核者较深刻而信服地了解自身状况被评价的依据，还可确立具体的改进目标。但由于锚定评分表中典型行为的说明词数量有限（一般不会多于10条），不可能涵盖公职人员在实际工作中各种各样的行为表现，而且文字描述常常不能与现实行为表现完全一致，因此在考核时，考核者可能不会严格按照既定标准考核，影响考核的可信度。

行为锚定等级评定法的制定通常由事业单位领导、直接考核人员、人力资源管理专业人员、被考核者的代表共同研讨、民主协商完成。行为锚定等级评定法考核的关键在于锚定评分表，因此必须确定好该表的项目和标准。一般而言，考核评分表的制定包括以下步骤。

第一，记录关键事件。一般由工作执行者或直接主管采用记录日志的方式随时记载那些突出的、对公职人员工作效果产生直接影响的重要事件。这种事件既包括成功的，也包括失败的。

第二，进行整理和描述。将所收集的关键事件归纳整理，再用规范化的语言描述出来。

第三，进行系统整理、全面比较。对已经加以规范表述的典型事件确定评价等级，作为考核打分的依据。

第四，完成形式设计，绘出锚定评分表。

（五）360度考核法

“360度考核”是一种全方位考核或者说是一种立体考核，是由上级、同事、下属和服务对象（客户）等对被评价者熟悉、了解的人采用不记名方式进行评价，被评价者实施自我评价，然后由专业人员向被评价者提供评价信息反馈，帮助其提高能力、水平和业绩的一种考核评价方法。可以说，360度考核作为一种科学且先进的考核方法引入公职人员考核具有重要价值。

作为服务性的、公共性的事业单位，公职人员工作要对上级领导、同级同事、下级干部以及社会民众负责，360度考核包括上级考核、同级互评、下级评价以及外界评价，有助于合理地考核公职人员的工作业绩。若要考核准确、科学地体现考核者的实际业绩，考核主体既要范围广、民主性高，还要在考核准确度、可信度和敏感度等方面减少误差。

三、事业单位人员绩效考核的实施

（一）绩效考核的实施流程

绩效考核的流程通常按照建立绩效考核的管理机构、进行技术准备、选拔考核人员、安排绩效考核的实施程序、运用考核结果5个环节进行，最后还要对考核结果进行反馈面谈。事业单位人员绩效考核是一个系统过程，各个环节都需要精心设计和周密部署。

1.建立绩效考核的管理机构

事业单位人员绩效考核是程序复杂、涉及多种主体，同时具有相当强的利益相关性的一项系统工程。考核能否达到预期效果，很大程度上取决于考核的组织和筹划。为确保客观、公正地开展绩效考核工作，树立考核的权威性和严肃性，需要在考核开始之前建立一个考核机构。需要指出的是，虽然考核机构的成员可能也是考核主体成员，但是考核机构并不等同于考核主体，考核主体是考核行为的实施者，而考核机构是考核活动的组织者。考核机构的主要职责如下。①拟订考核方案。在完成调查研究的基础上制定考核方案，确定当次考核的内容和权重体系，明确考核要求和操作规则。②制订考核计划。主要任务是选择和确定考核主体，估算考核周期，拟订各个考核环节的工作计划和人员配备。③指导考核工作。考核方案、计划下达到各考核部门和单位以后，考核机构要加强对考核工作的监督和指导，要及时收集并监督各部门和单位对考核方案的执行情况，既要防止走过场，也要防止考核过程中出现违规现象，及时纠正方向性偏差。

2.进行技术准备

绩效考核是一项技术性很强的工作，其技术准备主要包括确定考核标准、选择或设计考核方法等。

（1）明确考核的目的和对象

不同的考核目的有不同的考核对象。例如，为评职称而进行考核，对象是专业技术人员；而评选先进、决定提薪奖励的考核，则往往在全体员工中进行。

（2）确定考核内容

对事业单位员工的考核，按照管理权限，全面考核员工的德、能、勤、绩、廉，重点考核工作实绩。

“德”指道德品质、思想政治素质、工作作风等方面的表现。具体到思想品质和政治信念方面，考核其是否有一定的政治敏锐性和洞察力，能否认真贯彻执行党和国家的路线、方针和政策；在道德方面，考核其是否遵守社会公德和家庭美德，是否履行工作职责和社会义务，是否具有献身精神、为群众服务的精神、开拓进取的精神、团结协作的精神；在工作作风方面，考核其是否坚持一切从实际出发、理论联系实际、紧密联系群众。

“能”指履行职责的业务素质和能力。一般来说，一个人的能力主要包含认识能力、思维分析能力、动手能力、口头表达能力、文字表达能力、组织指挥能力、组织协调能力、决策能力等，对不同职位、不同层次的员工能力要求各有侧重。

“勤”指责任心、工作态度、工作作风等方面的表现。具体可细分为出勤率考核，考核其是否遵守考勤制度，按规定上下班，积极参加集体活动；在工作态度方面，考核其工作是否积极主动，认真负责，尽职尽责。在评价员工工作业绩时不仅要考核员工的工作数量、质量，更要考核其工作为组织和公众所带来的经济和社会效益。

“绩”是员工绩效考核的重点内容，具体指标可细分为：工作数量方面，重点考查工作项目的数量；工作质量方面，衡量其完成工作的质量标准达成情况，上级、同事及服务对象对其的评价；工作效率方面，从工作速度、工作成本和工作效果方面进行考核；工作效益方面，考查其工作是否达到预期效果，对组织、社会的贡献。在组织中，员工岗位和职务不同，衡量其业绩的重点也有所不同。

“廉”指廉洁自律等方面的表现。对员工廉政方面的考核不仅要看其是否严格遵守廉政建设的有关规定，能否自觉抵制不良思想和风气的侵蚀，更要考核其是否具有艰苦奋斗、勤俭节约的工作作风。

（3）选择或设计考核方法

在设计考核方法环节，要解决的问题包括考核需要哪些信息，从何处获取这些信息，采用何种方法收集这些信息。常用的收集、记录考核信息的方法有工作日志法、定期抽查法、考勤记录法、项目评定法、现场观察记录法、减分抽查法、事故报告等，也可搜集各种统计账目和有关会计核算资料。

3.选拔考核人员

选拔考核人员事关考核的成败。在选择考核人员时，应考虑两方面的因素：一是能够全方位地考察公职人员的工作表现；二是尽可能消除或减少个人偏见。通过培训可使考核人员掌握考核原则，熟悉考核标准，掌握考核方法，克服常见偏差。

事业单位人员绩效考核是一项严肃、严谨的工作，考核人员应当具备以下基本条件：具有较高的政治素质，熟悉国家和相关部门的法律法规和方针政策；具有基本的公共管理、数学统计、财务会计等方面的专业知识；熟悉事业单位绩效考核指标模型，具有较强的综合分析能力和组织协调能力；坚守原则，公道正派；具备基本的计算机专业知识。为确保考核人员满足以上要求，需对考核人员进行培训，使其熟练掌握所需的考核技术。培训项目至少应包括以下内容：绩效考核的原则及目的、考核责任、绩效考核指标模型、考核标准和考核方法。

4.绩效考核的实施程序

在绩效考核前期准备工作完成以后，考核工作就步入最关键的一步，就是按照考核程序对考核对象逐一进行考核。这一过程包括绩效考核动员、考核对象的信息准备和自评、考核信息的收集几个环节，具体程序如下。

（1）绩效考核动员

绩效考核动员的目的是使参与事业单位绩效考核的相关部门及人员明确绩效考核的要求和安排，如考核目的、考核工作具体开始时间及预计工作期限、考核所参照的有关规定和考核指标及标准、考核结果的使用、考核对象需准备的有关基础资料、考核责任等。

（2）考核对象自评

在正式考核开始之前，考核对象应依据考核动员中的相关规定进行自我测评。考核对象的自我测评具有三方面意义：第一，可以培训考核人员，也可以利用自评所需的考核信息为正式考核准备资料，节省工作时间；第二，考核对象自评结论可与正式考核结论相互核对，如果后者与前者相差较大，则要进行基础资料的重新核实，寻找差异原因；第三，员工可以通过自评寻找自身存在的问题，并制定有针对性的解决问题的措施。

（3）考核信息的收集

根据考核指标的要求，发放和回收各类考核调查表，收集考核所需的绩效信息。对基础资料和数据进行整理、核实，发现疑问及时核对，保证考核数据资料的真实性、科学性、准确性和全面性。对定性指标认真进行等级评定，对评定结果进行统计处理，使之成为考核可用信息。

（4）考核结果的形成

根据核实后的考核信息进行考核计分，具体可分为以下几个步骤：首先，根据选定的考核标准计算出量化基本指标的等级分数，再利用修正指标对初始基本指标得分进行修正，得出修正后的实际分数；其次，根据定性指标等级评定标准对定性指标进行等级评定，计算并登记得分；再次，根据指标模型权重设定计算各项指标加权得分，汇总各维度指标加权得分后形成绩效考核总分；最后，对考核结果进行复核，形成考核结论，撰写考核报告，建立考核档案。

5.绩效考核结果的运用

作为员工考核的重要目标之一，合理地运用考核结果是事业单位员工考核相当重要的一环。如果事业单位员工考核结果不能合理地运用且制度化，员工参与考核的积极性就会大打折扣。因此，如何及时地应用考核结果，提升员工考核的积极性，需要规范考核结果的运用。

（1）用于报酬的分配和调整

一般来说，为了增强报酬的激励作用，员工的报酬体系应有一部分与绩效挂钩。另外，薪酬的调整往往也由绩效来决定。考核结果较好的员工可以得到工资增加的奖励。

（2）用于职务级别晋升与职位的变动

根据员工的绩效与能力来决定职位的晋升是激励机制的另一个重要方面。职务升降对员工的激励作用最大，因为它具有复合性，会影响员工的权利、荣誉、地位、级别、工资等一系列因素。

（3）用于员工培训与发展

绩效考核实质上也是培训需求考核，通过对员工绩效和能力的考评，可以发现培训的“压力点”，在对“压力点”做出分析后即可确定培训的需求。组织还可以通过对绩效考核结果的分析，帮助员工制订职业发展计划，而绩效表现优秀的员工甚至可以得到更好的培训机会。

6.绩效反馈与面谈

仅仅做完绩效考核还不足以达到让被考核者改善绩效的目的。如何才能让被考核者了解自己的绩效状况？如何才能将管理者的期望传递给被管理者？必须通过绩效反馈与面谈进行沟通，即上级要就绩效考核的结果与员工进行面对面沟通，指出员工在绩效方面存在的问题，并一起制订出提升绩效的计划。为了保证绩效的提升，还要对绩效提升计划的执行效果进行跟踪。

由于绩效反馈的主要方式是面谈，为了保证绩效反馈的效果，在反馈绩效时应注意以下几个方面。

（1）绩效反馈应当具体

要熟悉面谈者的考核资料，避免泛泛而谈。绩效反馈是为了让员工了解自身存在哪些不足，因此反馈不能只告诉其绩效考核结果，而是应当指出具体的问题。

（2）绩效反馈应注重解决问题

在绩效反馈时通常会犯的一个错误是，在谈到问题时主管和员工经常会互相推诿责任，从而陷入潜在的无休止争执。尽管解决问题需要对其原因进行剖析，但考核面谈最终还是应该注重提出解决问题的方法。

（3）引导员工积极参与

研究显示，员工对考核反馈信息满意度和员工改善表现、提高工作水平的意图与员工参与程度有很大关系。参与的形式包括让员工发表对绩效考核的看法以及参与制定绩效目标的讨论。

（4）注意绩效面谈的技巧

绩效面谈的技巧和方法会影响绩效反馈的效果。在绩效面谈中综合运用面谈技巧能使员工更容易接受反馈信息，对面谈感到满意并乐意在今后的工作中有所改善与提高。

7.绩效改进计划

绩效改进指确认组织和员工工作绩效的不足和差距，查明产生的原因，制定并实施有针对性的改进计划和策略，以不断提高企业员工绩效的过程。绩效改进也称绩效指导，是绩效考核的后续应用阶段，是连接绩效考核和下一个循环计划目标的关键环节。绩效改进工作的成功与否是绩效考核过程能否发挥效用的关键。

（1）绩效改进的步骤

绩效改进的形式多种多样，大致上可以分为以下几个步骤：第一，分析员工的绩效考核结果，找出员工绩效中存在的问题；第二，针对存在的问题制定合理的绩效改进方案，并确保其能够有效实施，如个性化的培训等；第三，在下一个阶段的绩效辅导过程中实施已经制定的绩效改进方案，尽可能为员工的绩效改进提供知识技能等方面的帮助。

（2）绩效改进的策略

在查明绩效方面存在的差距以及产生的真正原因和确定需要改进的部门与员工之后，在随后的绩效管理过程中可以有针对性地采取相应措施来促进员工绩效的提升。

其一，预防性策略与制止性策略。预防性策略是在工作人员作业前明确告诉员工应该如何行动。由上级制定出详细的绩效考核标准，让员工知道什么是正确有效的行为，什么是错误无效的行为，并通过专业性、系统性的培养与训练，使员工掌握具体的步骤和操作方法，从而可以有效地防止和减少员工工作中的重复性错误。制止性策略是及时跟踪员工的行为、及时发现问题并予以纠正，通过各管理层的管理人员实施全面、全员、全过程的监督与指导，使员工克服自己的缺点，发挥自己的优点，不断地提高自己的工作绩效。

其二，正向激励策略与负向激励策略。正向激励策略主要通过制定一系列行为标准以及与之配套的人事激励政策，比如奖励、晋升等，鼓励员工更加积极主动地工作。对达到和实现目标的员工给予的正向激励可以是物质的，也可以是精神性的、荣誉性的；可以采用货币的形式，也可以采用非货币的形式。负向激励策略主要是惩罚手段，对下属员工采取惩罚手段，以防止和克服他们导致绩效低下的行为。

其三，组织变革策略与人事调整策略。事业单位人员绩效低下如果是组织制度不合理、运行机制不健全等因素造成的，事业单位应针对考核中反映出的问题，及时对组织结构、人员配置等进行调整。

（二）考核误差的控制

为了顺利完成绩效管理工作，除了实施流程把控，还要积极排除绩效考核过程中容易出现的错误，减少考核误差。绩效考核误差可以分为两类：一类是考核标准方面的误差；另一类是考核人员方面的误差。

1.考核标准方面的问题

（1）考核标准不严谨

当考核项目设置不科学、考核标准说明含混不清时，人们打分时必然有一定的任意度，从而导致考核评价的不正确。

（2）考核内容不完整

在考核体系中，如果考核内容不够完整，尤其是关键绩效指标有缺失，不能涵盖主要内容，自然不能正确反映被考核者的真实工作绩效。

2.考核人员方面的问题

（1）晕轮效应

晕轮效应也称“光环效应”，是指对一个人进行评价时，往往会因为对他某一特质强烈而清晰的感知，而忽略该人其他方面的品质。在这种效应下，主管通常会给自己信任和宠爱的部下较高的分数，面对不喜欢的员工给予较低的评价，导致评价结果失真。克服晕轮效应的核心是消除主观的偏见。因此在评价中有必要设定各种不同的着眼点，从不同的侧面评价员工的业绩，同时尽量选择与工作绩效相关的评价因素，从而消除主观偏见对员工绩效考核的影响。

（2）过宽或过严倾向

过宽或过严倾向包括“宽松”和“严格”两个方面。过宽倾向指考核中所做的评价过高，过严倾向指考核中所做的评价过低。产生这两类考核误差的原因主要是缺乏严格、明确、统一的判断标准，考核者采用主观评价标准，忽略了客观标准。为克服这类问题，组织可以考虑选择恰当方法，建立评价者的自信心或组织角色互换培训，另外还可以采用强制分配法消除评价误差。

（3）趋中倾向

趋中倾向，也称为调和倾向或平均倾向，与过宽或过严倾向相反，考核者不愿意给员工们“要么优秀，要么很差”的极端评价，无论员工实际表现如何，均给予中间或平均水平的评价，导致评价的结果没有好坏差异。实际上这种折中的态度很少能在员工中赢得好感，反而会起到“奖懒罚勤”的反向作用。这种平均倾向，一是由于考核者所辖范围过大，很难全面了解所有员工的工作表现；二是与我国平均主义的传统有一定联系。

要克服趋中倾向，一方面，主管需要密切与员工接触，认真将员工表现与评价标准做对比，全面准确地了解被评价者的工作情况；另一方面，可以采取强制分配法、排序法等非系统的绩效考核方法解决上述问题。

（4）盲点效应

盲点效应指主管难以发现员工身上存在的与其相似的缺点和不足。克服这种效应的办法是将更多类型的考核主体引入考核体系，平衡主管评价结果对员工绩效的完全决定作用。

（5）刻板印象

刻板印象也叫“定型化效应”，是指个人受社会影响对某些人或事持稳定不变的看法。例如，有些主管可能错误地认为，男性的工作能力较女性更强。刻板印象既有积极的一面，也有消极的一面。积极的一面表现为：对于具有许多共同之处的某类人在一定范围内进行判断，不用搜索信息，直接依据已形成的看法即可得出结论，大大简化了认知过程，节省了大量时间、精力。消极的一面表现为：在有限材料的基础上作出普遍性的结论可能是在认知上忽视个体差异，从而导致知觉误差，影响员工评价的正确性和客观性。

（6）首因效应

首因效应是指人们在相互交往的过程中，往往根据最初的印象去判断一个人。评价者要尽量避免仅凭第一印象或开端的对话就形成对对方性格类型和形象的判断，因为一旦形成这样的观察视角，就很容易将对方的一切言行举止归入该类型，从而影响对被评价者的正确判断。为了避免首因效应对考核的影响，管理者应当采取多角度的考核方式。

（7）近因效应

近因效应指考核者只看到考核期末一小段时间内的情况，而对整个考核期间员工的工作表现缺乏一个全面的了解和记录，以“近”代“全”，使考核结果不能反映整个考核期间员工的绩效表现。

为了避免近因效应，可以考虑在进行绩效考核前，先由员工进行自我总结，以便使评价者能够全面回顾被考核人员在整个绩效考核周期内的表现。

第二节　薪酬管理及员工福利

一、薪酬管理概述

薪酬，中文原意是煮饭用的柴火和水，传统称谓是工资、薪水、薪俸；英文为compensation，指平衡、弥补、补偿，是组织对员工所付出的知识、技能、努力和时间的补偿或者报酬。

传统观点认为，薪酬是劳动的报酬，即对员工已经完成或者将要完成的工作、已提供或将要提供的服务以货币作为结算工具，并由共同协议或国家法律法规及其政策确定，凭雇佣合同支付的报酬或收入。

任务特征理论（Job Characteristic Theory）则认为，薪酬是员工因完成任务或者工作而得到的内在报酬（intrinsiccom-pensation）与外在报酬（extrinsic compensation）的总称。内在报酬指的是员工因为完成某项工作和组织指派的任务而获得的心理上的满足和成就感；外在报酬则指的是员工完成某项任务和工作而得到的组织所给予的货币报酬和非货币报酬。

根据我国的国情及实际情况，我们认为，在我国事业单位，薪酬是指用人单位根据国家有关规定或劳动合同的约定，以货币或非货币形式支付给本单位劳动者的劳动报酬。

（一）事业单位薪酬的特点

第一，符合国家法律规范。薪酬制度必须符合政府的有关政策和法律法规，如关于薪酬水平最低标准的法规、反薪酬歧视的法规、薪酬保障法规等。事业单位员工的工资受国家法律保护，除有国家法律和政策规定者外，任何单位和个人不得以任何形式增加或者扣减员工的工资。员工在承担一定的责任和义务的同时，被赋予了相应的权利。实行员工工资的法律保障，一方面可以保证员工工资的及时发放，杜绝拖欠行为；另一方面，让员工工资晋级有了法律规定的限制，杜绝不正之风。

第二，与国家经济发展水平相适应。国家根据物价指数的变动，定期调整事业单位员工的工资，使事业单位员工的工资增长高于或等于物价上涨率，从而保证事业单位员工的实际工资水平不因物价上涨而下降。这是基于工资对于员工生活的保障作用而定的。国家根据国民经济的发展和生活费用价格指数的变动，有计划地提高员工的工资标准，使员工的实际工资水平不断提高。

第三，与工作绩效相适应。事业单位的行为宗旨是从公共利益出发，最大限度地提供公共服务。公共服务质量的提高成为事业单位员工追求的主要目标。优质的服务源于事业单位员工卓越的绩效表现。将事业单位员工薪酬制度从传统的论资排辈的管理体系转变为注重个人发展潜力与绩效表现的管理系统，极大地提高了事业单位员工的积极性和主动性，促进了公共服务质量的提高，从而为事业单位塑造廉洁、高效形象提供了有力保证。

第四，形式多元化。薪酬的表现形式主要有两种：一种是定额式或计时式；另一种是绩效式。其中定额式可进一步分成时薪、日薪、周薪、月薪及年薪，它是对一定时间的劳动所支付的薪酬；绩效式主要表现为计件式，它是根据劳动者个人或集体完成的产量，按照预先规定的单价标准支付的薪酬。在绩效式下，劳动绩效与薪酬相对应。

第五，体现激励性。薪酬是对劳动者和经营者工作绩效的一种评价，反映其工作的数量和质量状况。因此，薪酬可以激励员工的劳动效率和积极性。薪酬管理的重点就在于创立这样一种机制，这种机制能将组织支出的大批费用变为高度激励员工取得良好绩效的诱因。

（二）事业单位薪酬的构成

薪酬是一个综合性的范畴，理论界对其组成有不同的看法。根据薪酬的功能，可以将薪酬划分为基本薪酬和辅助薪酬。基本薪酬是计算其他报酬的依据，也是薪酬的主要内容；辅助薪酬是对基本薪酬的补充和调节。依据薪酬的取得方式，可将薪酬分为直接薪酬和间接薪酬。依据薪酬的表现形式，可将薪酬分为货币性薪酬和非货币性薪酬。依据薪酬的发生机制，可将薪酬分为外在薪酬和内在薪酬。这里主要介绍前、后两种薪酬分类的具体组成。

1.按薪酬功能分类的薪酬组成

（1）基本薪酬

基本薪酬由于其数额固定、风险较小，因而能为员工提供一个较稳定的收入来源，以满足员工起码的生活需要。它是以员工的劳动熟练程度、工作复杂程度、责任大小、工作环境、劳动强度为依据，并考虑劳动者的工龄、学历、资历等因素，按照员工实际完成的劳动定额、工作时间或劳动消耗而计付的劳动报酬。它包括等级薪酬、岗位薪酬、结构薪酬、技能薪酬和年功薪酬等几种主要类型。在我国现行基本薪酬制度体系中，国家机关实行职级薪酬制，具体由职务薪酬、级别薪酬、基础薪酬和工龄薪酬四部分构成；事业单位按专业技术人员、管理人员和工人实行不同的薪酬制度。其中，教育、科研、卫生、农业、林业、水利、气象、地震、设计、新闻、出版、广播电影电视、技术监督、商品检验、环境保护、图书馆、博物馆、档案馆等事业单位的专业技术人员实行专业技术职务等级薪酬制，地质、测绘、交通、海洋、水产等事业单位实行专业技术职务岗位薪酬制，文化艺术表演单位实行艺术结构薪酬制，体育运动员实行体育津贴、资金制，金融单位实行行员等级薪酬制。

（2）辅助薪酬

辅助薪酬主要包括奖励薪酬、成就薪酬和津贴。基本薪酬虽然能帮助员工避免收入风险，但它不能体现员工的工作努力程度和劳动成果。奖励薪酬又称效率薪酬或激励薪酬，这种薪酬是对超额劳动给予的报酬。奖励薪酬的依据是工作投入和业绩大小。当奖励薪酬随着员工努力程度的变化而变化时，可称为投入奖励薪酬；当薪酬随着员工贡献大小的变化而变化时，可称为业绩奖励薪酬。是采用投入奖励薪酬还是业绩奖励薪酬，取决于对员工投入和业绩的观察和测度哪一个更容易。成就薪酬指的是当员工在组织内部为组织作出卓越的贡献之后，组织以提高基本薪酬的形式付给员工的报酬。成就薪酬与奖励薪酬的相同点在于它们都取决于员工的努力及对组织的贡献和业绩。不同之处在于成就薪酬是对员工过去一段较长时间内所取得的成果和业绩的认可，表现为基本薪酬的增加，具有永久性；而奖励薪酬是与员工当下的表现挂钩，具有一次性。成就薪酬由于与员工的长期努力和业绩相挂钩，因此，有利于减少事业单位人力资源的流失和建立高素质的人员队伍。津贴指的是根据员工的工作特性及特定条件下的额外生活费用而给付的劳动报酬。非营利性事业单位人力资源津贴大体上可分为工作津贴和地区性津贴两大类。其中工作津贴主要有特殊岗位津贴，特殊劳动时间津贴，特殊职务津贴；地区性津贴主要有艰苦边远地区津贴和地区生活津贴。津贴、补贴的种类，发放范围和标准等，一般由国家统一规定。对国家没有统一规定的，地区和事业单位可根据工作需要，在政策允许的范围内，自行设立项目。在非营利性组织事业单位的薪酬构成中，通常还包括以额外福利的名义支付给员工的小额优惠，如免费和折价的工作餐、优惠的住房、公费医疗、免费或低价提供的交通工具、带薪休假等。

2.按薪酬发生机制分类的薪酬组成

（1）外在薪酬

外在薪酬是指组织针对员工所付出的劳动和所作的贡献而支付给员工的各种形式的收入。包括工资、奖金、津贴及各种直接和间接支付的福利。外在薪酬可进一步分为货币性薪酬、福利性薪酬和非财务性薪酬。对于事业单位的员工来说，货币性薪酬只是一种间接性薪酬，他们的最终需求可能是其他方面，如得到社会的认同和尊重、获得更多的服务、获得更多职务带来的便利等。福利性薪酬包括货币性和非货币性两部分，福利性薪酬是吸引高素质人才、稳定员工队伍的重要工具。非财务性薪酬主要包括稳定的职业保障、安全舒适的办公环境和条件、职务带来的消费和便利、参与决策的权利以及其他服务等。

（2）内在薪酬

内在薪酬是与外在薪酬相对而言的，它是指那些给员工提供的不能以量化的货币形式表现的各种奖励价值，是基于工作任务本身的报酬。它是雇员因完成工作而形成的心理思维形式，对个人而言是内在的，通常是因为参与特定的任务和工作而产生的。内在薪酬较难定义，主要包括职业发展、工作成就、职业安全和社会地位等。

（三）事业单位薪酬的功能

薪酬的功能既可从员工方面分析，也可从组织方面分析。如果从一般管理的角度看，薪酬基本功能主要体现在以下几个方面。

1.决定着人力资源的流动与配置

管理过程实质上是各类资源的配置与使用过程。资源大体上可分为物质资源、资本资源和人力资源三类。在这三类资源中，人力资源的配置与使用至关重要，因为人是各个生产要素中起决定性作用的要素。薪酬在实现人力资源合理配置中起着十分重要的作用。薪酬一方面代表着劳动者可以提供的不同劳动能力的数量与质量，反映劳动力供给方面的基本特征；另一方面代表用人单位对人力资源需要的种类、数量和程度，反映劳动力需求方面的特征。因此，薪酬这个人力资源中最重要的经济参数，引导着人力资源流动和配置：当某一地区、部门和某一职业及工种的劳动力供不应求时，薪酬就会上升，从而促使劳动力从其他地区、部门、组织及工种向紧缺的区域流动，使流入区域的劳动力供给增加，逐步趋向平衡；反之亦然。

从管理的角度来看，事业单位存在两种不同的薪酬机制。一种是政府主导型的薪酬机制。这种机制主要是通过行政的、指令的、计划的方法来直接确定不同种类、不同质量的各类劳动者的薪酬水平、薪酬结构，从而引导人力资源的配置。另一种是市场主导型的薪酬机制。这种机制主要是通过劳动力的流动和市场竞争，通过在供求平衡中所形成的薪酬水平和薪酬差别来引导人力资源的配置。在事业单位的薪酬管理中，为了更合理地配置与使用人力资源，应尽可能采用市场主导型的薪酬机制。

2.直接决定着员工的工作效率

依据马斯洛的需要层次理论，当雇员的低层次需求得到满足以后，通常会产生高层次的需求，必须设计出多层次并存的薪酬制度，保障薪酬的合理与公平。薪酬是劳动者满足物质、文化生活需要的主要手段，要想提高生活水平，就需努力工作以得到更高的薪酬。同时，薪酬的多寡往往与职位和社会地位的高低联系在一起，这就激励着工作人员不断积极向上。

此外，现代薪酬模式注重以下三种激励机制的综合运用：一是物质机制，它通过按劳付酬刺激员工具备更多、更精的业务技能，以此提高工作效率，获得更多的货币薪酬和更好的工作职位；二是精神机制，它通过个人贡献奖励来肯定员工在工作中的自我实现，从而体现人本主义观念，并使员工明白只有好的敬业精神，才能实现个人价值；三是政治机制，它通过劳动者个人业绩与公共管理目标的关系，来鼓励劳动者参与政治活动，并从政治的角度酬谢劳动者所做的努力，使员工增强政治荣誉感或获得更多的政治参与机会。由此可见，薪酬是一种动力机制，它直接决定着员工的工作效率。科学的薪酬激励机制还有利于改善公共服务人员良好的公众形象，增强公共服务人员的创新意识，建立廉洁高效的员工队伍，并为建立精练、高效、勤政、公正的政府机构和公共组织创造条件。

3.关系到社会的稳定和人力资源的再生产能力

在我国现阶段，薪酬是社会成员个人消费资料的主要来源，从经济学的角度上看，薪酬一经向员工付出即退出生产领域，进入消费领域。作为消费性的薪酬，保障了社会成员的生活需要，实现了劳动力的再生产。薪酬标准过低，无法保障事业单位员工的基本生活，劳动力的消耗无法得到补偿，势必影响到人力资源的再生产能力；薪资标准过高，则造成不平衡的社会心理，不利于社会稳定，同时给事业单位的预算造成一定程度的负担。

此外，薪酬实际上是一种公平交易，用以补偿劳动者的劳动付出或劳动消耗，以便于劳动力的再生产以及获得社会的尊重等。在工作过程中，必然要消耗体力和脑力，而人的体力和脑力只有得到补偿才能维持劳动力的再生产，才能使工作循环进行。同时，工作者为了更好地完成工作，提高自身素质，需进行自我教育开发投资，这笔费用也需得到补偿，否则，劳动力素质就难以得到不断提高，进而影响组织目标的实现。另外，在职者大多还承担着抚养孩子和赡养老人的责任。这些都不可能完全由社会来承担，有相当部分需由个人解决，解决的途径就是：劳动者以劳动取得工资，以工资换取物质、文化生活资料，使以上支出得到补偿。

二、薪酬设计与管理

（一）薪酬管理的设计

制定科学合理的事业单位薪酬制度是人力资源管理的难点所在。因此，必须根据按劳分配的原则，结合考虑工作环境的变化以及当地企业的工资水平等要素，合理有序地提高事业单位薪酬水平。

1.制定薪酬原则和策略

这是设计薪酬制度的前提，它对于薪酬制度设计的后续步骤影响重大，起着决定性的指导作用。事业单位的薪酬设计一般经由国家人事主管部门在大量调查和周密计算的基础上向国务院提出报告，然后由国务院研究决定，最后形成统一的方案并提交国家权力机关审查、通过和颁布。我国事业单位的薪酬设计的主要原则是按劳分配、定期增薪，而采用以按月支付为主、兼有其他形式的支付策略，以发挥薪酬的生活保障功能和激励功能。

2.设置岗位和工作分析

在职务等级工资制度下，工作分析是建立薪酬制度的重要依据，而工作分析必须基于科学、合理的岗位设置。必须研究组织的工作需要和权责分配，设置合理的岗位，并在此基础上进行科学、规范的工作分析，通过这一系列步骤将产生明确的工作分析和岗位评价体系。工作分析是决定等级职务的前提，也是在同一等级职务条件下确定工作难易程度、责任大小、所需学历、任职资格和工作实绩等因素的基础。

3.工作评价（职位评价）

工作分析是实施职务级别工资制的基础，为确定职务等级提供以工作内容和工作要求为主的依据。虽然工作分析反映了事业单位对各项工作的期望和要求，但不能揭示各项工作之间的纵横关系，因此要通过工作评价来对各项工作进行分析和比较。所谓工作评价，是指对组织内部各项工作的劳动价值或重要性进行评价。工作评价需要对公务人员的工作实绩与职位要求进行对比，从而确定公务人员的劳动价值，并以此作为确定职务工资档次和级别工资高低的基础，尤其是职务工资的基础，所以说，工作评价是薪酬制度设计的另一个关键环节。

4.薪酬调查

当今社会的竞争归根结底是人才的竞争。事业单位若要吸引优秀人才，则在薪酬设计的过程中不仅要保证薪酬制度的内在公正性，还要使得薪酬具备外部竞争性。因为薪酬以货币作为表现方式，自动使劳动力受到市场价格杠杆的调节，从而实现薪酬对于人力资源配置和流动的重大作用。故而事业单位必须对薪酬进行专门的调查，这种调查与营利性组织的调查有所不同：事业单位的产出无法用货币加以量化，其成员的薪酬水平除了应当与私营企业相比较以外，还要调查和收集关于国民经济发展、国民收入和物价指数等数据，并对它们进行归类分析，为确定事业单位的薪酬水平提供依据和参考。具体操作步骤为：确定薪酬调查目的，确定薪酬调查渠道，确定薪酬调查内容，确定调查范围，根据需要收集数据。

5.薪酬结构设计

所谓薪酬结构，指的是组织结构中各项职位的相对价值及其对应的实际支付的薪酬间存在的相互关系。这种关系理论上必须服从一定的规律和原则，通常以工资结构线来表示，以达到简便、直观、清晰的观感效果，更易于分析和控制。它是事业单位薪酬管理设计的最后一个步骤，它决定整个薪酬由哪几部分构成及各自所占的比重。我国事业单位的薪酬结构由四个部分构成：工资、福利、保险和各种保障。其中，工资包括基本工资、奖金、津贴和补贴。

（二）事业单位薪酬管理的目标与原则

薪酬对于员工和组织的重要性决定了薪酬管理对于事业单位的重要性。所谓事业单位的薪酬管理，指的是事业单位为行使其职能，由人事行政部门负责、相关职能部门参与设计薪酬系统的一切管理工作，也是制定便于吸引人才、任用人才和激励士气的薪酬体系的管理过程。在这一过程中，事业单位应当就薪酬水平、薪酬体系、薪酬结构、薪酬形式做出决策。同时，作为一种持续的组织过程，事业单位还必须不断制订薪酬计划、拟定薪酬预算、就薪酬管理问题与员工进行沟通，并对薪酬系统本身的有效性做出评价，而后不断予以完善。薪酬管理为事业单位的正常运行提供人力资源保证，是事业单位人力资源管理的物质基础。

1.薪酬管理的目标

薪酬管理对于任何组织来说都是复杂的难题，事业单位和所有组织一样，它的薪酬管理系统一般需要同时达到公平性、有效性和合法性三大目标。所谓公平性，指的是公职人员对于事业单位薪酬管理系统及管理过程的公平性、公正性的看法或感受，这种公平性涉及公职人员对于自身薪酬和事业单位外部劳动力市场薪酬情况，相同类别职位的其他同事、组织内部不同职位的同事之间的薪酬对比。所谓有效性，指的是薪酬管理系统能够帮助事业单位实现预定策略目标的最大限度，比如公共部门的形象明显提升、公共服务的质量提高、政府信任度提高等。所谓合法性，指的是事业单位的薪酬管理体系和管理过程是否符合国家的相关法律规定。

2.薪酬管理的基本原则

良好薪酬制度的建立会使组织进入期望—创新的循环，而一旦薪酬制度失效，则会导致员工积极性和工作效率降低、内部矛盾激化等严重后果。为此，在确定事业单位薪酬制度时，一般要符合以下七项原则。

第一，与公共利益相一致原则。薪酬的制定应当围绕组织的战略目标实现来进行，这应是制定薪酬制度的总体指导思想之一。对组织战略目标的实现贡献大的职位或个人，理应得到薪酬分配上的倾斜。而事业单位的组织目标是最大限度地实现公共利益，为公民提供更高质量的公共服务，故此，事业单位的薪酬设计应当与组织的战略目标——实现公共利益相一致。

第二，按劳分配原则。根据这一原则，社会成员应按照向社会提供的劳动质量和数量领取报酬。国家公职人员的劳动虽然不能直接创造社会财富，其劳动的经济效益也难以直接衡量，但作为社会分工体系中不可缺少的一个重要组成部分，也应当贯彻按劳分配原则。根据员工的劳动量付酬，既能维持员工的劳动能力再生产，也能满足员工的生活需求和学习需求。

第三，平衡比较原则。平衡比较原则是指在确定公职人员薪酬时，应参考企业员工的工资水平，力求使公职人员的工资水平与企业同类员工的工资水平保持适当平衡。所谓同类人员，指的是职务、学历、资历等方面具备相当程度相似性的人员。这是处理事业单位和外部系统工资关系的重要准则。通过与企业工资的平衡，间接引进了市场机制，使公职人员工资水平的提高与国民经济发展保持了恰当的比例关系。

第四，同工同酬原则。同工同酬原则是指在确定公职人员工资时，对担任相同职务与工作的人员，应给予大致相同的工资待遇，不应因其性别、民族、出身等不同而有所不同。这一原则几乎是西方市场经济国家公职人员薪酬分配的首要原则，在部分国家还得到了法律的认可。同工同酬是按劳分配的本质体现，同时这对于实现民族平等、男女平等、区域平、社会长久治安等重要问题有着尤其重大的影响。故而，同工同酬是体现薪酬管理和设计公平性的基本原则之一。

第五，正常增薪原则。正常增薪原则是指依照社会经济发展水平和有关法律规定，政府财政预算必须保证一定的经费用于公职人员工资的正常增加，这是保持公职人员工资外部平衡关系和内部合理工资关系的机制，深受当今世界各国政府的重视，但常常受到国家经济状况和财政状况的影响而不能有效贯彻。实现事业单位工作人员工资的正常增长，是社会经济发展规律在事业单位工资制度中的体现。随着国民经济的发展和劳动生产率的提高，事业单位工作人员的工资水平也应与之相协调，得以相应提高。

第六，物价补偿原则。物价补偿原则是指受通货膨胀的影响，员工的工资报酬有可能偏离工作绩效所应得的薪酬水平。因此，政府要根据物价指数的变动，定期适当调整事业单位员工薪酬，使薪酬增长率等于或高于物价上涨指数，以保证事业单位员工的实际工资不因物价上涨而下降。物价补偿具体有三种方式：①实行薪酬指数化；②参照物价上涨水平，定期调整薪酬标准；③发放物价补贴，计入薪酬标准。

第七，法律保障原则。法律保障原则指的是薪酬管理制度应合乎有关法律法规和政策的规定，强调依法管理薪酬。我国目前尚未制定专门的事业单位薪酬法律，但政府明确指出除国家法律法规和政策规定外，国家行政机关不得以任何形式增加或扣减国家事业单位员工的薪酬。薪酬法的制定在我国是当务之急，也是薪酬法治化管理的必由之路。

（三）薪酬水平管理

薪酬水平管理主要是对组织中各个部门、各个职位及整个组织平均薪酬数额或水平的管理。首先，为了保持组织对核心员工及外部优秀人才的吸引力，组织必须根据组织战略和薪酬外部市场调查结果，确定本组织合适的薪酬战略和薪酬水平定位，如整体薪酬水平是领先于市场策略、市场跟随策略还是低于市场策略。其次，在确定了某一种薪酬策略后，在组织内部不同员工之间，是对所有员工都采用同一策略，还是对组织高层员工、中层和基本员工分别采用不同的薪酬策略；是基本薪酬采用这种薪酬策略，绩效薪酬和间接薪酬采用其他的薪酬策略，还是三者都采用一种薪酬策略，以达到在激励效果既定的情况下，人工成本最小的目标。再次，薪酬水平管理模块还需要确定组织薪酬总额及个体薪酬总额的正常增长机制，如前者与物价指数、组织效益挂钩，后者与个体的学历、资历、业绩挂钩等。最后，薪酬水平管理模块还应该对组织的薪酬预算、控制方式及合理避税等方面做出设计和规定。

而事业单位的薪酬来自财政预算安排，最终由国民经济收入来承担，因此，如何管理公务人员的薪酬水平是事业单位薪酬管理的重要内容。合理的薪酬水平既能调动公务人员的积极性和创造性，提高事业单位的人力资源素质和能力，又可以得到纳税人的理解和支持，从而取得良好的经济和社会效益。

1.事业单位薪酬水平管理的内涵

薪酬水平是指一定时期内公务人员平均薪酬的高低程度，具体是指中央、国家机关和各级地方政府及其组成部门、党群机关的工作人员平均薪酬的高低程度。

薪酬水平涉及复杂的内外部关系，直接影响到事业单位的工作效率和人员队伍的稳定，还会影响公平的社会心理，间接影响到社会稳定。薪酬水平过低则无法保障公务人员的正常生活水平，以及公务人员需要赡养人员的正常生活，无法延续公务人员的再生产能力，抑制公务人员工作积极性和创造性，从而造成事业单位工作效率低下，事业单位信任度降低，也影响到事业单位的形象和吸引人才的能力。薪酬水平过高一方面带来不公平的社会心理，容易产生不满情绪，不利于和谐稳定的社会秩序的形成；另一方面过分吸引优秀人才到事业单位，不利于人力资源的合理配置和流动，同时，过高的薪酬水平对于国民经济收入来说也是个沉重的负担。

薪酬水平管理是公共人力资源管理部门为公共管理职能的有效履行提供人力资源保障，保证事业单位薪酬水平的合理性，而对事业单位的薪酬水平进行的管理活动，包括调查、设计、计算、比较、审查、通过和发布等。

事业单位薪酬水平管理的主体是中央政府的人事部门，也包括相关的财政、海关、税务、审计和统计等部门。事业单位薪酬水平管理的客体是公务人员的薪酬水平，事业单位薪酬水平的确定需要参考企业部门的薪酬水平及反映生活费用高低的物价指数等相关经济信息。

2.事业单位薪酬水平管理的权变因素

事业单位薪酬的权变因素可以分为三大类：内部要素、外部要素和个人因素。这三大要素进而决定了事业单位薪酬的公平性、竞争性、合法性等特征。

内部要素中，组织类型、组织负担能力和组织文化等内部要素决定了组织薪酬的总额水平，进而决定了组织薪酬的外部竞争性和管理导向性。不同的单位性质、管理理念、服务模式要求事业单位的薪酬必须在“组织管理和薪酬管理”“薪酬管理和人力资源管理的其他各个环节”“薪酬管理的各个维度（如工资水平、工资结构和支付方式等）”三个层次实现整合和资源匹配，以决定组织的整体薪酬定位在什么水平，进而与什么样的工资水平参照系挂钩，最终帮助组织实现预定的管理、服务或经营目标（包括财务类指标、客户类指标及员工学习成长类指标等）。

劳动力市场供求关系、单位性质差异，以及与薪酬相关的法律法规等外部因素决定了薪酬的外部公平性、经济性和合法性。供求均衡理论认为，劳动力需求和供给是工资的函数，并且劳动力需求与工资呈反方向函数关系，即薪酬水平高低主要取决于劳动力市场上供求双方的均衡。这就决定了组织的薪酬水平和结构要考虑市场因素，要对组织内部的员工薪酬进行分类分层管理，而不是把组织所有岗位的薪酬水平都与组织的经营效益严密挂钩，以降低组织的人工成本率。但这种注重经济性的原则和政策实践必须依法进行。

个体要素决定了组织薪酬的内部公平性和内部一致性。人力资本理论认为，工资水平主要取决于每个员工自身所拥有的人力资本的存量，它更关注员工之间的在所提供的劳动方面的异质性，并且认为这种异质性主要是由员工拥有的人力资本的存量差异所造成的，而这种人力资本存量的差异也造成了员工之间的市场价值的差异，即不同的员工应获得不同的劳动报酬，以体现员工个体的自我纵向公平和内部横向公平。

（四）薪酬管理的新趋向

1.透明化趋向

模糊薪酬与透明薪酬孰优孰劣，至今尚有争议。但目前占主导的意见和做法是实行透明的薪酬制度。薪酬制度的透明化是保证薪酬分配内部公平性和员工个人公平性的有力支柱，它向员工表明：组织的薪酬制度是建立在公正公开公平基础之上的，薪酬高低有其科学依据和合理性。透明薪酬鼓励所有员工监督其公正性，并对组织的薪酬分配提出申诉或建议。透明薪酬的公平性使其激励功能得以强化；模糊薪酬则容易在员工中产生“薪酬不平等”的印象，使薪酬应有的激励作用大大减少。而且，实行模糊薪酬的组织事实上也难以长期保持其薪酬的模糊性，员工会通过各种渠道了解同事的工资额，使模糊薪酬很快变成透明薪酬。在这过程中，员工可能会产生猜疑、嫉妒心理或吵闹、别有用心的挑唆等行为，会严重破坏组织的人际关系和团队合作精神，其负面效应往往大于模糊薪酬可能产生的正面效应。

2.国际化趋向

薪酬管理的国际化指的是一个国家的薪酬管理面向国际社会，把国际的、跨文化的、全球的观点融合到薪酬理念、制度和技术等诸项管理和设计中去的一种趋势、过程和状态。在国际化的过程中，各个国家的薪酬管理理念和管理技术，通过各种载体在全球范围内传播，并和不同国家的薪酬管理理念、技术相互交流、碰撞，最后得到相互融合、相互发展与相互应用，比如新加坡的高薪养廉的事业单位薪酬管理政策对于我国事业单位薪酬管理制度的影响等。

3.法治化趋向

事业单位薪酬管理的法治化趋向表现在事业单位工作人员的待遇、薪酬的变化必须根据国家有关法律法规和政策的规定，变随意性为规范性。事业单位员工增加或者减少工资及保险福利待遇，都必须根据国家有关法律和政策规定。按现行规定，增加员工的工资及保险福利待遇，必须是当工作人员遇到晋级、晋升、定期晋升工资档次，调整工资标准、调整保险福利待遇等情况时，才能按照规定进行；减少员工工资及保险福利待遇，必须是在人员遇有受到降级处分、降低职务等情况时，才能按有关规定进行。在没有法律和政策规定的情况下，不能随意增加或扣减员工的工资和保险福利待遇。规定不能随意增加工资和保险福利待遇，是强调工资制度和保险福利制度的严肃性，严明纪律，各地各部门不得擅自提高标准。规定不得随意扣减员工的工资和保险福利待遇，强调员工的权利应受保护，随意扣减就是侵犯了员工的权利。

4.管理理念的人性化转变

我国薪酬管理与世界发达国家的薪酬管理存在一定的差距，这与我国传统的人事管理和工资管理理念有着密切的关系。国际化背景下，我国事业单位的人力资源管理理念应当赶上国际主流的发展，转变传统的人事管理模式，变等价交易的薪酬管理理念为“以人为本”的人性化理念，以对雇员的参与和潜能开发为目标的管理理念。我国的“人本管理”在理论上已经相当成熟，然而在实践中，对人的尊重和关心并没有真正得到落实。薪酬管理是对人的看法和提高工作效率的间接体现，理念往往反映在各个薪酬决策的细节中。这种薪酬管理理念下的薪酬管理体系，作为一种激励的机制和手段，其基本思路是将薪酬计划建立在薪酬、信任、减缩工资分类和依据绩效四个原则的基础之上，目的是加大薪酬的激励力度，以换取员工对于事业单位的认同感和敬业精神。

三、员工福利

（一）员工福利的含义与特点

1.员工福利的含义

事业单位的员工福利，就是指社会事业单位为改善和提高公务人员物质文化生活水平而采取的一些措施。福利与工资和奖金不同，它的提供与工作人员的绩效无关。它与社会保险同属于社会保障体系，但也存在着本质的差别。

（1）目标不同

社会保险的目标在于保障劳动者的基本生活，基本生活意即不超过原有的生活水平，而福利的目标在于使人们的生活水平在原有的基础上更进一步。

（2）作用性质不同

社会保险一般由国家立法强制实施，而福利则没有强制性，它由组织依据实际情况，自主建立和实施。

（3）享受条件不同

社会保险以权利义务的对等为基本原则，要享受保险待遇，必须具备基本条件；而福利是个人的额外收益，不需要享受者为之付出代价，也就是说，享受福利待遇是无特定条件的。福利的作用表现在，能够提高公职人员的生活水平，降低公职人员的流动率和提高事业单位的工作效率。

2.员工福利的特点

与社会保险及社会福利项目相比，员工福利具有以下特点。

（1）员工福利是以业缘关系为基础，范围辐射仅限于本单位员工。这是由于，虽然员工福利的直接效用是保障员工的基本生活水平和提高员工的生活质量，然而从用人单位的角度思考，其提供福利的出发点无非两个：一是对内保障员工的再生产能力，利用员工福利保证其凝聚力、向心力，对组织文化形成统一的认识，造就员工归属感和团体合作意识，吸引和留住高质量的员工服务于本单位；二是对外提升组织的形象，提高本组织的社会声望，以吸引更优秀的人才向本单位流动，增强竞争力。这是基于“权力双峰对称”的理论，即对内和对外的两种力量得到平衡。

（2）员工福利的提供方式是普惠制，其主要职能是以共同消费的形式满足员工的生活需要和其他需要，其发展趋势是以集体福利为主，不是劳动者谋生的手段，仅是工资形式的补充，一般情况下并不体现最基本的按劳分配原则。

（3）事业单位的福利资金来源取决于单位的性质，可以是财政拨款，也可以源于组织的盈利。单位的福利水平主要取决于组织的经济状况，这不同于工资源于国民经济收入这一特点。此外，组织领导者的偏好及个人价值观、意识会影响其对员工福利的重视程度，并在薪酬组合方式上有所体现。

（二）事业单位员工福利的实施原则

第一，与国民经济发展水平相适应。由于我国事业单位的员工福利所需资金主要源于国家财政，因此事业单位的员工福利制度的建立和发展要以国民经济发展状况为基础。论是以货币形式还是以实物形式存在，过多的福利支出都会对市场造成冲击，福利待遇水平应适应于经济发展与国家财力的增长，既不能增长过快，也不能增长过慢。增长过快容易给国民经济造成负担，同时易于产生不公平的社会心理；增长过慢不能发挥福利应有的作用，无法促进福利对公务人员的激励作用。必须将员工福利的增长速度控制在国家财力可以承受的范围之内，最大限度地改善员工工作和生活条件，从而激发员工的工作热情。

第二，与组织经济状况相适应。福利虽然是公益性事业，但毕竟需要经济投入，有些事业单位的福利资金源于组织的资金盈利，这时候组织的福利水平取决于组织的经济状况，故而，福利水平必须与组织的经济状况和经济承受能力相适应。过高的福利开支势必成为组织秩序运行的包袱，降低组织的对外竞争力，从而影响事业单位目标的实现。

第三，与工资、保障制度相协调。员工的福利制度是一个系统工程，必须多方位、综合性地考虑，事业单位员工福利制度的设计，需要与用人单位的人力资源战略、员工薪酬制度（包括员工工资、社会保险等方面）保持协调一致。必须认识到，工资在国民收入分配中占主导地位，福利只是辅助分配形式。尽管福利具有工资所不具备的某些优越性，但也有与宏观经济管理目标相背离的弊端。必须确保工资在国民收入分配格局中的主体地位，员工福利只能是对工资的必要补充。

第四，普惠性原则。事业单位员工福利一般以普惠制方式向员工提供，不同于某些企业或者某些项目可能依据员工供职时间长短和贡献大小规定其享受待遇的高低差别，要发挥其共同消费、满足共同需要的主要职能，并以集体福利为主作为其发展趋势。普惠性是事业单位福利在执行过程中的重要原则之一，主要是有两个方面的原因：一是由福利的性质和作用所决定的，福利主要是为了满足员工在物质文化、生活方面的共同性需要，福利的目的在于普遍改革和提高生活、工作条件；二是福利待遇的享受符合社会主义市场经济分配机制的要求。

（三）我国事业单位现行福利制度的内容

公职人员的福利是由各单位根据自身经济实力、管理目标和员工的不同需要自主建立的，因此，不同单位之间的福利内容可能差别不大。世界各国，尤其是市场经济国家的公职人员福利大致有福利补贴、带薪休假、集体生活福利设施和其他福利等。

1.福利补贴

福利补贴一般以现金形式提供，是事业单位员工的工资以外的收入，涉及衣、食、住、用、行、乐等多方面，可以以多种形式、多种名目出现，如生活困难补助、交通费补贴、住房补贴、防暑降温补贴，冬季取暖补贴等。

2.带薪休假

事业单位提供给员工带薪休假福利，有多种形式。

（1）探亲

探亲享受的条件是，凡在事业单位工作满一年以上，和配偶不住在一起，并且不能在公休假团聚的，可以享受探望配偶的待遇；与父母不住一起且不能在休假日团聚的，可享受探望父母的待遇。未婚公职人员探望父母，每年给假一次，假期20天。若单位当年不能给假或本人自愿两年探亲一次，两年合并一次假期为45天。已婚公职人员探望配偶，每年给一方探亲假一次，假期为30天。已婚公职人员探望父母每4年给假一次，假期20天。可根据实际情况给予路程假。探亲假与路程假均包括公休假日和法定假日。

（2）休假

国家实行劳动者每日工作时间不超过8小时，平均每周不超过40小时的工时制度。元旦、春节、国际劳动节、国庆日及法律规定的其他休假日为公职人员的法定休假日。平时时间安排公职人员延长工作时间，每日不得超过1小时；因特殊原因，则每日不得超过3小时，每月不得超过36小时，并需给付不低于正常工资150%的报酬；在休息日安排公职人员工作又不能安排补休者，需给付不低于正常工资200%的报酬；法定休假日安排公职人员工作者，需给付不低于正常工资300%的报酬。

《中华人民共和国劳动法》第45条明确规定："国家实行带薪休年假制度。劳动者连续工作一年以上的，可以带薪休年假。具体办法由国务院规定。"不同的事业单位，可以根据自身的情况，规定本单位员工可以享受多长时间的带薪年假。

（3）病假

事业单位可以根据公职人员的任期时间长短确定每年可以享受若干天的病假，病假期间工资照发。

（4）婚假

公职人员本人结婚的，可以请假，假期为7天，如果女年满23周岁，男年满25周岁以上初婚的，为晚婚，增加奖励假7天。婚假不包括公休、法定假日在内。

（5）产假

产假，是指女性员工在生小孩以后可以享有一定的休息时间并领取产假工资，有些地区的事业单位规定男性员工也能享受这项福利。女职工的产假为98天，晚育的增加的奖励假为1个月，如不能奖励假的，给予女方1个月工资的奖励，奖励费由夫妻双方单位各负担50%。

3.集体生活福利设施

单位集体生活福利是事业单位员工福利的主要内容，目的是尽可能减轻员工的家务劳动负担，使其有更充沛的工作精力和更充分的自我展现机会。

目前，主要的福利设施有员工食堂，保育设施包括托儿所、幼儿园等。员工住宅包括单身集体宿舍、家属住宅、低房租住房、集资建房、住房公积金、购房补贴等，浴室、理发室、卫生室等其他生活福利设施，图书馆、体育馆、健身房、游泳池、歌舞厅等公共性的文化娱乐设施。

4.其他福利

（1）脱产培训

事业单位根据经济、社会发展和行政管理的需要，按照岗位发展的需要，有计划地对其人员进行培训。具体的培训时间、地点、形式均由用人单位根据自身具体情况而规定。脱产培训既是事业单位对人力资源的一种投资行为，又是一种福利。因为这体现了人力资源自身的增值性。

（2）子女医药费

事业单位一般均实行医疗费补贴，补贴子女治病的医疗费、治疗费、手术费、化验费、检查费、输血费等费用，可从父母所在单位的福利费中报销一定比例的费用，如果父母双方不在同一个单位，也可以由父母双方单位合理分担。

（3）子女教育费

针对公职人员的子女教育费，同样实行职工本人和单位共同负担的制度，具体形式每个单位有所不同。

第十一章 社会组织人力资源管理

第一节 社会组织人力资源管理的特点

一、社会组织概述

（一）社会组织的定义

社会组织，通常被理解为由个体、团体或机构组成的集合，它们共同追求特定的目标，通过协作和协调实现这一目标。这些组织可以是政府机构、非营利组织、商业公司，也可以是社区团体、行业协会等。

（二）社会组织的特点

要研究社会组织的人力资源则必须了解其特点，社会组织的特点在一定程度上影响了社会组织人力资源的开发与管理。根据萨拉蒙教授概括出的非营利组织的五个特点：组织性、非政府性、非营利性、自治性和志愿性。有学者认为，非政府性和非营利性是公认的非营利组织的基本特点，组织性则被视为一个不言而喻的前提。因而结合国内外学者的观点和萨拉蒙教授提出的五个特征，本节将我国社会组织的特征归纳为以下三个方面。

1.非营利性

这是社会组织区别于市场体系中企业等营利性组织的本质特征，指社会组织不以营利为目的，或其存在不是为了创造财富或利润。非营利性包含三个层面的意思。

（1）具备非营利的分配与收入约束机制，要求社会组织的捐赠人、领导层的组成人员和实际的管理层人员不得从其财产及运作中获取私利。

（2）具备非营利的组织运作和管理机制，要求社会组织无论是决策、执行还是管理、监督，每一个环节都要具备一种自我控制机制以有效地规避高风险与高回报，并且防止组织管理过程中用利润、收益等物质奖励作为激励手段。

（3）具备非营利的财产保全机制，要求社会组织只能采用“捐赠”这一种方式变更财产及其产权结构，当组织停止其各种活动并进行注销时，其剩余财产不能以任何形式转移给私人所有，甚至连捐赠人都不可以，而只能用于合乎其宗旨的其他社会活动。在这里常常会有一个理解上的误区，认为注重奉献、公益等的社会组织员工不谈报酬，薪酬只是被看作形式上的回报。这种误解混淆了社会组织的工作人员与志愿者。志愿者确实是不以报酬为目的而奉献自己精力和劳力的人员，但社会组织工作人员不同。从国际上来看，国际红十字会会长、哈佛大学校长等许多国际著名的非营利组织领导人享有的薪酬与世界一流跨国公司的总裁处于同一水平线上，在竞争日益激烈、人才流动加快的现代社会中，薪酬不仅是吸引一流人才的关键因素，也是留住和维护人才的重要保障；从其他角度来看，社会组织要健康发展、收获成长，真正发挥自身的作用，就必须拥有并不断积累优秀的专业人才。

2.非政府性

这一特征则是社会组织区别于国家体系中的政府等公共组织的本质特征，指社会组织相对于政府的独立性，主要表现在以下方面。

（1）社会组织的存在基础不同于政府等公共组织，社会组织是生活在社会中的人们依据共同的兴趣、利益、志向、使命等自发组建的或学习研究，或协调管理，或维护利益的共同团体。它的存在是为了实现整个社会或者一定范围内的公共利益，这一方面就涵盖了社会组织民间性的特点。

（2）社会组织在运作机制和决策体制上与政府不同，并不隶属于国家的政治和行政体系。社会组织在发展中需要经受市场优胜劣汰的考验，是具有自主决策和自治管理权力的独立实体，这在一定程度上可以归结为社会组织自治性的表现。

3.社会性

这一特点则反映了社会组织区别于社会中其他各类组织形态的本质特征，指社会组织从产生开始都要依附于广泛的社会之中，表现在以下三个方面。

（1）资源的社会性，指社会组织得以存续和运作发展的资源主要来自社会，包括开展募捐、接受捐款等方式直接吸收来自社会的各种具有公益性的资源，以及通过招募各类志愿者等吸纳公益性的人力资源。

（2）产出的社会性，指这类组织所提供的产品或服务具有较强的利他或公益导向，其受益对象可以是不特定的多数社会成员，也可以是社会上的弱势群体或边缘群体。比如宋庆龄基金会主要致力于儿童福利事业；而另一些社会组织在发生灾害时发挥及时救助的作用，在汶川大地震、青海玉树大地震等救灾中，许多社会组织和志愿者组织积极参与抢险，为使灾害造成的损失减少到最低程度发挥了不可磨灭的作用。

（3）问责的社会性，指这类组织在运作管理的过程中要受到来自社会及公共部门的问责与监督，以确保其公信力。按社会组织的不同类型其公信力保障制度也不相同，社会团体的年度报告制度规定其需要向业务主管单位递交年度报告，信息公开制度规定其要以适当方式向社会公布社团信息，包括使用捐赠、资助的有关情况；《基金会管理条例》从组织结构建设、明确利益冲突规则、完善监督机制三个方面来确保基金会开展活动的公开性，保证其对国家、社会，对捐助人和受益人负责。

总的来说，社会性是我国社会组织公益性特点与志愿性特点结合的产物。

二、社会组织人力资源

（一）社会组织人力资源的含义

人力资源（Human Resources），是指能够推动整个经济和社会发展的劳动者的能力，即处在劳动年龄的已经直接投入建设和尚未投入建设的人口的能力。人力的最基本方面包括体力和智力；若从现实的应用状态来看，则包括体质、智力、知识和技能四个方面。从概念可以看出，人力资源作为人口的能力，是最活跃最积极的主动性的生产要素，并且能够积累和创造物质资本，是开发和利用自然资源的主要力量。人力资源的含义有广义和狭义之分，本节中所涉及的为狭义的人力资源，指社会组织内具有劳动能力的人的总和。

对人力资源的开发与管理（Human Resources Development and Management）主要包括两个方面的内容。第一，对人力资源外在要素——量的开发与管理。量的管理重点在于人力与物力的合理配置，即根据人力与物力及其变化，对人力进行恰当的培训、组织和协调，使二者经常保持最佳比例和有机结合，使人和物都充分发挥出最佳效应。第二，对人力资源内在要素——质的开发与管理。主要指对人的心理和行为的管理，不仅要使个体发挥主观能动性，更要使群体和谐相处达到群体功能的最大化。人力资源开发与管理是一个动态、连续的过程，主要指运用现代化的科学方法，对与一定物力相结合的人力进行合理的培训、组织与调配，使人力、物力经常保持最佳比例，同时对人的思想、心理和行为进行恰当的诱导、控制和协调，充分发挥人的主观能动性，使人尽其才，事得其人，人事相宜，以实现组织目标。

联系上文提及的人力资源的定义和特点，可以认为，社会组织人力资源主要是指社会组织内部通过合法劳动，运用自身的体力、智力、知识和技能推动社会组织的发展，保证社会组织各项目标任务按时按质完成的人员的总和。

（二）社会组织人力资源的组成和配置

对于目前我国的社会组织来说，其人力资源主要可以分为两大类，包括正式员工与志愿者。正式员工是社会组织中人力资源开发与管理最重要的内容。同企业一样，正式员工专门从事组织的日常工作，影响着组织的正常运转和功能发挥；不同的是，社会组织对员工的开发与管理更应注重价值观和理念的传输，要高度关注志愿主义的影响，充分调动这种资源。志愿者（Volunteer）则是指在不为任何物质报酬的情况下，能够主动承担社会责任为社会和他人奉献个人时间及精神的人，联合国将志愿者称为“不以利益、金钱、扬名为目的，而是为了近邻乃至世界进行贡献活动者”。①志愿者是社会组织重要的人力资源，但是往往具有不稳定的特点。还有一种特殊的志愿者就是理事和高级顾问，他们是因为其社会声誉、专业特长等在社会组织内担任志愿性的决策和咨询工作。

作为社会组织中两个不同的工作群体，正式员工和志愿者有各自的任务和职责，在社会组织的各种活动中扮演着不同的角色，但是共同的价值观和社会责任心将他们联结在一起。分工明确、各司其职是这两个工作群体和谐工作的前提所在，互相合作、团结一致又是他们顺利完成组织的各个项目和活动的重要保证。德鲁克认为：“人力资源有一种其他资源所没有的特性：具有协调、整合、判断和想象的能力”。②可见，人力资源决定了组织的运行效率和目标达成。同样，这两个工作群体的有效配合对促进社会组织的职业化和专业化具有显著意义。只有在拥有具备专业素养的正式员工和大量优秀、积极的志愿者时社会组织才能达成它的社会目标，成为领先者。

若按照人力资源的配置格局与角色特点来划分，可以将社会组织分为三个基本层次：一是领导层，负责决策和指导；二是管理层，负责配置和组织资源；三是执行层，负责落实和完成工作。其中领导层和管理层是社会组织人力资源配置的核心，也是需要着重开发和培养的社会组织人才类型。

三、社会组织人力资源管理的特点分析

（一）更加重视强调价值观和使命感的作用

社会组织不以营利为目标，组织成员拥有共同的意愿，这种价值体系植根于社会组织，也是其存在的基础。使命感在社会组织中也显得尤为重要，它赋予了社会组织明确的目标，并激励其工作人员努力工作。因而社会组织在人力资源管理中的目标管理、文化建设显得更为重要，同样在培训开发上更需要侧重于志愿性和道德素质的培训。

---

① 康晓光．非营利组织管理 [M]. 北京：中国人民大学出版社，2011：61.

② 张德．人力资源开发与管理 [M]. 北京：清华大学出版社，2007：4.

（二）管理过程中注重人力资源管理与责任感相结合

若说价值观是社会组织生之根本，那么责任感是其生存和发展的生命线。责任，意味着必须向他人负责，行为必须符合被负责人的期望与标准。负责任的员工造就负责任的组织，责任可以联结工作任务、组织使命与社会期待，不但有利于在社会组织内部形成信任和负责的文化氛围，而且有利于社会组织提高在社会中的公信力和认可度。

（三）关注个人价值的实现和能力的发展

进入社会组织工作的员工除了本身认同组织理念和价值，对组织有更进一步的期望。这种期望的实现则需要组织和员工的共同努力，在人力资源管理过程中关注员工的能力发展和精神满足有助于组织和员工的共同进步，使员工与组织紧密相连。所以社会组织更要为每一位员工提供一个能够不断学习和成长的工作环境，在绩效评价和激励机制上注重精神激励的作用，让其能够展现能力和获得自身价值的体现。

志愿者个人价值的实现和精神上的满足同样需要关注。彼得·德鲁克曾指出，人们以往认为因为志愿者不求报酬，所以不能对他们抱有过高的期望，提出太高的要求，但从现在的观点来看，“正因为他们是不受薪的，志愿者将从他们的成就中获得更大的满足，并做出更大的成就”。

第二节　社会组织中人力资源管理的重要性

在当今的社会组织中，人力资源管理的重要性日益凸显。人力资源管理不仅关乎组织的成功与否，更直接影响到员工的士气、生产效率、工作满意度及组织整体的长远发展。本节将从以下几个方面探讨社会组织中人力资源管理的重要性。

一、有助于社会组织吸纳人才

随着社会的发展，社会组织在社会发展中的作用越来越重要。然而，社会组织要想在竞争中立于不败之地，必须拥有足够的人才储备。因此，社会组织的人力资源管理成为吸纳人才的关键因素。

（一）人才储备是社会组织的核心竞争力

在竞争激烈的现代社会，人才是企业、组织的核心竞争力。人力资源管理的目标是合理分配、充分利用组织资源，将员工的知识、技能、经验和创新力转化为组织的竞争力。而优秀的人力资源管理则能将人才的潜力发挥最大化，从而提高组织的整体效率，提升组织的竞争力和生存能力。

（二）社会组织的人力资源管理有助于吸引人才

社会组织在招聘人才时，需要考虑多方面的因素，如薪资、福利、职业发展机会、企业文化等。人力资源管理在其中扮演着关键角色。优秀的人力资源管理能够提供公平、公正、透明的招聘环境，提供具有竞争力的薪资和福利，提供良好的职业发展机会，以及积极的企业文化。这些因素都能吸引更多的人才加入社会组织。

（三）人力资源管理有助于培养人才

人力资源管理不仅是招聘人才，更重要的是培养人才。通过制订合理的培训计划，提供良好的学习环境，让员工在工作中不断学习、成长，提高他们的专业技能和综合素质。这样不仅有利于员工个人的职业发展，也能提高组织的整体素质和竞争力。

（四）人力资源管理有助于留住人才

留住人才是人力资源管理的重要目标之一。通过建立良好的激励机制，提供公平的晋升机会，营造良好的工作氛围，能够增强员工的归属感和忠诚度。同时，关注员工的心理健康和生活质量，为他们提供必要的支持和帮助，也能有效地留住人才。

总之，人力资源管理是社会组织吸纳人才的关键因素。它不仅有助于社会组织吸引和培养人才，还能有效地留住人才。因此，社会组织应该重视人力资源管理，提高其科学性和有效性，从而更好地发挥人才的优势，提升组织的整体竞争力。

二、有助于促进社会组织的健康发展和职能发挥

从社会组织的发展历程可以看出，随着国际接轨的加速及改革的深化，中国正处在经济和社会的转型期，社会矛盾加剧，社会冲突增多。具有维护社会稳定、弥补政府管理缺陷、承接政府职能等功能的社会组织迎合了时代的要求，处于发展的黄金期。然而，社会组织的发展道路依旧曲折，面临着多方面的问题：外部环境面临迅速转型的社会经济格局，制度方面先天缺少合理的管理体制，组织本身发展历史较短，内部环境又面临着治理能力的加强问题；等等。其中，人力资源开发与管理就是社会组织内部治理能力的重要组

成部分。而在社会组织的发展阶段，治理能力的作用尤为重要，一个机构的基本生存问题和长远战略设计的关键点就是治理能力。[①]人力资源的合理开发不仅能使人才在社会组织中明确自己的职业发展路径，提高工作的积极性，进而从“人的因素”保证组织的正常有序运行，使得组织在面对外界环境的各种变化时能够有效应对并找到合适的发展路径。

三、有助于优化资源配置

在任何组织中，资源的配置直接影响着组织的效率和效能。人力资源是组织最宝贵的资源之一，因为它能推动组织目标的实现，所以也是推动组织发展的核心力量。有效的人力资源管理能够实现组织内部人力资源的最优配置，将每个人力资源转化为组织所需的最大效益。

具体来说，人力资源管理可以通过招聘、培训、考核、激励等手段，使员工的能力和组织的需求相匹配，从而实现资源的优化配置。这不仅可以提高员工的个人绩效，也可以提高整个组织的绩效。同时，通过合理的人力资源配置，可以减少人力资源的浪费，提高组织的整体效率。

四、有助于提高员工满意度和忠诚度

员工满意度和忠诚度是衡量一个组织人力资源管理是否成功的重要指标。一个满意和忠诚的员工不仅会提高工作效率，而且会增强组织的凝聚力，促进组织的稳定和发展。人力资源管理在提高员工满意度和忠诚度方面起着关键作用。

首先，良好的人力资源管理可以提供公平、公正、合理的薪酬体系和福利制度，满足员工的物质需求，从而提高员工满意度。其次，提供良好的工作环境、提供适当的培训和发展机会，以及尊重和关心员工，可以提高员工的满意度和增强他们的忠诚度。最后，有效的人力资源管理可以确保员工得到公正的待遇和尊重，从而增强他们对组织的认同感和归属感。

在任何社会组织中，人力资源管理都是至关重要的。它不仅关乎组织的日常运营，更关乎组织的长期发展。通过优化资源配置和提高员工满意度和忠诚度，人力资源管理可以推动组织的持续发展，实现组织的长期目标。因此，社会组织应重视并加强其人力资源管理，以确保组织的成功和持续发展。

五、有助于增强组织的核心竞争力

在当今快速发展的社会中，人力资源已成为组织核心竞争力的重要组成部分。一个组

① 王名．中国民间组织 30 年 —— 走向公民社会 [M]. 北京：社会科学文献出版社，2008：187.

织的人力资源管理策略，无论是在招聘、培训、激励还是在团队建设等方面，都直接影响到组织的整体运营效率、员工的工作满意度以及组织的长期发展。本节将深入探讨社会组织中人力资源管理的重要性，以及它如何增强组织的核心竞争力。

（一）提升组织效率

人力资源管理的一个重要作用是激发员工的潜能，从而提高组织的整体效能。有效的招聘和培训可以确保员工具备必要的技能和知识来完成工作，同时激励机制可以激发员工的积极性和创新精神，使他们更愿意投入工作，提高工作效率。

（二）增强团队凝聚力

人力资源管理在团队建设中起着至关重要的作用。通过有效沟通、协调和激励，人力资源管理可以帮助建立和维护一个高效、协作的团队环境。这样的团队可以提高工作效率，增强组织的创新能力，从而增强组织的竞争力。

六、有助于塑造组织文化

在竞争日益激烈的社会环境中，社会组织中的人力资源管理扮演着至关重要的角色。它不仅关乎员工的招聘、培训和绩效评估，更在塑造组织文化方面发挥着举足轻重的作用。本节将深入探讨人力资源管理在塑造组织文化中的重要性。

（一）员工招聘与组织文化的建立

人力资源管理的第一步是招聘，而招聘过程中所选择的人员将直接影响组织的文化。对于一家咨询公司来说，它可能寻求关注创新、注重细节的专业人士；而对于一家教育机构来说，则更看重热情、耐心和关心学生的教师。通过对候选人进行细致的评估，人力资源管理部门可以帮助塑造和确认组织的价值观和行为准则，进而建立起符合组织目标的文化。

（二）员工培训与组织文化的传承

招聘只是开始，人力资源管理还需要通过一系列的培训项目来帮助新员工更好地理解和适应组织文化。培训内容包括了解组织的使命、价值观和行为准则，以及如何在工作中体现这些价值观。这样的培训有助于新员工更快地融入组织，同时为组织文化的传承提供了有力支持。

（三）绩效评估与组织文化的维护

绩效评估是人力资源管理中的另一个重要环节，它不仅可以帮助组织了解员工的工作表现，还可以通过反馈和奖励机制来强化组织的价值观和行为准则。如果组织的文化强调团队合作和开放沟通，那么在绩效评估中就应该体现出对这种行为的鼓励和表彰。通过这种方式，人力资源管理可以在维护组织文化方面发挥关键作用。

（四）人力资源管理与组织文化的个性化

每个组织都有其独特的文化，这源于其历史、使命、价值观和员工特点等因素。人力资源管理需要适应并尊重这种文化，通过灵活的管理策略来满足不同员工的需要，同时确保组织的整体目标得以实现。这种个性化的管理方式可以增强员工的归属感和满意度，进而推动组织文化的健康发展。

（五）人力资源管理与组织文化的可持续发展

人力资源管理的另一个重要任务是培养员工的忠诚度和承诺感，以确保组织文化的可持续发展。这需要人力资源管理部门与员工建立良好的关系，提供公平、公正的待遇和发展机会，同时需要在处理冲突和问题时保持公正和透明。只有这样，员工才会愿意为组织的目标而努力，同时会对组织文化的发展做出积极的贡献。

综上所述，人力资源管理在塑造组织文化方面起着至关重要的作用。它不仅涉及员工的招聘、培训和绩效评估，更关乎组织的价值观和行为准则的建立、传承和维护。为了实现组织的长期发展，我们必须重视人力资源管理的重要性，将其视为塑造和保持优秀组织文化的重要手段。

第三节　社会组织人力资源管理的国际经验

他山之石，可以攻玉。了解其他国家和地区社会组织人力资源发展的过程，借鉴他们的经验对我国社会组织的人力资源发展有重要意义。一方面有利于社会组织提高管理和开发人力资源的能力；另一方面有助于营造社会组织成长的有利环境，促进其健康发展。

一、美国社会组织的人力资源开发与管理

社会组织，在美国通常称为“非营利组织”。美国的非营利组织植根于美国的社会之中，具有悠久的发展历史。19世纪30年代，托克维尔对美国进行了考察，发现了“以前从未有过一点概念的社团组织”。在《论美国的民主》中托克维尔就有述及，他认为“这些联合起来的组织，既严肃认真，却又显得微不足道，既普及却又相互封闭”，而且这些“社团组织”，在社会生活中无处不在，他们“筹办节庆活动、建立学校、旅馆、食堂和教堂”等。可以发现，这些组织建立在慈善、博爱和志愿等文化传统的基础之上，如今已覆盖了社会生活的各个领域，包括社会服务、公共安全、医疗保健、教育研究、文化艺术、弱势群体关注、环境动物保护等。非营利组织的成功发展使之成为“政府处理社会问题的伙伴、公平分配资源的手段、公民民主参与的形式，并创造大量就业机会，在社会生活中发挥了十分重要的作用”。

美国非营利组织的成功发展不仅要归功于成熟的市场经济体制，也与其重视人力资源的利用、开发和保护密不可分。在美国，人力资源开发与管理的研究经历了较长的时间，拥有较为成熟的理论。教育是美国促进人力资源培训和利用的主要手段，激励机制的完善和到位，以及社会保障制度的全面性支持了人力资源的全面开发和管理，形成了较为成熟的体制和运行机制。从整体而言，首先，美国的非营利组织在人力资源管理上具备先进的理念，包括服务意识、人力资源管理意识、创新意识、绩效评估意识等；其次，他们十分重视人才的招聘和开发，并且非常重视人才的维护工作，在组织中倡导持续性的培训以做好人才的培养和使用工作；最后，注重组织文化的构建，倡导团队精神和责任意识，以增强组织成员的服务意识和道德素质。

美国的非营利组织拥有一套标准的规范化的人力资源开发与管理的体制，从人力资源的获取到维护都有比较完善的体系。本节以美国联合计划组织（United Planning Organization，UPO）为例简单介绍美国非营利组织的人力资源管理经验。

UPO是美国一个典型的社区社会组织，成立于1962年12月10日。UPO的理念是坚信社区行动能够展现希望并可以改变人们的生活，能够改善社区并使美国更加美好。其愿景是通过机会来联结人们，让华盛顿成为一个社区繁荣、居民自给的城市。经历了近50年的发展，UPO已成为华盛顿地区一个有影响力的组织，主要由社区健康、社区服务、就业与职业发展、绿色技术、儿童与家庭发展及青少年服务六个部门组成。服务内容包括社区的就业、家政、青少年教育，帮助老人、孤儿和残疾人等。

与大多数美国非营利组织一样，UPO的内部管理接近于企业管理制度，董事会是组织的最高决策机构，CEO负责日常行政事务和管理，监事会监督行政队伍的执行情况。UPO的最高决策机构为董事会，包括董事会主席、副主席、董事会秘书、会计和14名成员，

成员中有5人为利益方的代表，5人来自地方居民的选举，另外4人则为不同机构的指定人员。董事会的成员都是志愿性质的，不收取报酬，但是若组织中出现任何问题，董事会成员是需要承担相应责任的。日常管理工作则由行政工作人员负责，行政总裁及4名分管日常行政事务、组织运营、法律事务和财务的副总裁统领日常事务。在资金来源方面，目前该组织每年经费途径主要有政府拨款（包括联邦财政和地区财政）、企业捐赠（如摩根大通）和私人捐赠，其中政府拨款占大多数。

除了董事会及管理人员等决策和领导人员，UPO的人力资源主要由专职员工和志愿者两个部分构成。在专职员工的人力资源管理上的流程能够为我国社会组织的人力资源管理提供不少借鉴。

UPO非常重视人力资源管理的基础工作，对每项工作的分析都做得非常完善，明确规定了工作职责和要求。比如社区健康部综合治理中心的医师，对其职责做了详细的规定：要负责帮助医学总监监督UPO综合治理中心的阿片治疗方案（Opioid Treatment Program）的医学活动；检测和评估病人的身体状况；诊断病情后采取治疗办法或者将病人转诊给其他专业保健人员，最终确定一个合适的疗法。并且对最低任职资格做了限定：毕业于经认可院校并取得医学博士（MD）的学位；具备一定的医疗职位负责人的经验，包括药物成瘾恢复方面的经验；需要在一家医院的实习经验。

在人力资源的获取上，UPO将人力资源规划建立在组织发展和项目需求基础上，下设的社区健康等六个部门及从事管理的各个办公室，像人力资源办公室、技术办公室等，都会根据部门所需调整组织的人才需求以保证人力供给。招聘与选拔员工的整个流程则接近于企业的招聘，包括发布岗位—求职者申请—简历筛选—面试—最后确定。其招聘需求通过官方网站发布，对每一个空缺岗位都会进行详细的描述，如年薪、工作需求、任职资格等。而求职者一旦对某一岗位有意向，就可以填写申请表格，并附上求职信和简历通过电子邮件、传真、寄信其中任何一种方式递交求职申请，亲自递交同样可以。UPO会在两周内通过邮件或信件的方式给应聘者寄送感谢信，人力资源部门则会根据职位需求和应聘者的条件确定哪些人可以进入面试阶段并进行通知，通过面试最后选定工作人员。并且值得一提的是，UPO对招聘细节的关注和应聘者的关怀，比如会给向每位应聘者发送求职确认信，对应聘者关注的问题会在网站中做出详细说明等。

最值得引起关注的是美国非营利组织中的福利保障制度与退休计划。在美国，非营利组织的员工与其他组织，如企业等并无差别。众所周知，美国的员工福利计划比较全面，在员工薪酬中所占比例较大。以UPO为例，在员工福利方面，UPO则提供华盛顿地区最好的员工福利，每年提供三周的年假和12天的带薪休假，在特殊情况下可以带薪享受病假和事假。另外，UPO的员工都被列入员工援助计划（EAPs，美国很多雇主都提供此项目），此计划可以给员工及其家属提供咨询服务，以处理可能会对工作、健康等产生不利影响的问题，包括精神问题和压力的咨询、家庭婚姻问题的咨询等，此类问题的恰当解决能有效节约企业人力资源成本，提高员工的工作积极性。在保障方面，UPO在医疗、养老、伤残等都为员工提供保障。员工可享受补贴的医疗保险（HMO、PPO两种形式任选其一）和PPO形式的牙科保险、100%的雇主赞助生活和长期伤残保险，退休金则由雇主提供5.5%的固定（non-elective contribution）数额，其余则按薪酬比例（matching contribution）交付。除此之外，还有一些其他补助。这些制度的确定，一方面，从物质和精神上都为员工提供了保障，可以充分调动员工的工作积极性；另一方面，也激励员工为了退休生活获得保障，努力工作，发挥专长。

UPO对人力资源的规划、工作分析和招聘选拔保证了组织发展对人才的需求；福利保障制度和退休计划的完善则确保了组织正式员工享有一个稳定的生活水平和退休后的生活保障，这些举措都充分地开发了UPO的人力资源，调动了员工的工作热情，提高了组织的工作效率，从而为实现组织目标作出积极贡献。

二、澳大利亚社会组织的人力资源开发与管理

澳大利亚的非营利组织在第一次世界大战以来或更早以前，一直扮演着提供社会福利服务的角色。

澳大利亚的非营利组织在得到资助的情况下不断发展、作用不断扩大，开始走向公共领域，发挥政策倡导的作用，促进了澳大利亚的民主建设。

澳大利亚非营利组织的人力资源开发与管理特色体现在其管理人员（尤其是CEO）的聘用上和它的薪酬制度上。澳大利亚非营利组织的CEO是通过公开招聘的形式进行的，由董事会任命并对董事会负责。与企业中的CEO相同，非营利组织的CEO是组织日常工作的总执行人，主持组织的日常行政性事务。公开招聘能够吸引具备专业素养、工作能力强的人才来竞争职位，可以为组织甄选出最适合的行政领导人。

在薪酬制度方面，澳大利亚非营利组织一般采用职位价值报酬制。这种薪酬制度简单来说是依据个人对于组织贡献的多寡，而给予“相对的”报酬。这种薪酬制度设计体现出非营利组织对工作人员个人能力及组织贡献度的重视，而不是对职位的重视。再以此为基础，运用科学的归纳分析方法，筛选比对各职位的价值相对排序，并参照外部同行业薪资市场情况，结合组织自身特点，制定出个职位应有的报酬。

将职位价值报酬制度运用中，是否得到晋升不再是员工绩效以及其对组织贡献的回报，提升自我职能或职位价值才是员工需要努力的方向。因而职位价值报酬制度可使组织逐渐导向重视绩效、重视训练与自我发展的内部文化，对于维持组织竞争力具有正面的效果。在非营利组织中，这种薪酬体系对于员工来说同样具有积极的意义。因为其个人在组织内的职位等级高低不代表其价值或竞争力，而在于他是否有充足的工作能力，这包括个

人潜能的发挥、专业能力的展现。这就能促使员工充分展示其才华，尽可能地为组织发展贡献自己的能力。

三、新加坡社会组织志愿者人力资源的管理

在志愿者人力资源开发与管理的经验上，本节重点介绍新加坡非营利组织志愿者人力资源管理经验。由于新加坡与泰国都是亚洲国家，且在新加坡居民人口中华人占了74.1%，相比于西方国家新加坡文化上与我国更接近。而志愿文化的形成又与一国的历史渊源和文化构成密不可分，就像在美国，志愿者普遍存在于社会中，这就是美国生活方式的一大特点，而这种志愿精神从美国建国之初便已形成，深深地植根于美利坚民族之中。从这一点出发，新加坡的非营利组织在志愿者方面的人力资源管理更加适合我国社会组织学习。

新加坡非营利组织志愿者的人力资源开发与管理亮点在于其培训制度的建立和对激励考核制度的重视。新加坡非营利组织并不因为其志愿性而疏忽对志愿者的培训开发，培训内容一般包括价值观的疏导和工作技能的训练。非营利组织会采取“因材施教”的策略，依据不同的文化背景和工作经历，以及需要提供志愿服务的具体任务需求，开展包括使命感、责任意识及服务技能的培训。比如新加坡最著名的人民协会（People's Association）就创办了专门培训志愿者以及非营利组织员工的国家社区领袖训练学院，使接受培训的学员能够掌握与工作和服务相适应的各种技能，从而带动各基层组织绩效的全面提高。在激励和考核方面，则体现为非营利组织与政府协同合作。新加坡政府在志愿服务的发展上倾注了大量财力和物力，并为此建立了全国层面的志愿者激励与考核机制，比如在每年的国庆日，新加坡政府会根据志愿者服务时间、绩效的不同，授予其不同等级的勋章。最高级别的可得到由总统亲自颁发的公共服务勋章（The Public Service Medal）和公共服务星章（The Public Service Star）。获得此项荣誉是对志愿者个人价值的肯定，也是对其作出的贡献表示国家层面上的感谢。除此之外，在物质方面的奖励同样可以鼓励更多的人加入志愿者的队伍，在志愿服务上新加坡政府给予了政策上的倾斜：取得杰出贡献的志愿者可以享受政府提供的特殊政策，通过由国会议员督导的机制为服务满三年以上的志愿者提供优先的社会服务和福利，如在申请购买保障房的过程中可优先得到批准，为其子女进入最好的学校提供优先选择权等。

四、国际经验的启示

无论是正式员工的管理经验还是志愿者的开发经验，都从不同侧面展示这些国家在非营利体系人力资源管理中注重效率和以人为本思想的情况。

美国非营利组织拥有完整的人力资源开发与管理系统，员工优厚的工作福利和完善的

退休计划确保了社会组织员工的稳定性；澳大利亚通过职位价值报酬制有效地激发了员工的工作积极性。这些都为我国社会组织建立合理的员工薪酬和福利制度的设计提供了可靠的参考。新加坡在志愿者的开发培训上落实到位，并结合感性激励满足志愿者自我价值的实现。这些人力资源管理理念和成功运作模式都为我国社会组织的人力资源建设提供了可供选择和参考的范本。

第四节　我国社会组织人力资源管理的优化路径

有效的市场体制和民主政治都离不开发达的非营利部门的支持，社会组织是否发达和完善深刻影响着我国社会领域的进一步变革。要改变社会组织的现状，必须实行适应经济社会发展的改革，而改变人力资源开发与管理的现状则是其中重要的问题，只有提高社会组织人力资源的素质与能力，迅速补充高素质的专业人才，才能健全社会组织职能，有效发挥应有的社会作用。

通过分析我国社会组织人力资源开发与管理现存的问题及成因，以及借鉴国外社会组织人力资源开发的成熟做法及国内部分组织已经取得的经验，笔者认为要改变现有的人力资源现状对于社会组织来说刻不容缓，必须从人力资源的各个环节抓起，尽快建立起一整套标准的规范化的人力资源管理体系。在改变现状的同时，也必须注意使社会组织人力资源总量增加有利于促进社会组织持续健康发展，社会组织人力素质的提升有利于加强社会组织能力建设，同时社会组织人力资源管理制度改革创新有利于充分发挥社会组织的积极作用。

一、构建科学的社会组织人力资源管理体系

社会组织的人力资源开发与管理必须建立在一套行之有效的规范化的社会组织人力资源管理体制上面。就目前我国来说，社会组织的工作并没有进入“职业大典”的目录，这也使得其人力资源管理在某种意义上成了一种“空谈”。一旦体制确立，从人力资源的规划、获取、培训、开发、绩效管理、薪酬制度等各方面进行规范并制度化，则改善现状指日可待。

构建这样一套体系，需要从政府和社会组织两个方面入手。

（1）需要政府切实放下自己手中的权力，将人事权力回归到社会组织。尤其是社会组织的领导人，很大一部分来自上级部门的指定或者选派，人事权力回归要从社会组织的

领导层做起，要让社会组织依据组织章程并按照自治民主的方式产生组织的领导人。

（2）从社会组织的角度出发，一方面要引进科学管理与开发人力资源的理念，规范用人制度，完善竞争机制。做好人力资源的基础工作，根据组织结构和组织文化确定相应的人才开发策略和举措，制订出切实可行的与社会需求相适应的人才需求规划，科学分析岗位职责、目标、任务、任职条件和待遇。为优化人员的知识和年龄结构打下基础，为选拔到合适的人才做好准备。在实施人力资源管理的过程中，重点把握培训、激励与考核、福利与保障环节。培训能够使组织内的人力资源得到不断的知识更新和技能提升，充分的考核和有效的激励则会促使员工保持良好的工作积极性，而较好的福利和保障制度则是留住人才的最重要方式之一，能够建立起员工与组织共同合作的机制。

另一方面要健全社会组织人力资源发挥作用的内在机制，建立和完善以章程为核心的内部管理制度，切实落实民主选举制度，坚持按期换届选举，完善各项选举程序，采取不记名投票，逐步实施差额选举、竞选、直选等选举方式，把优秀人才选配到合适的岗位；要逐步规范组织内重大事务民主议事、民主决策的范围、程序和方法，建立健全人才参与民主管理的机制。

（一）加强社会组织人力资源建设的战略规划

自古以来，都认为人才是极其可贵的。《墨子·尚贤》中就指出："尚贤者，政之本也"，唐太宗则认为"为政之要，唯在得人"。无论什么时代，人才都能决定国家或组织的命运。人才战略将人才视作一种资源，其核心就是培养人、吸引人、使用人、发掘人，人才关系到组织的可持续性发展。社会组织要在市场的竞争机制中存活下来，除了本身存在的特性，更需要有科学的管理、专业的员工以及合理的制度。因此建立起社会组织人力资源的管理体系，必须先明确社会组织人力资源建设的指导思想与基本要求，这是加强社会组织人才队伍建设的指引与导向。

首先要以中国特色社会主义理论体系为指导，按照实施人才强国战略的总体进行部署，贯彻"服务发展、人才优先、以用为本、创新机制、高端引领、整体开发"的人才发展指导方针，坚持以人为本、公平公正、分类指导的原则，以社会组织建设为基础，以人才队伍建设为核心，以人才作用发挥为主线。着力体制、机制和政策的创新，建设一支政治合格、业务精通、结构合理、数量充足的社会组织人才队伍，形成一个辐射宽广的社会组织人才资源网络，为更好地发挥社会组织在促进经济发展和社会进步中的积极作用提供人才支撑和智力保证。

其次要树立科学人才观，紧紧抓住吸引、培养、用好人才三个环节，使社会组织人才总量增加与促进社会组织持续健康发展相适应，社会组织人才素质提升与加强社会组织能力建设相适应，社会组织人才管理制度改革创新与充分发挥社会组织的积极作用相适应。

（1）要结合社会组织自身的特点加快推进人力资源结构的优化，从专业、年龄、技术等方面优化人力资源配置，促进人才合理布局，发挥人才队伍的整体功能。

（2）要完善社会组织人力资源的开发环境，加强人才资源能力建设，建立健全市场配置人才资源的机制，营造有利于高素质、专业人才大量涌现、健康成长的良好氛围和社会环境。

（二）明确社会组织人力资源建设的目标任务

今后几年内，在社会组织人力资源建设方面要完成一定的目标，达到一定的标准。在制度规范方面，基本建立社会组织人才培养、使用、流动、评价、激励、保障等方面的制度框架和政策法规体系；在人才使用方面，做到社会组织领导人才、管理人才、专业技术人才和技能人才数量都有较大幅度增长；在人才结构方面，促进社会组织人才的专业、知识和年龄结构趋于合理，能力和素质进一步提升，基本满足社会组织发展的需求；在人才吸收和引进方面，增强社会组织吸纳就业的功能，且在优秀人才发现、培养、交流、评价、储备等方面的功能和作用进一步发挥，成为我国实施人才强国战略的重要载体。

二、营造社会组织人力资源建设的良好环境

我国政府要立足于现实发展，营造一个有利于社会组织人力资源建设的外部环境，加强对社会组织人力资源队伍建设的领导，提高社会组织工作人员的社会和政治地位，按照党管人才的原则，建立政府与各种社会力量广泛参与的工作格局，形成推动社会组织吸收和保留人才资源的长效机制。

（一）加大人才队伍建设的资金和要素投入

社会组织人力资源的建设和人才队伍的培养，要依靠政府在资金和各方面的大力投入。

（1）要加强对社会组织人力资源建设的领导。

（2）需要各级政府将社会组织人才队伍建设和培训经费纳入各级财政预算，以国家财政和地方财政支持社会组织的人才培养，鼓励和支持社会组织建立人才发展基金。

（3）在法制建设上，规定符合条件的社会组织按国家税收法律法规的统一要求可以享受相关税收优惠。并出台政府购买社会组织公共服务的政策，通过整合现有资源或新建等方式建立社会组织培育孵化基地。引导社会资金投入社会组织的人力资源建设，形成政府、社会、用人单位多元化的资金投入机制。

（二）完善人力资源管理的制度框架和政策体系

完善社会组织人力资源的制度框架和政策体系，需要人力资源和社会保障行政部门和社会组织登记管理机关逐步建立并健全社会组织人力资源工作政策和体系。制定和完善社会组织人才引进、流动、职称、户籍、薪酬、保险、培养、激励等一系列政策，提高政策的可操作性，为社会组织人才队伍建设提供制度保障。主要从以下两个方面出发。

（1）确保社会组织人才受到平等待遇，指的是社会组织工作人才在机会机遇、个人荣誉、薪酬待遇上都能享有平等的对待。例如，政府支持的人才创新的资金、项目、信息等公共资源同时要向社会组织平等开放；其工作人员可以平等享受政府在人才培养、吸引、评价、使用等方面的各项政策；不仅如此，他们还可以与其他组织人才一样参与国家开展的人才宣传、表彰、激励等方面的活动。

（2）提高社会组织工作人员的社会和政治地位。充分利用广播、电视、报纸、网络等媒体，一方面大力宣传社会组织在社会经济发展中的地位和作用，另一方面要树立起社会组织人才的先进典型，努力提高社会组织人才的社会地位。注重在社会组织人才中推选党代表、人大代表、政协委员，进一步为社会组织人才参与社会公共事务创造条件，畅通社会组织人才的利益表达渠道。

三、完善社会组织人力资源招聘和引进机制

（一）吸引优秀人力资源向社会组织流动

要使大批的优秀的高素质的人力资源进入社会组织，就要将社会组织成为吸纳社会就业的重要渠道，发挥市场在人才资源配置中的基础性作用。

仅仅通过市场的人力资源配置作用是远远不够的，更需要我国政府从制度上进一步保证社会组织人力资源的供给和引进。

（1）明确社会组织作为用人主体的权利和义务，符合条件的社会组织按规定享受国家促进就业和引进人才的扶持、奖励和优惠政策。

（2）人力资源和社会保障行政部门制定相关政策，鼓励人才在社会组织和其他单位之间流动。

（3）相关职能部门为社会组织引进急需的优秀人才创造条件，帮助其解决户籍准入等困难。社会组织应根据工作需要和岗位要求，根据公开、平等、竞争、择优的原则，建立和完善人才引进制度。

（二）进一步完善“人才柔性流动”机制

“人才柔性流动”是指摆脱传统的国界、户籍、档案、身份等人事制度中的制约，适应市场经济和人才社会化发展要求，在不改变其与原单位隶属关系的前提下来去自由的人才流动方式，它可以通过政府引导、市场调节来实现。这种人才流动方式以智力服务为核心，注重人才、知识、创新成果等资源的有效开发与合理利用，是人才流动理论基础下的一种重要机制。怀特和斯赖尔认为，处于不断变换的社会、经济、政治等环境下的企业，为了促使员工素质及时跟进组织在能力与变化上的竞争优势，柔性是非常必要的，对提高组织效率有重要帮助。

鉴于我国大部分社会组织由政府部门生成的现实情况，以及社会组织在履行职能时普遍存在与政府、企业、其他协会及其他社会方面的合作，且有些社会组织的专职工作人员需求量比较小，因而实现人才在企业、政府与社会组织间的柔性流动是实现我国社会组织人力资源管理的一个突破点。当然需要政府、企业与社会组织三方面的共同合作才能使其真正应用于社会组织的人力资源体制中。

政府要出台相关政策鼓励各类优秀人才采用双向挂职、短期工作、项目合作等灵活多样的方式，到社会组织从事专门性的工作，引导优秀人才向社会组织有序流动，促进人才合理分布。还要建立人才信息库制度，以人力资源状况调查为基础，建立一个完备的社会组织网络型人才供应链，将信息成本与人才交易成本降低，使人力资源信息在各个单位和社会组织之间更加充分共享。派出单位和社会组织要为柔性流动人才提供必要的工作、生活条件，完善相关保障措施，支持其开展工作、发挥作用。

人才柔性流动机制的实现能够使社会组织不过多追求组织对各种人力资源的绝对控制和垄断管理，而且能够实现政府部门、企业或者其他各类社会组织在人力资源使用方面的合作。

四、加大社会组织人力资源培训和教育力度

从人力资源的现实应用角度来看，其能力主要包括体质、智力、知识和技能四个方面。加强社会组织人力资源的能力建设，就是不断创造条件，通过对人力资源进行教育、培训和开发等一系列的活动，拓展人力资源发挥作用的环境和空间，提升人力资源为社会组织工作和服务的能力。

（一）重视开展社会组织人力资源的教育培养

重视社会组织的人力资源建设，要把培养社会组织人才作为我国人才建设的重要组成部分。以提升社会组织专业化和职业化为前提，不断提高社会组织人力资源的专业能力

和素质，改进培训方式，坚持分类管理、按需施教，重点开展法律法规、组织管理、社会服务、公益项目开发、善款筹集、志愿者服务等方面的培训。在人才战略上，要提高对社会组织人力资源的重视度，把社会组织人才纳入各地人才培养的统一规划中，纳入国家专业技术人才知识更新工程和国家高技能人才振兴计划中。在人才定位上，要实施社会组织高层次人力资源的培养工程，社会组织的领导人要做到政治立场坚定，具有领导才能和战略思维，带领社会组织健康发展；管理层人员要具有强烈的社会责任感，掌握管理技能；专业技术人才则要熟练掌握专业知识和技术，具有丰富实践经验，进一步发展为高技能人才。

（二）建立健全社会组织人力资源专业培训和继续教育制度

在教育培养的基础上，建立健全人力资源专业培训和继续教育制度。培训是组织竞争的主要武器，培训能够调整组织中人与事之间的矛盾，是实现人事和谐的重要手段，同时培训能够使组织文化深入员工的心里，有利于建立优秀的组织文化。培训包括需求评估、明确目标、确立课程、实行培训及结果评估等基本环节。培训需求评估是培训项目实施的基础和前提，对于确定培训项目是否能够弥补工作表现不足是至关重要的，在这一环节工作做得越充分，培训项目的成本也就越低。一旦确定了培训的需求，就要明确培训所要达到的目标和内容，组织和实施培训。社会组织要建立学习的氛围和培训的机制，坚持缺什么补什么的原则，在工作需要的基础上有针对性地进行培训。通过进修、短训等形式对社会组织工作人员普遍进行累计不少于一定时间（比如三个月或六个月等的规定）的专业教育和培训。当然针对社会组织中不同的人力资源构成，培训的内容也应有所区分。对于社会组织领导层人员来说，需要在组织决策和领导能力方面加强训练；工作人员则需在业务能力上加强专业培训，使工作技能得到补充和加强。

要全面实现社会组织人力资源的专业培训和继续教育制度，需要做到以下几点。

（1）必须大规模开展社会组织人才的培养教育，大力加强社会组织人才培训和继续教育基地的建设。

（2）要拓宽培训渠道，对社会组织管理人才、专业技术人才的培训工作可以依托党校、行政学院、社会主义学院、高等院校及各地各部门干部学院等教育培训资源开展，对社会组织技能人才的职业技能培训可以依托职业院校和职业培训机构开展，另需选择一批基础较好的社会组织以建立其覆盖各领域的社会组织人才实训基地。

（3）要从加强社会组织学科专业建设入手。一方面，加大社会组织培训和教育师资队伍建设，打造一支专兼职结合、理论和实务水平较高的师资队伍；另一方面，研究和开发社会组织技能培训和专业教育的课程、教材，逐步形成满足职业培训和专业教育需要的课程和教材体系。

五、推进社会组织人力资源激励和保障工作

良好的薪酬与福利是保护人力资源的重要手段，对组织的稳定与发展也具有重要的意义。好的福利制度不仅可以吸引优秀的员工，激励在职的员工，降低人员的流动率，更可以进一步促进组织的效益发展。当然薪酬的制定必须遵循公平的原则，同时要考虑差异性，保持其激励作用，这样才能确保组织能保持拥有一支高效和富有创造力的员工队伍。当然，薪酬制度需要与组织特点相适应，与工作业绩相挂钩，与社会经济发展、物价水平相协调。

（一）做好社会组织人力资源绩效管理工作

绩效管理是人力资源管理的关键环节，它是管理者为了解员工是否能够有效地完成工作，制定、评价及改进员工在本职工作岗位上的工作行为和工作成果的管理过程。马贝和萨茨曼认为可以用由五个要素构成循环的形式来概念化绩效管理，这五个要素分别为：设定绩效目标、测量结果、结果反馈、同结果有关的奖励、对目标和活动进行改进。社会组织同样需要建立有效的绩效管理体系，但由于非营利组织的特殊性，这五个要素关联的内容和标准就会与企业、政府等组织有所区别。社会组织员工的绩效目标与组织使命紧密相连，追求精神满足多于物质满足，因而对于员工的绩效结果不一定要与物质激励直接挂钩。在绩效评价的过程中，也要注意定性方法的使用，以非营利为目的的社会组织其员工的绩效，如工作态度、服务质量及服务对象的满意程度等很难用具体的数值来衡量，因而要更多参考一些定性的指标，将定性方法与定量方法相结合来考察员工绩效。在绩效的评价方面，要更加注重员工长远的贡献，由于社会组织以职能为准，往往局限于一种服务人群或从事一类专门性的工作，需要长期的耐性和较高的技能，所以很难马上见到成效。最后从绩效考核的结果出发，需要注意绩效结果与激励机制、与职位等级调整、与培训计划等相关联，使绩效管理整个过程与组织人力资源开发管理紧密结合。

（二）做好社会组织薪酬管理和社会保险

社会组织要建立一种与组织特点相适应的薪酬制度，这种薪酬制度要经过合理核定并与工作业绩相挂钩，形成与社会经济发展、物价水平相协调、事业发展相联系的动态增长机制。这就需要国家对其工作人员的薪酬待遇做出指导性的规定，供各类社会组织参照执行。要有效地发挥薪酬的激励作用，需将薪酬与学历、资格、业绩、岗位等多种指标结合，按照以岗定薪、以绩定奖、按劳取酬的原则，建立调动各方面人才积极性的分配机制。

在社会保障和福利制度方面，社会组织要按照国家法律法规的有关规定与其从业人员

签订劳动或聘用合同，国家应尽快制定出针对社会组织的政策，重点解决社会组织专职工作人员医疗、养老、失业等方面的社会保障问题，并争取形成相关政策加以监督落实。

此外，还应进一步完善有关规定，落实社会组织人才的评价工作，制定社会组织负责人的评价标准，使社会组织专业技术人员和技能人才能够参加各类职称的评审和职业资格的考试。相关职能部门要根据不同情况明确社会组织人才职称及职业资格评定的申报程序，畅通申报渠道。从政策上促使社会组织工作人员职业化和专业化，在社会组织中建立一支稳定性强，战斗力与凝聚力俱佳的队伍。

另外，还要完善社会组织人力资源的社会服务体系。除了前文所述的建立社会组织人才信息库以方便人才柔性流动外，还需依托各地的公共就业和人才服务机构，为社会组织人力资源提供人事关系委托管理、人事档案存放、社会保险、人才交流、就业服务、职称评定、技能鉴定、信息咨询等服务。

六、充分开发和激励志愿者人力资源

志愿者的存在为社会组织提供了大量的人力资源。要合理利用和开发志愿者人力资源，首先，社会组织要提高开发与管理志愿者人力资源的能力，重视志愿者的教育培训，注重通过有效的激励方式，保持志愿者的长久热情与动力，这种激励要作用于志愿者人力资源管理各个环节，并贯穿于志愿者参与社团活动的整个过程中，产生永续性的激励。成功的志愿者管理将产生持续不断的感召力和凝聚力，吸引越来越多的志愿者参与到公益活动中来，提高人力资源的社会化。其次，则需要实施有效的志愿者人力资源管理政策，监督和指导志愿者参与工作，保证志愿者与正式员工的合作精神，实现预期的目标；创造激发志愿者工作动机的环境，为其指明目标及其意义；赋予志愿者一定的权力和权限，保证他们在处理工作时能够有独立自主的权力；建立合理的志愿人员日常管理机制，保障永续性激励的规范化、制度化与持久化。

社会组织要实现志愿者人力资源的有效利用还需要与政府建立合作机制。政府能够通过政策引导、财政支持等手段，加大对志愿服务的投入和支持力度。第一，从观念上引导民众认识到志愿服务的重要性，倡导和鼓励民众参与志愿服务；第二，为志愿者的发展创造条件，营造有利于志愿者发展的社会环境；第三，要积极开发志愿人力资源，激励志愿服务的进一步发展，比如开展志愿者服务的专门培训并提供专项的经费支持等。第四，借鉴发达国家志愿者管理的经验，采取有利于促进志愿服务发展的措施和政策，使志愿者在为社会和他人奉献的同时自身也能得到国家政策上的倾斜，如在志愿时间抵税、子女择校权优先等。志愿精神会随着经济的增长、社会的发展而更加深入人心，志愿者资源的开发必将成为我国社会组织人力资源开发的重要增长点。

第十二章　社会组织社会管理能力的提升路径

第一节　建立政社合作伙伴关系，提高社会组织自治能力

一、建立政府与社会的合作伙伴关系

在当今的复杂社会环境中，政府和社会组织发挥着日益重要的作用。随着公共事务的多元化和复杂化，二者间的合作成为解决许多重要社会问题的关键。这种合作关系能够更有效地应对各种挑战，实现资源优化配置，并推动社会的整体发展。本节将讨论建立政府与社会组织合作关系的策略。

（一）明确合作目标与原则

首先，明确双方的合作目标与原则是建立合作关系的基础。政府和社会组织都需要明确自己的角色和责任，确保在合作过程中，双方的目标一致，且能共同应对社会问题。其次，双方应尊重彼此的独立性和自主性，以平等、互利、共赢的原则为基础，避免权力滥用和资源浪费。

（二）建立健全沟通机制

良好的沟通机制是建立合作关系的关键。政府和社会组织需要建立定期的会议制度，以及日常的联络机制，确保信息交流的畅通无阻。双方应建立跨部门、跨层级的沟通渠道，使问题能及时得到反馈和解决。同时，鼓励和欢迎第三方机构的参与，以增加沟通的透明度和公正性。

（三）加强资源共享与整合

资源共享与整合是建立合作关系的重要环节。政府和社会组织应共同制定资源共享方案，明确资源共享的范围、方式、时间、责任等具体事项。通过共享资源，双方可以降低运营成本，提高资源利用效率，实现资源的优化配置。

（四）强化人才培养与培训

人才培养与培训是建立合作关系的重要保障。政府和社会组织应共同制订人才培养计划，通过培训、交流、学习等方式提高双方工作人员的专业素质和工作能力。同时，双方应加强人才流动，鼓励工作人员互访交流，以促进双方在业务、管理、技术等方面的交流与合作。

（五）建立健全评估机制

评估机制是建立合作关系的重要环节。政府和社会组织应共同制定评估标准和方法，定期对合作项目的实施效果进行评估。评估结果应公开、透明，及时反馈给双方，以便调整和改进合作策略。此外，政府和社会组织应建立健全奖励机制，对在合作中表现突出的单位和个人给予表彰和奖励，以提高双方的积极性和主动性。

（六）完善法律法规与政策环境

完善的法律法规和政策环境是建立合作关系的重要保障。政府应加强对社会组织的管理和监督，完善相关法律法规和政策环境，为社会组织的发展创造良好的法治环境。同时，政府应加强对社会组织资金筹集、使用、管理的监督，确保社会组织资金的透明和合法。

建立政府与社会组织的合作关系是一个长期而复杂的过程，需要双方共同努力。通过明确合作目标与原则、建立健全沟通机制、加强资源共享与整合、强化人才培养与培训、建立健全评估机制、完善法律法规与政策环境等措施，我们可以推动这种合作关系的发展，实现资源的优化配置，提高公共服务的效率和质量。这将对社会的和谐发展产生深远的影响。

二、提高社会组织的自治能力

（一）提高社会组织自治能力的路径

在当今复杂多变的世界中，社会组织发挥着越来越重要的作用。它们不仅是社会发展的推动者，也是解决各种社会问题的关键力量。然而，要使社会组织真正发挥其潜力，我们必须提高它们的自治能力，使其能够独立、自治地应对各种挑战。

首先，提升社会组织的自治能力需要改变我们的思维方式。我们必须承认并尊重每一个社会组织的独特性，它们都有自己的优势和弱点，都有自己的发展道路。我们要支持它们发展出自我管理和自我约束的能力，而不仅仅是依赖外部的指导和控制。

其次，提升社会组织的自治能力需要赋予它们足够的资源。许多社会组织由于资源匮乏，难以独立开展工作。我们需要提供更多的资金、技术和人力资源支持，使它们有能力独立完成各种任务。同时，我们也需要培养社会组织的专业技能和领导能力，以便更好地管理和利用资源。

再次，增强社会组织的自治能力还需要推动社会组织之间的合作和交流。在面临复杂的社会问题时，单个社会组织的力量是有限的。我们需要促进社会组织之间的合作，通过共享资源、技术和经验，共同解决问题。此外，我们还需要推动社会组织与政府、企业和其他非营利组织的合作，以形成强大的合力。

最后，提升社会组织的自治能力需要建立健全的评估机制。我们需要建立一套科学、公正、透明的评估体系，对社会组织的绩效进行评估，以便及时发现问题、解决问题。同时，我们还需要鼓励社会组织进行自我评估，以便发现自身的优势和不足，从而更好地提升自治能力。

总的来说，提高社会组织的自治能力是一项长期而艰巨的任务。它需要我们以开放的心态对待每个社会组织，给予它们必要的资源和支持，促进它们的合作与交流，建立健全的评估机制。只有这样，我们才能真正地提高社会组织的自治能力，使它们在社会发展的过程中发挥更大的作用。

（二）提高社会组织自治能力的措施

为了提高社会组织的自治能力，我们需要从以下几个方面入手。

1.完善社会组织管理制度

首先，建立健全的社会组织管理制度是提升其自治能力的关键。具体而言，需要从以下几个方面着手。

（1）明确组织定位。社会组织应明确自身的使命和宗旨，确保其在社会中发挥积极作用。

（2）规范组织治理。建立完善的组织治理结构，确保决策的科学性和公正性。

（3）完善监管机制。建立健全的监管机制，确保社会组织的行为符合法律法规和社会公德。

2.强化社会组织的能力建设

除了制度建设，社会组织还需要不断提升自身的能力建设。具体措施包括以下几点。

（1）提升组织运营能力。提高社会组织的管理水平，确保组织的正常运转。

（2）增强组织创新能力。鼓励社会组织在项目设计、实施等方面进行创新，以适应不断变化的社会需求。

（3）加强团队协作。培养团队协作精神，提高组织成员的凝聚力，从而增强组织的整体实力。

3.建立多元化的资金筹措渠道

资金是社会组织发展的重要保障，建立多元化的资金筹措渠道是提升社会组织自治能力的必要手段。具体措施包括以下几点。

（1）争取政府支持。积极争取政府在政策、资金等方面的支持，为组织发展创造有利条件。

（2）寻求企业合作。与企业建立合作关系，争取企业捐赠或合作项目，拓宽资金来源。

（3）开展公益活动。通过开展公益活动，吸引社会公众的关注和支持，募集资金和物资。

（4）创新融资方式。探索新的融资方式，如众筹、基金会等，为组织发展提供更多资金支持。

4.培养社会组织的专业人才

人才是社会组织发展的核心竞争力，培养专业人才是提升社会组织自治能力的关键环节。具体措施如下。

（1）加强人才引进。吸引具有相关专业背景和丰富经验的人才加入社会组织，提高组织的专业水平。

（2）强化培训教育。定期组织培训和教育活动，提高组织成员的专业素质和能力水平。

（3）建立激励机制。建立健全的激励机制，激发组织成员的积极性和创造力，提高组织的整体实力。

（4）加强国际交流与合作。通过与国际组织的交流与合作，引入先进的理念和方法，提高组织的专业水平和服务质量。

综上所述，提高社会组织的自治能力需要从制度建设、能力提升、资金筹措和人才培养等方面入手。只有不断完善管理制度、加强能力建设、拓宽资金来源并培养专业人才，社会组织才能更好地发挥其在社会中的积极作用，为构建和谐社会作出更大的贡献。

建立政府与社会的合作伙伴关系，提高社会组织的自治能力，是推动社会组织健康发展的重要途径。通过完善社会组织管理制度、强化社会组织的能力建设、建立多元化的资金筹措渠道和培养社会组织的专业人才等措施，我们可以为社会组织的发展创造更加良好的环境，促进社会的和谐发展。

第二节　提升社会组织自身水平，提升资源动员能力

一、提升社会组织自身管理水平

社会组织是社会治理的重要力量，其自身管理水平的高低直接影响到其效能的发挥。提升社会组织自身管理水平，不仅有助于提高组织的运行效率，增强组织的公信力，还有助于推动社会治理体系的完善和治理能力的提升。

（一）优化组织架构

组织架构是组织管理的基石，优化组织架构能够提高组织的决策效率和管理水平。首先，社会组织应明确组织的目标和使命，并根据实际情况设置相应的职能部门，如行政、财务、项目、人力资源等。其次，组织架构的设计应注重权责明确，各部门之间应加强沟通与协作，避免出现职责不清、推诿扯皮的情况。再次，还可以通过引入项目管理、团队管理等现代管理方法，提高组织内部的协作效率。

（二）加强财务管理

财务管理是社会组织管理的关键环节之一，提升财务管理水平能够保障组织的财务安全和稳定运行。社会组织应建立健全的财务管理制度，包括预算、核算、审计等方面。同时，应加强财务信息的公开和透明度，增强组织的公信力。此外，还应注重财务风险控制，避免财务管理不善而导致资金流失和信誉受损。

（三）推进信息化建设

信息化建设是提升社会组织自身管理水平的重要手段之一。通过信息化建设，社会组织可以提高工作效率、优化工作流程、降低管理成本。首先，社会组织应建立完善的信息化管理系统，实现各部门之间的信息共享和协同工作。其次，应注重信息技术的培训和应

用，提高员工的信息素养和技术能力。再次，还可以通过引入云计算、大数据等先进技术手段，提高组织的决策效率和创新能力。

（四）加强外部合作与学习

社会组织应加强与外部组织的交流与合作，学习借鉴先进的管理经验和方法，不断提升自身管理水平。首先，可以与其他社会组织建立合作关系，共同开展项目合作、交流互访等活动，提高组织的协同能力和管理水平。其次，可以积极参与相关领域的培训、研讨会等活动，了解最新的管理理念和方法。再次，还可以通过网络平台等渠道，与其他社会组织进行交流和互动，分享管理经验和成果。

总之，提升社会组织自身管理水平是提高组织效能、增强组织公信力、推动社会治理体系完善和治理能力提升的重要手段。社会组织应从优化组织架构、强化人力资源管理、加强财务管理、推进信息化建设、加强外部合作与学习等方面入手，不断提升自身管理水平，为推动社会进步和发展作出更大的贡献。

二、提升资源动员能力

资源动员能力的高低，决定着社会组织是否能拥有充足的活动资金和人才储备，努力获取更多的资金是一个社会组织拥有较高资源动员能力的重要表现。

（一）提高社会组织社会公信力

公信力是一个社会组织获得资助的重要基础，拥有良好的形象和社会声誉就会更多地吸引资助者的眼球。要想提高社会公信力，首先，社会组织应具有合法的身份，在筹款时严格按照法律法规的规定，在组织章程的允许和框架内进行，同时应明确公益使命，不能违反社会组织的非营利性和公共性。实力较弱的社会组织可以选择与实力较强的社会组织进行合作，以合作方的名义、在合作方的支持下来为特定的服务和活动筹款。其次，要想提高社会组织的社会公信力，顺利筹集到资金，建立良好的透明和诚信信息机制是一个必不可少的过程。可以通过发布工作年报等方式，向捐赠者、合作组织、志愿者和公众披露本组织的财务总结报告和财务审计报告，来准确披露组织的资金筹集和使用情况，让广大公众知情并便于监督。再次，社会组织要想获取公信力，提升社会资源动员能力，应树立良好的形象。对于社会组织良好形象的建立要注意从细节做起，时刻保持专职人员和志愿者应有的敬业精神和专业素质。同时，员工素质和技能的提高可以促进社会组织的工作效率，使社会组织的工作具备职业化水平，从而可以树立良好的社会形象，得到公众的认可和支持。

（二）建立规范的财务制度

规范的财务制度是社会组织赢得公众信任、获取更多社会资源的重要条件。社会组织应建立以内部章程为核心的内部财务控制制度、健全社会组织财务管理人员的培训制度、完善社会组织财务信息披露制度和财务管理绩效评估制度。在各项活动中，社会组织的财务工作要秉持认真负责的态度，遵循财务透明和社会组织非营利性的原则，保持完整而准确的账本和记录，同时要兼顾捐赠者的资助意愿。

（三）建立良好的公共关系

社会组织制定较好的公共关系策略，是提高公众对社会组织了解、赢得更多公众和资金支持的重要手段。社会组织要想建立良好的公共关系，就要善于与社会媒体进行合作。虽然社会媒体并不是资金和人才的直接来源，但社会媒体所具备的传播和舆论性对扩大社会组织的影响有重要作用。因此，社会组织在日常工作中，应保持与社会媒体的密切联系，与它们建立密切伙伴关系，这样就可以在公益活动和筹募活动中得到它们的支持。

（四）制定正确的筹募策略

社会组织具有较高的公信力、规范的财务制度和丰富的公共资源是它们提升资源动员能力的重要条件，但如果没有一个连贯、完整、有效的筹募策略，整个资源筹集活动也就无法顺利进行。在上述条件都满足的条件下，社会组织还应制定一套正确、实际可行的筹募策略。其中包括筹募活动的策划、舆论宣传、筹募的过程管理和捐赠回馈管理等方面的具体环节。只有熟练掌握这些环节和技巧，才能保证社会组织资源动员的有效性，提升资源动员能力。

第三节　抓好人才培养与引进，增强人力资源管理能力

人力资源是社会组织最宝贵的资源，社会组织的人力资源管理是为实现其组织宗旨，利用现代人力资源管理理论，不断获得人力资源，并对所获得的人力资源进行整合、调控及开发，给予各种形式的报酬，从而有效加以开发利用并使之可持续发展的过程[①]，较高的人力资源管理能力是社会组织健康发展、在社会管理中发挥良好作用的关键所在。

① 王名．社会组织概论 [M]. 北京：中国社会出版社，2010：162.

一、抓好社会组织的人才培养与引进

随着社会的发展，社会组织在社会发展中的地位和作用越来越重要。然而，社会组织在人才培养和引进方面仍面临诸多挑战。本节将探讨如何抓好社会组织的人才培养与引进，以提升组织的整体实力和影响力。

（一）人才培养

（1）建立培训体系。社会组织应建立完善的培训体系，包括岗前培训、在岗培训、专业培训等，以满足不同层次、不同岗位人才的需求。

（2）制订培训计划。针对组织的业务领域和员工的特点，制订具体的培训计划，以提高员工的业务水平和综合素质。

（3）培训效果评估。对培训效果进行定期评估，以了解员工培训后在工作中的表现，以及是否能够应用所学知识解决问题。

（二）人才引进

（1）明确岗位需求。社会组织应根据业务发展需要，明确岗位需求，制订相应的招聘计划，并明确招聘条件。

（2）加强网络招聘。通过招聘网站、社交媒体等渠道，发布招聘信息，吸引优秀人才前来应聘。

（3）定期招聘会。社会组织可定期参加各类招聘会，增加人才引进的机会。

（4）重视人才选拔。选拔具备潜力的新人，提供发展空间和机会，让他们在组织中发挥更大的作用。

（三）政策支持

政府应加大对社会组织人才培养和引进的政策支持力度，如提供财政补贴、税收优惠等，以鼓励社会组织加强人才培养和引进工作。同时，政府应加强对社会组织的监管和指导，以确保人才培养和引进工作的顺利进行。

（四）完善机制

（1）建立健全激励机制。建立奖惩机制，鼓励员工积极进取、不断提升自己的能力和素质。

（2）加强人才流动机制。建立健全人才流动机制，为人才的成长提供更多机会和空间。

（3）完善考核机制。建立科学的考核机制，对员工的工作表现进行客观、公正的评价，以便为人才的选拔和培养提供依据。

（五）提升人才质量

在人才培养与引进的基础上，社会组织应不断提升人才质量，以提高组织的整体实力和影响力。具体措施包括：定期开展专业培训，提升员工的业务水平；加强团队建设，增强团队凝聚力；建立科学的薪酬体系，吸引更多优秀人才加入组织；提供良好的工作环境和发展空间，激发员工的积极性和创造力。

（六）加强合作与交流

社会组织应加强与其他组织、高校、研究机构的合作与交流，共同开展人才培养和引进工作。通过合作与交流，可以拓宽视野、学习先进经验和方法，促进人才的交流与合作，为组织的长远发展打下坚实基础。

总之，抓好社会组织的人才培养与引进工作对于组织的长期发展至关重要。社会组织应建立健全人才培养与引进机制，提升人才质量，加强合作与交流，为组织的长远发展奠定坚实基础。同时，政府和社会各界也应给予更多关注和支持，共同推动社会组织的发展。

二、强化人力资源管理

随着社会的发展，人力资源已经成为社会组织中最重要的资源之一。人力资源管理是指通过招聘、选拔、培训、薪酬管理等手段，使组织内部的员工能够充分发挥自己的潜能，实现组织的目标。增强社会组织的人力资源管理能力，对于组织的长期发展具有重要意义。

（一）提升员工素质和技能

增强社会组织的人力资源管理能力，首先要提升员工的素质和技能。这可以通过提供培训、教育、实践机会等方式实现。组织应该根据员工的职业发展需求，制订相应的培训计划，并提供必要的支持和资源。其次，还可以通过招聘具有专业技能和经验的人才，为组织注入新的活力。

（二）建立有效的激励机制

建立有效的激励机制对于增强社会组织的人力资源管理能力至关重要。组织应该通过提供合理的薪酬、晋升机会、表彰奖励等方式，激发员工的工作积极性和主动性。此外，组织还应该注重员工的精神需求，例如，给予员工一定的荣誉感和归属感。建立公平、公正的绩效考核制度也是激励机制的重要组成部分，可以确保员工的工作成果得到应有的回报。

（三）增强团队协作和沟通

团队协作和沟通是增强社会组织人力资源能力的重要方面。组织应该鼓励员工之间的交流和合作，建立有效的沟通渠道和机制，确保信息的畅通和共享。同时，组织还应该注重员工的心理健康和情感需求，提供必要的心理支持和关怀。这样可以让员工感到被尊重和被关注，增强组织的凝聚力和向心力。

（四）促进人力资源管理的信息化和智能化

随着信息技术的发展，人力资源管理也逐渐向信息化和智能化方向发展。社会组织应该注重人力资源管理的信息化建设，利用现代信息技术提高人力资源管理的效率和准确性。例如，可以使用人力资源管理系统、人才招聘平台等工具，实现人力资源数据的实时更新和管理。同时，社会组织还可以尝试引入人工智能等新技术，提高人力资源管理的能力和水平。

总的来说，增强社会组织的人力资源管理能力是实现组织长期发展的重要手段。通过提升员工素质和技能、建立有效的激励机制、增强团队协作和沟通、促进人力资源管理的信息化和智能化等方式，可以有效地增强社会组织的人力资源管理能力。同时，社会组织还应该注重人力资源管理与组织的战略目标相结合，使人力资源成为推动组织发展的重要力量。只有这样，社会组织才能在新时代的竞争环境中取得成功。

三、加强社会组织职业化建设

社会组织在社会管理中，应树立职业化理念、营造职业化氛围。从社会组织职业化的定义中可以看出，社会组织的职业化建设包括三个方面：市场化用人、科学化管理和专业化运作。因此，社会组织在进行职业化建设时应该从以下几个方面做起。首先，在用人时应摒弃任人唯亲、唯关系、唯命令的不合理的用人方式，要依靠市场竞争机制来获得高素质和强能力的人才，同时，提倡根据不同的岗位给予不同的报酬，以此达到激励员工的目的。其次，在社会组织内部管理中应注重科学化管理，摒弃从前组织管理混乱、人治大于法治的错误模式，应该依照法制、程序和规则来促进社会组织有序运作。同时，社会组织要想做到科学化管理，还应在战略规划和实际运作等方面进行合理分工、分层次进行管理，构成完整高效的社会组织管理体系。再次，社会组织的职业化建设在于其专业化运作上，这主要体现在社会组织工作人员的进入门槛设置上，要尽量选用专业人员来熟练、专业地从事工作，社会组织应该在培养一批懂理论、有实际操作能力的工作人员上做出一定努力。同时，也要注意做到按相关规定和标准为这些专职人员缴纳社会保险，保障他们在社会组织工作中应该享受到的权利和利益。

最后，社会组织在进行组织职业化建设，提升组织人力资源管理能力的过程中，还应该遵循一定的原则。第一，要注意理顺社会组织管理体制，创造良好的外部环境，处理好社会组织与主管单位、挂靠单位和登记管理机关的关系，这是社会组织职业化改革的重要前提，也是社会组织是否能进行好职业化建设的决定因素。第二，要注意社会组织的用人机制市场化，绩效考核制度化。依靠市场竞争来获得高素质人才，同时利用统一的标准，按严格要求来奖励和惩罚员工，对所有员工一视同仁，以此来规范社会组织人才的考核。同时，还应注重社会组织经费筹集的职业化，建立专职的经费筹集部门和工作体系。

四、营造社会组织人才成长的良好环境

当前，社会公众对社会组织的工作和人员的认识普遍存在认识不清、缺乏宣传和支持不够等方面的问题，有的人甚至对社会组织及其工作人员抱有偏见的态度，导致社会组织工作人员的职业地位降低，从而严重影响他们的工作热情及社会组织人才队伍的稳定。因此，营造一个有利于社会组织人才成长的环境，是提升社会组织人力资源管理能力的必要措施。

首先，要社会组织自身做出努力，坚持“人尽其才，才尽其用”的用人原则，完善社会组织人才的招聘方式，充分调动社会各界人士参与到社会组织工作中的积极性，同时，完善组织人才的培训和激励方式，充分发挥组织内工作人员的才能和想法，让他们充分感受到自身在社会组织工作中的价值，为社会组织人才提供一个施展才能的空间和舞台。

其次，要充分利用新闻媒体等的舆论方式，来广泛宣传社会组织人才对社会管理、社会服务和经济建设所作出的贡献和起到的作用，同时，大力宣传社会组织工作人员中的优秀代表，让广大社会公众充分了解社会组织的用人规范、用人制度，树立良好的组织人才队伍形象，使公众对社会组织有一个良好的认可，从而改善社会组织工作人员的从业环境。这样，社会组织人才就可以放下心理包袱和公众偏见，以更高的热情投入组织工作，从而提高社会组织人才队伍的整体水平。

第四节　加强自律与他律，提升社会组织公信力

公信力建设是任何社会组织都不能回避的一个重要问题，它是社会组织健康发展、有效参与社会管理的生命线。

一、加强社会组织的自律建设，提升组织公信力

社会组织自律，狭义上指社会组织本身成员之间的监督约束；从广义上讲，不仅包括组织成员之间的自我约束和监督，还包括内设机构和会员的自我约束和相互监督。[①]构建社会组织的自律机制，是社会组织公信力自我管理的基本途径。

本节从广义角度，结合社会组织的实际情况，从社会组织自身形象的提升、社会组织信息公开制度和社会组织党建等社会组织自身建设方面的内容出发，来探讨社会组织的自律建设，来寻找提升社会组织公信力的途径。

（一）建立良好的社会组织形象

社会组织要想加强自律、提升公信力，就必须从严管理社会组织队伍，树立社会组织遵章守纪的良好形象。第一，要明确社会组织自身的目标定位，坚持社会组织工作的公共性和非营利性，在工作中服务广大群众、反映群众诉求，合理使用资金。第二，要注重社会组织工作人员爱岗敬业意识的培养，懂得珍惜岗位、有强烈的责任意识和奉献精神，立足于本岗位，全身心地投入社会组织的工作。同时，在工作中要有个良好的精神状态，在积极向上的精神状态下，社会组织工作人员的工作质量和效率就会得以提高。第三，要解决好社会组织内部的纪律问题和工作作风问题，注重培养社会组织工作人员扎实的工作作风。同时，注重社会组织工作人员的道德建设，对社会组织工作人员的道德要求应高于普通群众，要用更加严格的标准来规范他们的言行举止，避免社会组织工作人员有损形象的现象出现。

（二）完善社会组织信息公开制度

社会组织获得公众信任的前提就是公众知情权的保障，社会组织的信息公开越透

① 王名．社会组织概论 [M]. 北京：中国社会出版社，2010：174.

明，就越能得到较高的公信力。因此，社会组织应该把信息公开看成组织运行的责任和义务，打破“暗箱操作”陈旧做法，尽量预防和降低社会组织与公众之间信息不对称所产生的道德风险。要通过提高工作运行的透明度来保证公众的知情权，便于公众进行监督，从而为社会组织和公众之间的信任关系奠定良好的基础。首先，应当采取适当的途径，如利用社会组织网站等方式，及时向社会公众公开社会组织的真实信息，包括组织使命、服务领域，社会组织理事会的人员名单和背景，社会组织的财务信息（包括财务管理机制、筹款来源和数量、资金用途等各种经审计的完整的财务报告和承诺向社会公示的其他财务信息），项目信息，年度工作总结和社会组织自身发展状况等。其次，应该建立社会组织信息公开的渠道以及回应公众质询的渠道。应该有完善的信息管理制度，明确哪些信息可以对公众开放，哪些信息可以和公众进行沟通。同时，建立回应公众相关质询的制度，并保证捐赠人和公众能快捷地查询到社会组织活动中所公布的各项信息资料。

（三）加强社会组织党建工作

党建工作是社会组织内部管理的重要内容之一，也是社会组织加强自律、提升社会公信力的重要途径。

社会组织的党建工作是指，对中国共产党建立在社会组织的各级组织及其所属党员进行组织化管理的工作，主要包括社会组织党建的基本原则、目标和党建的工作形式等。社会组织的自律建设有两方面的动力：一个是外部推动力，主要包括政府监督、司法监督、舆论监督和社会公众监督；另一个是内在动力，主要包括社会组织的内部制度和机制建设、诚信建设和思想政治工作。其中，内在动力是社会组织实现自律的根据，外部推动是条件。而在内在动力中，社会组织党组织的思想政治建设显然是加强社会组织自律的重要环节。

由于社会组织的种类繁多、情况复杂且党员流动性强，所以党建工作的难度比较大，社会组织的党建工作仍处于起步阶段，很多工作都还停留在一个比较低的层次上，同时，党建工作较好的也只局限在个别市县。要想从党建方面来提升社会组织的自律水平，还需纵观大局、从整体上做出努力。

首先，要拓展党组织的覆盖面，巩固党组织在社会组织中的组织基础。对有3名以上正式党员、具备党组织建立条件的社会组织，要及时建立党组织；对于那些正式党员不足3名的社会组织，按照业务和地域相近的原则，与其他社会组织中的党员联合建立党支部。其次，要为社会组织的党组织选配复合型的高素质党务干部。选择社会组织中业务精、党性强且有一定组织能力和党务工作经验的党员去做支部书记、支部委员，同时，这些党组织负责人应当认真贯彻执行党和国家的大政方针，积极地做思想政治工作和群众工作。再次，要注意积极发展社会组织中的新党员，努力扩大党的群众基础。同时，还应注意督促落实党内的各项制度，提高社会组织党组织的战斗力。总之，通过增强社会组织党建工作，可以在思想和行动上很好地提升社会组织工作人员的基本素质和思想水平，促进社会组织及其成员实现自律，以此来提升社会组织的公信力。

二、完善社会组织的他律建设，提升组织公信力

社会组织的他律是指社会组织外部对社会组织所进行的监督与规范，主要包括社会监督、媒体监督和行政监管等，同时包括一些专业机构（例如依托专业评估机构进行的评估）的监督等。社会组织要想提升社会公信力，需要政府、社会组织和公众共同做出努力，从法律法规、社会监督等方面，对社会组织做出监督和约束，以此来促进社会组织的公信力，从而提升其社会管理能力。

（一）健全社会组织法律法规体系

我国现行社会组织的法律制度是在改革开放40余年的具体实践中逐渐形成的，其基本原则是：归口管理、双重管理、分级管理、分类管理和监督管理与培育发展并重。当前，我国尚未颁布有关社会组织的专项基本法律，且对社会组织所进行整体规范和管理的法律少而层次低，仅有一些针对个别社会组织的专门法律。

为了使我国社会组织更好地发展，让社会组织的管理和监督走上有法可依的轨道，我国政府应在社会组织法律制度的改革上做出努力。首先，在行政法规的层面上，陆续出台一批根据科学分类而形成的体现分类监管原则和专业性的专业法规，其中包括修订当前的社团和民非两个条例，颁布关于行业协会、慈善组织、公益教育机构等专业性较强的社会组织的专项管理条例，逐渐形成分类监管的行政法规体系。其次，在上述的基础上，通过广泛征求意见和调研，努力研究制定一部我国社会组织发展的基本法——“社会组织法”，使各类社会组织在统一的法律框架下运行，对社会组织的发展从总体上做出规范和协调监督，表明我国对社会组织发展的基本方针和政策，同时对社会组织的分类、行政指导、登记监管、政府采购、社会监督等方面做出具体的原则性规定，用以指导其他各个行政法规。

（二）完善社会组织评估机制

评估机制是我国当前由专业机构来行使的专业性较强的他律机制。通过对社会组织进行评估，有利于加强社会组织的自身建设，促进社会组织的自我管理和自我完善的提升，同时有利于增加社会组织的透明度，强化社会监督，从而提高社会组织的公信力。

当前社会组织的评估应注意以下几方面内容。首先，要进一步确保评估委员会的组织人员具有代表性、权威性和专业性。在评估过程中，评估工作按照组织类型分类开展，

社团和基金会开展综合评估，民办非企业单位开展诚信评估。评估的基本内容要从基础条件、组织建设、工作绩效、社会评价等多方面进行，同时参照民政部制定的社会组织评估指标体系，结自身实际，来制定符合社会组织评估的评估指标和实施细则。其次，对社会组织的评估要遵循被评估单位自我评估、评估机构评估、评估委员会审核、评估委员会公示、民政部门确定评估结果并颁发相应证书的基本程序来进行，保证评估程序的公正、合理和公开。同时，对于评估的结果要实行动态管理，设定科学的有效期限和淘汰机制，建立相应的激励机制，鼓励评估结果较差的社会组织努力发展。再次，要重视社会组织的评估反馈，评估的等级结果在通知社会组织的同时，也应该及时通过媒体或网络向社会公开，这样不仅可以强化社会组织的管理和自我完善，也可以使社会组织的主管单位和公众对社会组织的建设状况有一个定性和定量的了解，这样对社会组织自身就会起到一个督促作用，那些平时表现较差的社会组织也会有意识并积极努力地去改善自身发展，提升社会公信力，努力参与到社会管理和社会建设中来。

（三）强化社会组织的社会监督

强化社会组织的社会监督是提升社会组织公信力的重要途径之一。社会组织要建立由政府部门、社会组织和社会公众共同参与的监督机制，使社会组织的自律与政府、社会监督形成良性互动，为社会组织公信力的提升奠定一个良好的基础。

在对社会组织实行社会监督时，首先，新闻媒体要尽可能多地对社会组织实施监督，利用媒体舆论的作用，将社会组织的年度工作报告、财务报告等通过报刊、电视、网络等方式向社会公众公布，对于那些不遵守社会组织章程，甚至违法的社会组织，应通过电视、网络等形式予以警示和曝光，利用社会舆论的强大作用，实现对社会组织的有效监督。其次，要充分调动社会公众参与社会组织监督的积极性，唤醒公众的监督意识，建立健全公众参与社会组织监督的途径，同时，建立相应的社会组织监督举报奖励机制，鼓励社会公众对违法、违规的社会组织行为进行检举揭发，通过社会组织的外部监督来促进社会组织自律作用的发挥，使社会组织严格按照法律和组织章程来进行组织活动，在公众面前树立良好的形象，从而提升组织公信力。

总之，社会组织的公信力不是一朝一夕就可以完成的任务，它需要一个长期的积累和努力、不断地经营和维护，在社会组织的公信力建设中要注意突破创新，提供优质的服务和项目，这样才能真正做到保持和提升自身的公信力，才能更有能力参与社会管理并发挥积极作用，不断激发社会组织的生机和活力。

结束语

在《人力资源管理模式探索与实践》一书中，作者探究了人力资源管理模式的理论与实践。从实践中，我们认识到人力资源管理不仅是管理人的行为和决策，更是建立和维护一个有利于员工发展和组织成功的环境。

为了实现这一目标，我们需要对人力资源管理的各个层面进行深入理解和持续实践。其中，有效的激励机制、公正的评估机制及开放的沟通机制都起着至关重要的作用。我们必须根据组织的特点和需求，灵活调整这些机制，以达到最佳的人力资源管理效果。

人力资源管理模式的探索和实践并非是一个一蹴而就的过程，它需要我们不断学习、实践、反馈和调整。每一次的失败都是我们学习和成长的机会，每一次的成功都是我们前进的动力。在这个过程中，我们需要保持开放的心态，接纳新的理念和方法，以适应不断变化的环境和需求。

总的来说，人力资源管理是组织成功的关键因素之一。它需要我们不断探索、实践和创新，以适应快速变化的市场环境，满足员工的需求，推动组织的持续发展。在这个过程中，我们需要始终保持对人的尊重和理解，关注员工的成长和发展，以确保组织的成功和可持续发展。因此，让我们共同努力，为人力资源管理模式的探索和实践贡献我们的智慧和力量。

参考文献

[1]卢雅妃.共享经济视角下企业人力资源管理创新模式研究[J].商场现代化，2024（6）：74–76.

[2]朱宝强.数字化技术背景下人力资源绩效管理模式创新策略[J].商场现代化，2024（5）：87–89.

[3]张菁菁.企业人力资源管理与技术创新的耦合模式探析：以BD公司为例[J].企业改革与管理，2024（4）：62–64.

[4]李浩然.信息化视角下人力资源管理模式探讨[J].中国中小企业，2024（2）：183–185.

[5]赵晨.探索现代企业信息化人力资源管理新模式构建[J].商讯，2024（4）：191–194.

[6]程瑜.数字经济时代下人力资源管理模式的创新发展研究[J].市场周刊，2024，37（5）：187–190.

[7]尹柯然.新时代企业战略性人力资源管理模式研究[J].中国集体经济，2024（5）：126–129.

[8]宋晨晨."新零售"视角下物流行业人力资源管理新模式研究[J].全国流通经济，2024（2）：125–128.

[9]陈予里.基于全员营销模式下的企业人力资源管理研究[J].企业改革与管理，2024（2）：103–105.

[10]张可第.基于人才共享模式的人力资源精细化管理策略研究[J].企业改革与管理，2024（2）：77–79.

[11]陈婷婷.新形势下事业单位借鉴企业人力资源管理模式探究[J].投资与创业，2024，35（2）：176–178.

[12]叶俊梁.大数据背景下人力资源管理模式创新[J].人力资源，2024（2）：64–65.

[13]吕鸽.新公共管理模式下公共部门人力资源管理发展趋势[J].老字号品牌营销，2024

（2）：60–62.

[14]左娟.“共享员工”管理模式下企业面临的机遇和挑战探究[J].企业改革与管理，2024（1）：93–95.

[15]曹燕华.新形势下对企业战略性人力资源管理的策略研究[J].中国市场，2024（1）：86–89.

[16]郑东炜.企业人力资源管理与创新的思考[J].东方企业文化，2023（S2）：7–9.

[17]高颂娟，储梁华.人本化导向下人力资源管理工作的精细化管理模式[J].四川劳动保障，2023（12）：24–25.

[18]李冉.基于新业态共享经济的战略性人力资源管理模式研究[J].现代商业，2023（24）：127–130.

[19]徐子杰.人力资源调配管理模式和优化策略分析[J].投资与创业，2023，34（24）：118–120.

[20]潘思玮.人力资源柔性管理模式创新[J].人力资源，2023（24）：136–137.

[21]卜梦梅，田梓蓉，李越，等.垂直管理模式下护理人力资源管理实践[J].中国护理管理，2023，23（12）：1864–1867.

[22]李周芳.知识创新时代的企业人力资源管理模式构建[J].上海企业，2023（12）：58–60.

[23]孙梦迪.信息化背景下企业人力资源管理模式创新研究[J].中国市场，2023（34）：134–137.

[24]王秋璐，陶蕊.自组织式的企业人力资源管理转型模式研究：以海尔为例[J].现代商业，2023（23）：161–164.

[25]何晓杰.企业共享员工人力资源管理模式研究[J].商场现代化，2023（23）：107–109.

[26]孙凡.企业人力资源管理中人才培养模式研究[J].活力，2023，41（22）：88–90.

[27]林冬平.社交媒体对人力资源管理的影响[J].现代营销（下旬刊），2023（11）：49–51.

[28]邱毓裴.国有企业战略人力资源管理模式探究[J].中国市场，2023（33）：84–87.

[29]杨玉丽.“互联网+”时代下，创新事业单位人力资源管理新路径[J].人力资源，2023（22）：142–144.

[30]程萍.浅析网络信息化时代企业人力资源管理的创新模式[J].人才资源开发，2023（22）：85–87.

[31]韦波.基于Web的人力资源管理系统的设计与实现[J].大众标准化，2023（21）：44–46.

[32]张韦佳，李姝锦，俞丽佳.数字经济时代国有企业人力资源管理模式研究[J].金融客，2023（11）：31–33.

[33]刘红军.基于大数据的人力资源管理模式创新研究[J].商场现代化，2023（21）：70–72.

[34]王翠，施玉萍.大数据环境下企业人力资源管理模式创新研究[J].河北企业，2023（11）：125–127.

[35]钱雪飞，林洪晴.新零售模式下的人力资源转型之路[J].人力资源，2023（21）：63–65.

[36]冯舒彦，向雪.新业态共享经济的企业人力资源管理模式建设研究[J].全国流通经济，2023（21）：116–119.

[37]张宝峰.新经济时代企业人力资源管理的创新[J].全国流通经济，2023（20）：116–119.

[38]杨志敏，张华鲁，廖金威.人力资源培训管理模式优化研究[J].中国电力教育，2023（10）：26–27.

[39]丘彩云.现代物流企业柔性人力资源管理模式研究[J].老字号品牌营销，2023（19）：104–106.

[40]李宁宁.基于人工智能时代企业人力资源管理工作模式的创新升级[J].商场现代化，2023（18）：71–73.

[41]卢楠.企业人力资源管理模式选择[J].合作经济与科技，2023（21）：136–138.

[42]张飞飞.绩效导向的事业人力资源管理模式探讨[J].办公室业务，2023（17）：108–110.

[43]原瑛，牟元超.新经济背景下人力资源管理发展方向探究[J].全国流通经济，2023（16）：101–104.

[44]张东杨.大数据时代下企业人力资源管理模式思考[J].华北电业，2023（8）：68–69.

[45]贺丹.信息化人力资源管理新模式建设探析[J].商讯，2023（16）：159–162.